本书获得山东省科学院智库专项"山东省区域创新能力评价研究"资助

Evaluation of Innovation
Development Index in Shandong Province

山东省创新发展指数评价研究

● 贾永飞　王金颖　张雪婷◎著

科 学 出 版 社

北　京

图书在版编目（CIP）数据

山东省创新发展指数评价研究 / 贾永飞，王金颖，张雪婷著. —北京：科学出版社，2019.9
ISBN 978-7-03-060045-5

Ⅰ. ①山… Ⅱ. ①贾… ②王… ③张… Ⅲ. ①技术革新-评价-研究-山东 Ⅳ. ①F124.3

中国版本图书馆 CIP 数据核字（2018）第 286481 号

责任编辑：朱萍萍 刘巧巧 / 责任校对：贾伟娟
责任印制：徐晓晨 / 封面设计：有道文化

科 学 出 版 社 出版
北京东黄城根北街 16 号
邮政编码：100717
http://www.sciencep.com

北京虎彩文化传播有限公司 印刷
科学出版社发行 各地新华书店经销
*

2019 年 9 月第 一 版 开本：720×1000 B5
2019 年 9 月第一次印刷 印张：16 3/4
字数：248 000

定价：98.00 元

（如有印装质量问题，我社负责调换）

编 委 会

　　创新能力是地区发展的内在驱动力，自党的十八大提出创新驱动发展战略以来，以科技创新为核心的全面创新成为推动地区经济增长、产业结构调整、社会全面发展的战略选择。近年来，山东省以供给侧结构性改革为主线，深入实施创新驱动发展战略，积极引导大众创业，万众创新（以下简称"双创"），最大限度激发群众的创新潜力、创业活力，培育经济社会发展新动力。2016 年，山东省委省政府通过了《关于深化科技体制改革加快创新发展的实施意见》，提出创新型省份建设走在前列的目标，持续推动区域创新发展。

　　区域科技创新能力的评价是建设创新型省份、制定区域科技创新战略的基础性工作。本书以区域创新体系理论为指导，针对山东省创新驱动发展情况，科学选取评价指标，利用大量研究统计数据，结合实地调研考证，对山东省总体及各市创新发展情况进行综合评价和实证分析。本书分为上、下两篇，上篇为山东省科技创新发展指数评价，下篇为山东省双创发展指数评价，分别从科技创新和大众创新创业两个视角对山东省创新驱动发展情况进行综合评价，以求客观、动态、全面地展示山东全省创新发展的现状、优势及短板，为有关政府部门、企业等提供决策参考。

　　本书从评价指标体系、评价方法、评价标准到数据搜集和分析，每个步骤都经过课题组反复讨论和严密的专家论证，确保科学、客观、全面地展示山东省各个区域的综合创新能力。上篇从区域竞争能力、区域创新能力、区域双创生态三个层面构建评价体系,利用功效系数法从科技创新监测指标、提升指标和综合指标三个维度对山东省科技创新能力进行分析。上篇包括四章,第一章对山东省区域科技创新发展的现状进行定量分析;第二章确定山东省区域科技创新发展指数评价的思路和方法;第三章对山东省整体及各市科技创新发展指数进行评价和分析;第四章以国有企业为例研究山东省创新能力提升的问题与对策。下篇从双创活力、双创成效、双创支撑、双创环境四个层面构建评价体系,监测和把握地方双创发展动态。下篇同样包括四章,第五章确立山东省双创发展指数评价的思路和方法;第六章对山东省双创活动进行评价与分析;第七章以济南市新旧动能转换先行区为例探讨山东省双创政策成效及提升路径;第八章从科技成果转移转化的视角研究如何推进成果转化渠道畅通,推动区域双创。上、下两篇各有侧重、相互补充,构成山东省创新发展指数的整体评价。

本书的完成离不开山东省人民政府各部门和社会各界的大力支持与重视。本书已纳入山东省科学院智库成果。为更好地为制定创新规划和政策、实施创新驱动发展战略、推进创新型省份建设提供支撑和服务,笔者恳切希望各界关注区域创新能力评价,并进行更深入而具体的分析研究。

由于资料和统计数据的限制,本书仍有许多不尽如人意之处,欢迎各界读者提出宝贵意见。

齐鲁工业大学(山东省科学院)

山东省创新发展指数评价研究课题组

2018 年 9 月

C目录
ONTENTS

上篇　山东省科技创新发展指数评价

下篇　山东省双创发展指数评价

上 篇

山东省科技创新发展指数评价

2016 年，山东省通过了《关于深化科技体制改革加快创新发展的实施意见》，提出创新型省份建设走在前列的目标；随之 2017 年科技部就同意并支持山东省建设创新型省份，要求山东省将创新型省份建设作为全省上下实施创新驱动发展战略的关键标志性抓手，凝心聚力当好创新驱动发展的排头兵，为创新型国家建设提供有力支撑。在此背景下，山东省对于创新能力的发展达到认识的最新高度。对于科技创新能力的评价则是建设创新型省份、部署区域科技创新战略的基础性工作，由于各地区的自然环境、社会环境和资源环境不尽相同，各地区的优势和潜能也相去甚远，应根据自身的实际情况，利用自身的优势资源去发展科技创新系统。目前，许多科技创新能力的评价在方法的严谨性上，已经得到较大的提升，但是仍缺乏针对区域差异性的评价体系，较难深入科技创新能力的内在结构，从而制定合理的政策建议和提升路径。对于山东省科技创新能力的认识只能从《中国区域创新能力评价报告》上得出，无法对山东省各市的科技创新能力进行细致和深入的认识，为此本书在创新驱动发展战略和创新型国家战略的背景下，依据逻辑模型的基本思想，在对山东省科技创新能力现状进行分析的基础上，通过科学的计量方法，构建山东省科技创新能力评价指标体系，对山东省 17 市的科技创新能力进行评价，发现各市的优劣势，从而为推动山东创新型省份建设、实施创新驱动发展战略提供一定的参考。

第一节　创新经费投入

一、山东省创新投入

从创新投入来看，2015 年山东省研究与开发（research and development，R&D）经费投入额达到 1427.19 亿元，占全国总量的 10.07%，与上年相比提升了 0.02 个百分点，总量仍居全国第 3 位，仅次于江苏和广东两省。与 2011 年相比，山东省 2015 年 R&D 经费总量大幅度上涨，增长了 2/3 以上。从图 1-1 可以看出，山东省 R&D 经费总量 2011～2015 年连续五年持续增长。从增长情况来看，2015 年，山东省 R&D 经费增长速度从 2011 年的 25.70% 降到了 9.40%，减少了 16.30 个百分点，虽略高于全国 R&D 经费的平均增长速度（8.9%），但是增长速度连续 5 年持续降低。从增长速度的下降情况来看，2015 年 R&D 经费增长速度与 2014 年相比仅仅下降了 1.51 个百分点，而 2012 年、2013 年与 2014 年分别比上年下降了 4.90 个、5.56 个和 4.33 个百分点，可见山东省 R&D 经费增长速度的下降速度有所放缓。综上可知，2011～2015 年山东省 R&D 经费总量持续增长，增长速度持续降低，但是增长速度的下降程度有所放缓。

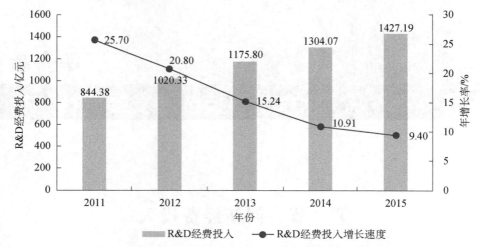

图 1-1　2011～2015 年山东省 R&D 经费投入及其增长情况

从创新经费投入强度来看，2011～2015 年，山东省 R&D 经费占山东省 GDP 的比重分别从 1.86%、2.04%、2.13%、2.19%增长到 2.27%，R&D 经费投入强度稳定提高，仍居全国第 7 位，且大幅度高于全国平均水平，呈加速增长的态势。但与江苏、浙江、广东 3 省相比，山东省的创新经费强度仍有所不足。2011～2015 年江苏省比山东省分别高了 0.31 个、0.34 个、0.36 个、0.35 个与 0.30 个百分点，两省差距仍然较大。而广东省比山东省分别高了 0.10 个、0.13 个、0.18 个、0.18 个与 0.20 个百分点，差距呈不断扩大的趋势。与浙江省相比，除了 2011 年山东省比浙江省高了 0.01 个百分点以外，2012～2015 年浙江省分别比山东省高了 0.04 个、0.03 个、0.07 个与 0.09 个百分点，总体差距也呈不断扩大的趋势。可见，山东省的 R&D 经费投入强度持续增长，但是与浙江、广东两省的差距进一步加大，与江苏省差距扩大的趋势有所减缓（图 1-2）。

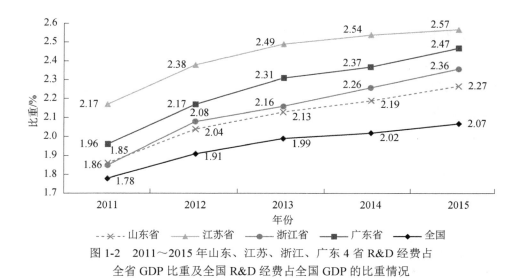

图 1-2　2011～2015 年山东、江苏、浙江、广东 4 省 R&D 经费占
全省 GDP 比重及全国 R&D 经费占全国 GDP 的比重情况

二、各市创新投入

2015 年，青岛市 R&D 经费支出 263.7 亿元，居全省首位，烟台市和潍坊市分别为 163.81 亿元和 133.77 亿元，虽居全省第 2 位和第 3 位，但与青岛市的差距较大，菏泽市、日照市、莱芜市 R&D 经费额居全省后 3 位，分别为 29.59 亿元、20.50 亿元和 16.80 亿元，这 3 个市 R&D 经费总量占全省总量的比重不到 5%。从 2011～2015 年 R&D 经费来看，山东省创新经费投入始终集中于青岛、烟台、济南和潍坊 4 市，其中青岛市和烟台市分别稳居全省首位和全省第 2 位，大幅度高于其他市，而日照、莱芜和菏泽 3 市始终处于全省后三位，均不及青岛市的 1/10，始终有较大的差距，可见山东省的创新投入经费区域集中度高、地区差距大。

从增长情况来看，多数市处于持续增长，但增长速度有所放缓。2015 年，济宁、威海两市的 R&D 经费支出增速较快，增长速度在 20%以上，分别达 21.82%和 20.75%，济南、淄博、潍坊、泰安、日照、临沂、德州、聊城和菏泽 9 市的增幅均在 10%～20%，而烟台和莱芜两市首次出现了负增长，分别为 −3.10%和−1.77%。从 2011～2015 年的 R&D 经费增长速度来看，青岛、东营和菏泽 3 市连续 5 年增长速度持续降低，淄博市、济宁市和临沂市在 2011～2014 年连续 4 年增长速度下降的情况下，在 2015 年均有所回升，特别是淄博市，由 2014 年的负增长，上升到 14.13%，提高了 17.72 个百分点，扭转了 R&D 经费负增长的趋势（图 1-3）。

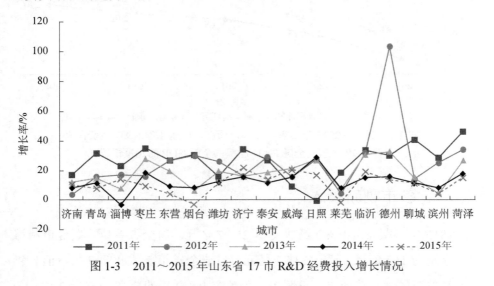

图 1-3 2011～2015 年山东省 17 市 R&D 经费投入增长情况

从创新经费投入强度来看，多数市处于持续增长的状态。2015 年，青岛和东营两市的 R&D 经费占 GDP 的比重占全省前 2 位，分别达 2.84%和 2.62%，比上年分别增长了 0.03 个和 0.09 个百分点，潍坊和滨州两市居全省第 3 位，均为 2.59%。此外，济南市、淄博市、烟台市、泰安市、威海市、莱芜市、临沂市和聊城市 R&D 经费占 GDP 的比重也在 2%以上，其中临沂市首次突破 2%，威海市 R&D 经费占 GDP 的比重的增长速度最快，比上年增长了 0.25 个百分点，而烟台市首次出现负增长，比上年下降了 0.28 个百分点，这与烟台市 R&D 经费负增长相关。从 2011～2015 各市的 R&D 经费投入强度的增长情况来看，除了济南、淄博、烟台和滨州 4 市出现过负增长以外，其余市的 R&D 经费占 GDP 的比重均持续增长，创新经费投入强度稳步提高。

第二节　创新人才投入

一、山东省创新人才

从创新人才的总量来看，2015 年山东省 R&D 人员折合全时当量数为 29.78 万人年，比上年增加了 1.14 万人年，但是仍与江苏省、广东省和浙江省差距较大，居全国第 4 位。其中江苏省和广东省均突破 50 万人年大关，分别达 52.03 万人年和 50.17 万人年，是山东省的 1.75 倍和 1.68 倍，处于遥遥领先的地位。从其增长情况来看，山东省 R&D 人员折合全时当量增长率达 4.01%，远高于全国 1.30% 的平均水平，比上年高了 1.47 个百分点，但仍然低于江苏和浙江 2 省，特别是浙江省的 R&D 人员折合全时当量增长率高达 7.78%，比山东省高了 3.77 个百分点，而广东省则出现了负增长。从 2013～2015 年 4 省 R&D 人员折合全时当量的增长率来看，江苏省、浙江省和广东省的增长率均持续下降，只有山东省的增长率有所回升，与江苏省和浙江省的差距有缩小的趋势（图 1-4）。

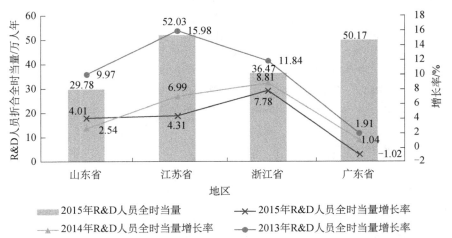

图 1-4　2013～2015 年山东、江苏、浙江、广东 4 省 R&D 人员全时当量及其增长情况

从创新人才投入强度来看，2015 年山东省每万名就业人员中 R&D 人员全时当量达 44.91 人年，低于全国 48.53 人年的平均水平，也明显低于江苏、浙江和广东 3 省，其中江苏省每万名就业人员中 R&D 人员全时当量达 109.39 人年，是山东省的 2.44 倍，广东省和浙江省分别达 80.67 人年和 74.84 人年，分别是山东省的 1.80 倍和 1.67 倍。从其增长情况来看，与 2014 年相比，山东省每万名就业人员中 R&D 人员全时当量增长了 3.61%，虽然高于全国 1.04% 的增长速度，但是，仍然低于浙江和江苏 2 省，特别是浙江省增长速度较快，达 7.46%，是山东省增速的 2.07 倍，而广东省由于 R&D 人员折合全时当量出现负增长，每万名就业人员中 R&D 人员全时当量也开始负增长，增长率为 −1.59%。可见，山东省创新人才投入强度明显偏低，有待增加（图 1-5）。

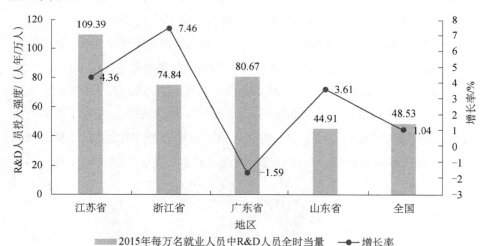

图 1-5　2015 年江苏、浙江、广东、山东 4 省及全国每万名就业人员中 R&D 人员全时当量及其增长情况

二、各市创新人才

2015 年，山东省创新人才主要集中于济南和青岛 2 市，其中济南市 R&D 人员全时当量首次超过青岛市，突破 5 万大关，达 51 938 人年，居全省首位，而青岛市达 48 626 人年，2 市 R&D 人员全时当量合计占全省总量的 1/3 以

上，具有明显的人才优势。其次，烟台市、潍坊市、淄博市的 R&D 人员全时当量均在 2 万人年以上，分别达 28 823 人年、24 278 人年和 21 783 人年，而东营、济宁、泰安、威海、临沂和滨州 6 市的 R&D 人员全时当量均在 1 万人年～2 万人年，其余市则在 1 万人年以下，特别是日照市和莱芜市均不足 5000人年。从 2012～2015 年各市 R&D 人员全时当量的增长情况来看，济南市、青岛市、威海市、莱芜市和临沂市的 R&D 人员全时当量始终处于增长的趋势，其中济南市的增速持续加快，从 7.47% 增长到 10.72%，莱芜市的增速则持续下降，从 94.50% 下降到 0.93%，而德州和烟台 2 市的增速也出现了持续下降的趋势，且均在 2015 年出现了负增长，2015 年的 R&D 人员全时当量增速分别为 -17.66% 和 -3.87%，其中德州市下降幅度最大，比上年的增速减少了 28.50个百分点。此外还有枣庄、东营、潍坊、泰安、聊城和菏泽 6 市的 R&D 人员全时当量均在 2015 年出现了负增长，可见多数市的创新人才投入总量增速在减慢，甚至出现了负增长（图 1-6）。

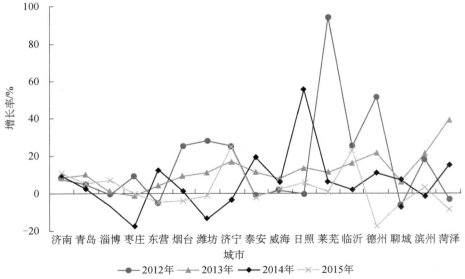

图 1-6　2012～2015 年山东省 17 市 R&D 人员全时当量增长情况

从创新人才投入强度来看，2015 年济南市每万名就业人员中 R&D 人员全时当量达 110.84 人年，仍居全省首位，且远高于位于其后的青岛市和东营市，其中青岛市突破 80 人年/万人，达 82.51 人年/万人，而东营市比上年下降了 4.25 人年/万人，达 77.88 人年/万人，从上年的全省第 2 位降至第 3 位。淄博市、威海市、烟台市居全省第 4～第 6 位，均在 60～70 人年/万人。而枣庄市、日照市、聊城市和菏泽市的人才投入强度较低，均不足 20 人年/万人，特别是菏泽市每万名就业人员中 R&D 人员全时当量仅为 10.38 人年，不到济南市的 1/10。从每万名就业人员中 R&D 人员全时当量的增长情况来看，2015 年，济宁、临沂两市的增长速度最快，分别达 24.25% 和 22.76%，而枣庄、东营、烟台、潍坊、泰安、德州、聊城和菏泽 8 市的每万名就业人员中 R&D 人员全时当量均出现了不同程度的负增长，特别是德州市下降的幅度较大，降为 −17.89%。从 2012～2015 年的增长情况来看，多数市每万名就业人员中 R&D 人员全时当量的增速均不稳定，均出现了不同程度的增减情况，只有临沂市创新人才投入强度在持续增加。可见，山东省创新人才投入强度区域集聚特征明显，各市创新人才投入强度增减各异（图 1-7）。

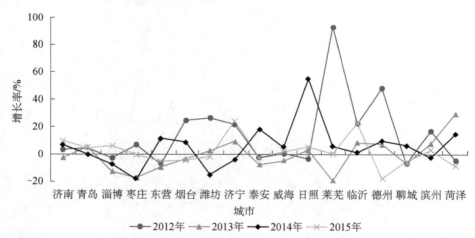

图 1-7　2012～2015 年山东省 17 市每万名就业人员中 R&D 人员全时当量增长情况

从国家重大人才工程入选人数①来看，青岛市和济南市分别累计入选了 87 人和 83 人，居全省前 2 位，是全省累计入选总量的 87%，分别比上年增加了 14 人和 18 人。其次是烟台市、潍坊市和泰安市，分别累计入选了 36 人、

---

① 统计范围包括入选千人计划，国家高层次人才特殊支持计划、科技部创新人才推进计划的人才总数。

26 人和 11 人，分别比上年增长了 10 人、6 人和 4 人。以上 5 市是高级创新
人才主要集聚的地区，其余地区的国家重大人才工程累计入选人数均不足 10
人，其中日照市仅有 2 人入选。从省级人才工程入选人数来看，济南市和青岛
市也占据明显优势，分别累计入选了 372 人和 234 人，分别比上年增加了 118
人和 89 人，是全省累计入选总量的 57%，其次是烟台、潍坊、威海、泰安和
济宁 5 市，均在 40～100 人，而枣庄市、莱芜市和菏泽市省级人才工程累计入
选人数则较低，其中菏泽市仅为 2 人。可见山东省高级创新人才地区差异大，高
级创新人才主要集中于济南市和青岛市，这 2 市具有明显的人才优势（图 1-8）。

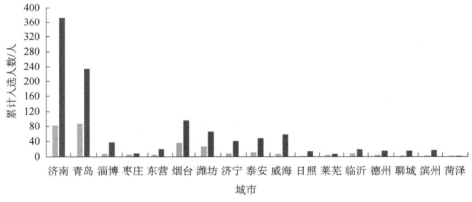

图 1-8　2015 年山东省 17 市国家重大人才工程和省级人才工程累计入选人数

第三节　企业创新

一、高新技术企业数量

2015 年，山东省高新技术企业达 3903 家，比上年增加了 493 家，但明显
低于广东省、江苏省和浙江省，3 省高新技术企业数量分别是山东省的 2.84

倍、2.77 倍和 2.02 倍，具有较大优势。从 2015 年的增长速度来看，山东省的高新技术企业数量的增长率明显偏低，仅为 14.46%，其中江苏省和浙江省的增长率分别高达 40.39% 和 26.85%，比山东省的增长率高了 25.93 个和 12.39 个百分点。与 2014 年的增长率相比，江苏省和浙江省比山东省仅仅高了 2.47 个和 6.06 个百分点，山东省与两省的差距明显进一步加大；而 2014 年和 2015 年广东省的增长率分别比山东省高了 4.85 个和 5.03 个百分点，可见山东省高新技术企业数量偏低，增长速度明显较慢（图 1-9）。

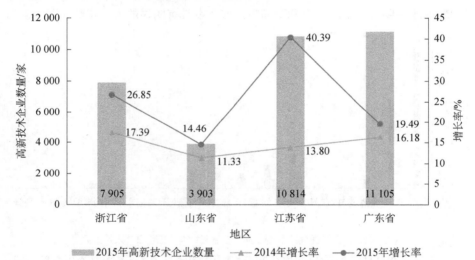

图 1-9　2014～2015 年浙江、山东、江苏、广东 4 省高新技术企业数量及其增长情况

从山东 17 市的高新技术企业数量来看，其分布差异较明显。青岛市和济南市的高新技术企业分别为 964 家和 609 家，占山东全省总量的 40.30%，是高新技术企业较密集的地区；枣庄、滨州、聊城、菏泽、莱芜、日照 6 市高新技术企业均不足 100 家，其中日照市仅有 39 家。从 2012～2015 年各市高新技术企业的增长情况来看，济南、青岛、枣庄、烟台、济宁、泰安、威海、日照、临沂、聊城、滨州和菏泽等市的高新技术企业均有增长，其中青岛市不仅总量最多，也始终呈高速增长状态；其他几市的高新技术企业数量均出现过不同程度负增长（图 1-10）。

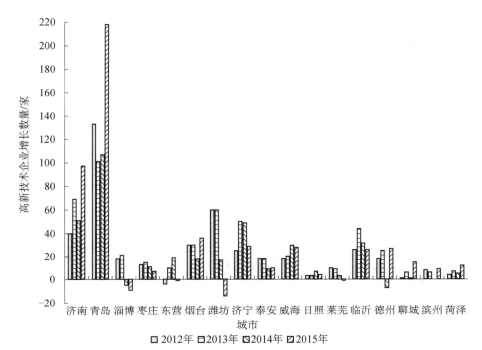

图 1-10　2012～2015 年山东省 17 市高新技术企业增长数量

二、研发经费投入

2015 年，山东省规模以上工业企业 R&D 经费支出额为 1291.77 亿元，仅次于广东省（1520.55 亿元）和江苏省（1506.51 亿元），居全国第 3 位，且与两省差距不大，大幅度高于位于全国第 4 位的浙江省（853.57 亿元）。与 2014 年相比，山东省规模以上工业企业 R&D 经费支出增长了 9.89%，略高于全国 8.21% 的平均增长水平，也高于江苏省（9.44%）和广东省（3.07%），但是低于浙江省（11.12%）。从 R&D 经费投入强度来看，2015 年山东省规模以上工业企业 R&D 经费支出占主营业务收入比重为 0.89%，虽然比上年高了 0.07 个百分点，但是仍低于全国平均水平（0.90%），且明显低于浙江、广东和江苏 3 省，3 省分别比山东省高了 0.46 个、0.39 个和 0.13 个百分点。可见，山东省创新经费投入规模虽有所加大，但仍需进一步加强（图 1-11）。

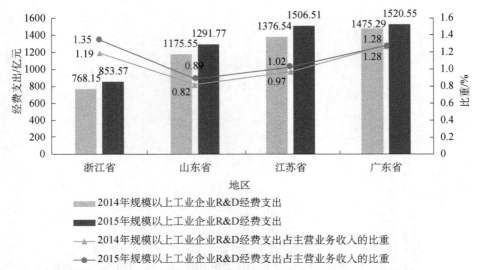

图 1-11　2014～2015 年浙江、山东、江苏、广东 4 省规模以上工业企业 R&D 经费支出及其占主营业务收入比重

从 17 市来看，2015 年，青岛市的规模以上工业企业 R&D 经费支出额突破 200 亿元，居全省首位，达 217.24 亿元，其次为烟台市和潍坊市，分别为 157.89 亿元和 129.24 亿元。济南市（95.13 亿元）、东营市（82.96 亿元）、淄博市（82.28 亿元）均在 80 亿元以上，规模以上工业企业 R&D 经费支出最低的为莱芜市（16.70 亿元）。与 2014 年相比，济宁和威海 2 市的增长幅度最大，分别达 22.01% 和 21.20%，淄博市则由上年的负增长（−3.77%）升至 13%，增加了 16.77 个百分点，增幅最大。烟台市（−2.96%）、莱芜市（−1.75%）和东营市（−1.13%）在 2015 年均出现了负增长，其中莱芜市不仅企业的创新经费投入总量较低，投入速度也在减缓，因此应予以重视，及时加强企业的创新经费投入（图 1-12）。

从规模以上工业企业 R&D 经费投入强度来看，2015 年济南市的规模以上工业企业 R&D 经费支出占主营业务收入比重最高，达 1.89%；其次依次为青岛市、济宁市、泰安市、莱芜市、潍坊市、烟台市、威海市，其比重均在全省的平均水平（0.89%）以上，反映了企业的创新主体地位。与 2014 年相比，烟台市的规模以上工业企业 R&D 经费支出占主营业务收入的比重下降了 0.08

个百分点，东营市、莱芜市、滨州市持平，其余市的规模以上工业企业 R&D 经费投入强度在不断增加，其中济宁市、济南市和泰安市分别提高了 0.30 个、0.26 个和 0.22 个百分点，上升幅度较大（图 1-13）。

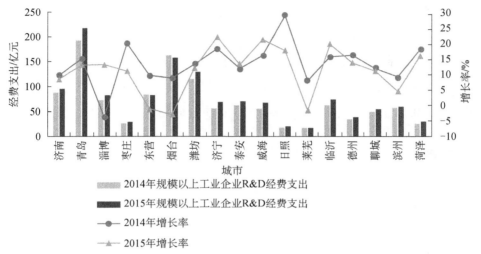

图 1-12 2014～2015 年山东省 17 市规模以上工业企业 R&D 经费支出及其增长情况

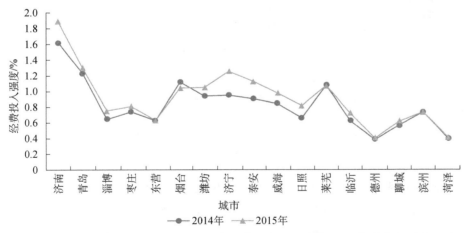

图 1-13 2014～2015 年山东省 17 市规模以上工业企业 R&D 经费投入强度

三、有研发机构的规模以上工业企业

2015 年，山东省有研发机构的规模以上工业企业达 2906 家，居全国第 4

位，江苏省、浙江省和广东省为前 3 位，分别达 18 872 家、9045 家和 5002 家，分别是山东6.49倍、3.11倍和1.72倍，其中仅江苏省占全国总量的35.70%，遥遥领先于其他省（自治区、直辖市），山东省的数量明显偏低。从有研发机构的规模以上工业企业占规模以上工业企业的比重来看，2015 年，山东省比重达 7%，而江苏、浙江和广东 3 省的比重分别达 38.92%、21.97%和11.88%，明显高于山东省。与 2014 年相比，江苏、浙江和广东 3 省的有研发机构的规模以上工业企业占规模以上工业企业的比重均有所增加，只有山东省的比重比上年减少了 0.39 个百分点，可见山东省与 3 省的差距正在进一步拉大（图 1-14）。

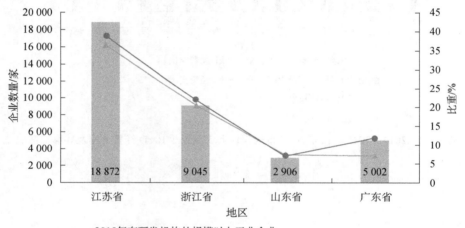

图 1-14　2014～2015 年江苏、浙江、山东、广东 4 省有研发机构的规模以上工业企业数量及其所占的比重

从 17 市来看，多数市的有研发机构的规模以上工业企业占规模以上工业企业的比重均出现不同程度的下降。其中青岛市有研发机构的规模以上工业企业达 499 家，居全省首位，其次是潍坊市（354 家）、淄博市（319 家），以上 3 市是有研发机构的规模以上工业企业主要集中的地区，占全省总量的 40.30%，而日照市仅有 29 家，为全省最低。与 2014 年相比，除了威海、淄博、菏泽、济南 4 市有研发机构的规模以上工业企业有所增加以及德州市保持不变以外，其余 12 市的有研发机构的规模以上工业企业均有所减少，其中威海市和淄博市分

别增加了48家和45家，增幅最大。2015年，从有研发机构的规模以上工业企业占规模以上工业企业的比重来看，淄博市达10.70%，为全省密度最高，其次为济南、青岛、威海、枣庄、潍坊5市，均在全省平均水平（7%）以上。与2014年相比，威海市、淄博市、德州市分别比上年增加了2.02个、1.51个和0.25个百分点，其余市所占比重均有所下降，主要是由多数市有研发机构的规模以上工业企业数量减少所致（图1-15）。

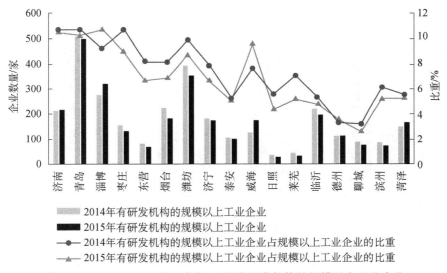

图1-15　2014～2015年山东省17市有研发机构的规模以上工业企业
数量及其所占的比重

第四节　创新产出

一、山东省创新成果产出

2015年，山东省每万人发明专利拥有量为4.90件，比全国每万人发明专利拥有量的平均水平少了1.40件，与江苏、浙江、广东3省相比，江苏省高达 14.22 件，是山东省的 2.90 倍，广东省和浙江省则为 12.95 件和 12.89 件，分别是山东省的 2.64 倍和 2.63 倍。可见，山东省的创新成果产出效率明显偏低。与 2014 年相比，山东省每万人发明专利拥有量增加了 1.31 件，而江苏、浙江和广东 3 省分别增加了 4 件、3.32 件和 2.39 件，可见山东省每万人发明专利拥有量不仅总量低，增长速度也较慢，与江苏、浙江和广东 3 省的差距进一步加大，有较大的发展空间（图 1-16）。

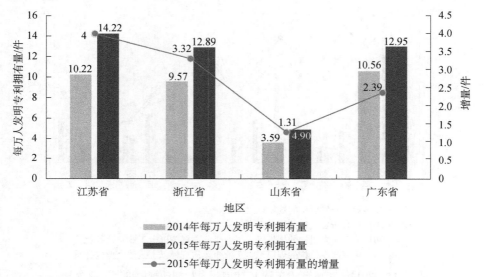

图 1-16　2014～2015 年江苏、浙江、山东、广东 4 省每万人发明专利拥有量及其增长情况

2015 年，山东省登记技术合同 20 651 项，成交金额 339.74 亿元，居全国第 6 位，同比增长 26.30%，比上年减少了 16.30 个百分点，增速减慢。江苏省和广东省登记技术合同分别达 32 965 项和 17 344 项，成交金额分别为 723.51 亿元和 663.53 亿元，居全国第 3 位和第 5 位，以绝对优势高于山东省，但浙江省登记技术合同 11 283 项，成交金额为 99.29 亿元，明显低于山东省，成交金额仅居全国第 16 位。可见，山东省的各项创新成果产出均需要加强发展力度（图 1-17）。

二、各市创新成果产出

2015 年，济南市和青岛市每万人发明专利拥有量分别达 16.44 件和 14.46

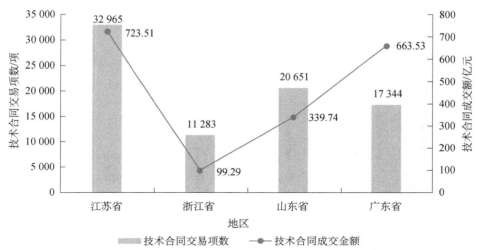

图 1-17　2015 年江苏、浙江、山东、广东 4 省技术合同交易情况

件，以较大优势居全省前 2 位。其次是淄博市、威海市和烟台市，3 市均在全省平均水平（4.90 件）以上，分别达 7.81 件、6.37 件和 5.56 件，而其余 12 市每万人发明专利拥有量均有所偏低，其中菏泽市仅为 0.77 件，创新成果产出效率水平有待发展。与 2014 年相比，17 市每万人发明专利拥有量均有所增长，其中潍坊市、滨州市和青岛市同比增长了 50% 以上，而日照市和聊城市增长率最低，分别为 12.21%、18.05%，其余 12 市的增长率均在 20%～50%，可见多数市创新成果产出效率均在高速增长。与 2014 年相比，除了威海市、日照市、莱芜市的增长率有所下降以外，其余市每万人发明专利拥有量增长率均出现不同程度的增长，其中德州市从上年的 20.65% 增至 45.95%，创新成果产出效率出现最大幅度的增长。可见，各市创新成果产出效率均出现良好的发展势头（图 1-18）。

2015 年，青岛市登记技术合同成交额达 89.54 亿元，居全省首位，烟台市、潍坊市和济南市登记技术合同成交额分别为 49.21 亿元、34.72 亿元和 31.37 亿元，该 4 市居全省登记技术合同成交总额的 60.29%，是全省技术市场交易活跃的核心城市。威海、淄博、东营、济宁、泰安 5 市的登记技术合同成交额均在 10 亿～30 亿元，其余市则在 10 亿元以下，特别是滨州市，仅为 2.57 亿元，

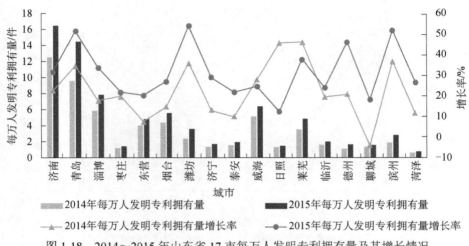

图 1-18　2014～2015 年山东省 17 市每万人发明专利拥有量及其增长情况

为全省最低。从增长情况来看，日照市登记技术合同成交额同比增长了131.35%，为全省增长速度最快，而聊城市、济南市、滨州市和东营市均出现不同程度的负增长。其中，东营市已经连续 2 年呈负增长，但下降幅度有所减缓，由上年的-23.18%降至-13.58%，下降幅度减少了 9.60 个百分点；而聊城市的登记技术合同成交额的同比增长率达-17.58%，为全省增幅最低。可见各市登记技术合同成交额均出现不同程度的增减（图 1-19）。

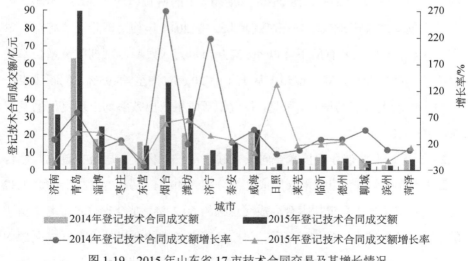

图 1-19　2015 年山东省 17 市技术合同交易及其增长情况

第五节　产　业　创　新

2015 年，山东省高新技术产业累计总产值达 4.77 万亿元，同比增长 10.52%，江苏省、广东省的高新技术产业累计总产值分别达 6.14 万亿元和 5.30 万亿元，分别比上年增长了 7.62% 和 9%，增速均低于山东省。可见，与江苏省、广东省相比，山东省呈现出加快发展的势头，产业规模持续高速增长，但是两省高新技术产业产值总量仍明显高于山东省，分别是山东省的 1.29 倍和 1.11 倍。从高新技术产业产值占规模以上工业企业总产值的比重来看，山东省达 32.51%，比上年增长了 1.12 个百分点，而江苏省、广东省分别达 40.10% 和 39.00%，比山东省高了 7.59 个和 6.49 个百分点，可见山东省高新技术产业虽呈高速发展态势，但是与江苏省和广东省相比，差距仍然较大，仍需加快发展（图 1-20）。

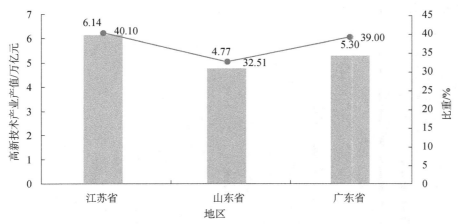

图 1-20　2015 年江苏、山东、广东 3 省高新技术产业产值及其
占规模以上工业企业总产值的比重

2015 年，从 17 市的高新技术产业产值来看，多数市均有所增加但增速放缓。其中，青岛市高新技术产业产值突破 7000 亿元，达 7113.42 亿元，仍居

全省首位，其次是烟台市、东营市、潍坊市和淄博市，分别达 6432.11 亿元、4644.71 亿元、4188.47 亿元和 3723.87 亿元，5 市合计占全省高新技术产业总产值的 54.7%，是全省高新技术产业发展规模较大的地区。而枣庄市、日照市和莱芜市的高新技术产业总产值均未达到千亿元，其中莱芜市仅为 336.24 亿元，不到青岛市的 1/20。2015 年菏泽市的高新技术产业产值增长了 16.08%，为全省增速最快，其次为德州市、聊城市、临沂市和滨州市，分别增长了 14.84%、11.92%、11.52% 和 10.4%，其余城市的增长率均在 10% 以下，其中东营市和日照市甚至出现了负增长，分别为 -1.15% 和 -3.41%；与 2014 年相比，仅有临沂市、滨州市、威海市和淄博市的增速提高，分别增加了 8.74 个、3.34 个、1.17 个和 0.54 个百分点，其余市的高新技术产业产值的增长率均出现不同程度的下降，可见多数市高新技术产业发展速度放慢（图 1-21）。在规模以上工业总产值中，高新技术产业总产值所占比重最高的前 3 位是济南市、青岛市和烟台市，分别达 42.40%、42.35% 和 42.05%，淄博、东营、潍坊、威海 4 市均高于全省平均水平（32.51%），其余 10 市均低于全省平均水平，其中莱芜市高新技术产业总产值所占比重最低，仅为 19.68%。

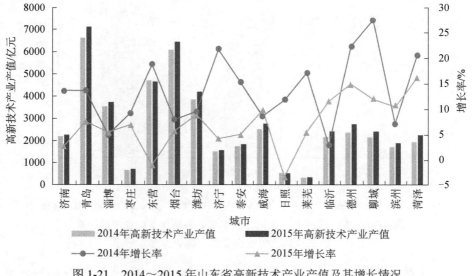

图 1-21　2014～2015 年山东省高新技术产业产值及其增长情况

2015 年，从 17 市高新技术产业开发区规模以上工业总产值来看，青岛市、济南市和淄博市的高新技术产业开发区规模以上工业总产值达到 2000 亿元以上，其中青岛市的高新技术产业开发区规模以上工业总产值达 2400.93 亿元，居全省首位；威海、潍坊、济宁、东营、临沂和泰安 6 市的总产值突破千亿元；而滨州市高新技术产业开发区规模以上工业总产值仅为 53.93 亿元，与其他市差距较大，需加快发展速度。与 2014 年相比，威海市的高新技术产业开发区规模以上工业总产值增长较快，达 71.38%，其次是临沂市和青岛市，分别增长了 20.10% 和 12.60%，济南市、烟台市、潍坊市、菏泽市、枣庄市、淄博市和东营市也出现了不同程度的增长，而聊城市、济宁市、泰安市、莱芜市、日照市、滨州市和德州市的高新技术产业开发区规模以上工业总产值则开始出现负增长，其中聊城市增长率由上年的 1.93% 降至−78.28%，下降幅度最大，其次为济宁市，其增长率为−38.77%，由上年的全省首位降为第 6 位，日照市和莱芜市则连续 2 年出现负增长，滨州市不仅高新技术产业开发区规模以上工业总产值全省最低，而且还出现了负增长，需予以重视（图 1-22）。

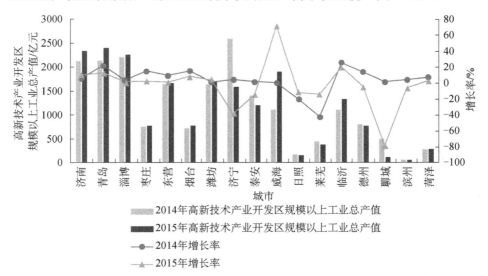

图 1-22 2014～2015 年山东省 17 市高新技术产业开发区规模以上工业总产值及其增长情况

　　科技创新是区域经济发展的核心动力，创新是经济增长的基础，而科技创新能力是区域经济增长和竞争的决定性因素。科技创新能力的提升，不仅是增强区域竞争能力的基础，也是转变发展方式、引导经济社会转型发展的重要途径。因此，如何科学客观地评价各地区科技创新能力、分析区域科技创新能力的差异对于山东省各地区明确自身的优劣势取长补短并找出解决的对策具有重要的实践意义。而对于区域科技创新能力的差异性则需要设计和制定特定的评价体系，才能真正设计与制定提升区域创新能力的政策体系和路径。本书在山东省区域实际的发展情况分析的基础上，建立符合山东省科技创新能力发展水平的监测制度，从区域竞争能力、区域创新能力和区域双创生态 3 个层面构建山东省科技创新评价体系，对山东省 17 市的科技创新能力进行综合评定和实证分析，形成一套比较系统完整的评价思路和方法。

第一节　评价目的和思路

一、评价目的

科技创新发展指数评价是建设区域创新体系、制定区域科技创新战略的基础。本书在借鉴国内外关于国家竞争力、《国家创新指数报告》、《中国区域创新能力评价报告》、创新型城市等评价理论与方法的基础上，制定了山东省区域创新能力指标体系，通过获取各市有效监测数据，对各区域科技创新能力进行准确有效的评价。根据评价结果，科学地把握山东省 17 市之间的差异，较为客观地判断各市科技创新能力现状和发展潜力，找到提高各地区科技创新能力的增长点；通过分析各市的科技活动水平和科技促进经济发展的状况，及时发现制约山东省科技发展的瓶颈，为进一步优化科技资源配置，提升全省科技创新能力，推动山东省经济实现跨越式发展提供支撑。

二、评价思路

科技创新能力的评价中包含了许多重要的基本要素，例如区域内的政府机构、企业研发机构、科技部门和高等院校等；另外还有环境条件等要素，包括区域内的基础设施建设和政府法制机构以及区域的科技创新和服务创新等功能性要素[①]。山东省科技创新能力指标选取的原则是：科学性与可操作性、简明性与系统性、独立性与可比性、可获性与权威性相结合。本书参照《中国区域创新能力评价报告》所提供的评价体系，根据山东省科技创新能力的实际情况与特点，构建了山东省科技创新能力评价综合指标体系，主要包括三个等

---

① 姜文仙. 广东省区域科技创新能力评价研究[J]. 科技管理研究，2016，36（8）：75-79.

级的评价指标：一级指标有 3 个，分别是区域竞争能力、区域创新能力和区域双创生态；一级指标下分为 8 个二级指标，包括创新实力、企业创新、产业创新、创新人才、创新产出、创新载体、创新服务和创新环境；二级指标进一步细化为 24 个三级指标。在用德尔菲法确定各指标权重的基础上，通过功效系数法对山东省各地区的科技创新能力进行综合分析、比较与判断。

第二节　构建指标体系

山东省科技创新发展指数的评价体系由区域竞争能力、区域创新能力和区域双创生态 3 个一级指标、8 个二级指标以及 48 个三级指标构成。在三级指标的设计上，既有衡量实力的监测指标，也有体现提升水平的相对指标（表 2-1），从而能更真实地反映各地区创新活动的实力和效率。各项指标通过德尔菲法及综合考虑进行权重设置，通过对各项指标进行逐级加权汇总，构成反映区域科技创新能力的监测指标、提升指标。

表 2-1　山东省科技创新发展指数评价体系

一级指标	二级指标	三级监测指标	三级提升指标	各三级指标权重
区域竞争能力（0.40）	创新实力（0.40）	科技进步贡献率	科技进步贡献率增幅	0.25
		R&D 经费支出占地区生产总值的比重	R&D 经费支出占地区生产总值的比重增幅	0.50
		科技公共财政支出占公共财政支出的比重	科技公共财政支出占公共财政支出的比重增幅	0.25
	企业创新（0.40）	高新技术企业数量	高新技术企业数量增长率	0.35
		规模以上工业企业 R&D 经费支出占主营业务收入的比重	规模以上工业企业 R&D 经费支出占主营业务收入的比重增幅	0.30
		有研发机构的规模以上工业企业占规模以上工业企业的比重	有研发机构的规模以上工业企业占规模以上工业企业的比重增幅	0.35
	产业创新（0.20）	高新技术产业产值占规模以上工业总产值比重	高新技术产业产值占规模以上工业总产值比重增幅	0.60
		高新技术产业开发区规模以上工业总产值	高新技术产业开发区规模以上工业总产值增长率	0.40

续表

一级指标	二级指标	三级监测指标	三级提升指标	各三级指标权重
区域创新能力（0.40）	创新人才（0.35）	每万名就业人员中研发人员数	每万名就业人员中研发人员数增幅	0.40
		国家重大人才工程累计入选人数	国家重大人才工程累计入选人数增长率	0.30
		省级人才工程累计入选人才数	省级人才工程累计入选人才数增长率	0.30
	创新产出（0.35）	年登记技术合同成交额	年登记技术合同成交额增长率	0.40
		每万人发明专利拥有量	每万人发明专利拥有量增量	0.60
	创新载体（0.30）	省级以上重点实验室数量	省级以上重点实验室数量增长率	0.20
		省级以上工程技术研究中心数量	省级以上工程技术研究中心数量增长率	0.20
		省级以上科技企业孵化器数量	省级以上科技企业孵化器数量增长率	0.20
		省级以上众创空间数量	省级以上众创空间数量增长率	0.20
		国家级技术转移示范机构数量	国家级技术转移示范机构数量增长率	0.20
区域双创生态（0.20）	创新服务（0.50）	研发费用加计扣除占企业研发经费的比重	研发费用加计扣除占企业研发经费的比重增幅	0.30
		高新技术企业减免税占企业研发经费比重	高新技术企业减免税占企业研发经费比重增幅	0.30
		互联网普及率	互联网普及率增幅	0.40
	创新环境（0.50）	党委政府出台实施创新驱动发展战略的决定或意见及配套政策，如文件数量及实施效果等	党委政府出台实施创新驱动发展战略的决定或意见及配套政策，如文件数量及实施效果的提升等	0.40
		拥有能抓创新、会抓创新、抓好创新的科技管理队伍	能抓创新、会抓创新、抓好创新的科技管理队伍的增长情况	0.40
		特色工作	特色工作的改善情况	0.20

第三节　数据来源、计算方法及特殊指标说明

一、数据来源

本书构建的山东省科技创新发展指数评价体系的指标多数为客观评价指标，大多数直接来源于统计局出版的统计年鉴或者通过简单计算获得的。具体

有 4 个来源，第一是山东省统计局出版的统计年鉴和科技统计年鉴，第二是山东省 17 市出版的统计年鉴，第三是山东省科技厅出版的科技监测数据（鉴于数据来源不同，数据有差异的指标以科技监测数据为准），还有一部分评价指标的数据来自政府网站以及 17 市的统计报告（详见附录一）。由于这些数据均是政府部门根据国家统计标准公开发布的，因此具有较高的可信度和客观性。

二、计算方法

本书采用功效系数法对 17 市创新能力进行评价。功效系数法又叫功效函数法，是一种应用较为广泛的评价方法，它是根据多目标规划原理，对每一项评价指标确定一个满意值和不允许值，以满意值为上限，以不允许值为下限，计算各指标实现满意值的程度，并以此确定各指标的分数。

运用功效系数法的基本步骤是：把所要评价的各指标按多档次标准进行度量，度量具体指标时确定一个满意值（当年各指标 17 市的最大值）和不允许值（各指标 17 市的最小值），将满意值作为上限，不允许值作为下限。在实际计算当中，按照新旧动能转换办法的要求，将各指标基础分数设为 70。计算公式为

$$D_i = \frac{X_i - X_{\min}}{X_{\max} - X_{\min}} \times 30 + 70$$

式中，D_i 为指标得分，X_i 为指标实际值，$X_{\min}$ 为指标最小值，$X_{\max}$ 为指标最大值。

根据给定各指标的分数，利用指标权重以加权平均的方式计算得到反映总量情况的科技创新能力监测指标和反映增幅情况的科技创新能力提升指标，并将科技创新能力监测指标得分和科技创新能力提升指标得分分别按照 40%、60%的比例①进行加和，得到各市科技创新综合能力得分。

三、特殊指标②说明

（1）对于"科技进步贡献率"指标，不同计算方法结果会有一定差别，根据

---

① 本书出于评价目的考虑进行比例分配，该评价更看重创新能力的提升水平，所以提升指标得分占 60%。
② 特殊指标是指该评价体系中采用，且笔者认为需要单独进行简要说明的指标。

前期的研究结论及多种方式的测算，结合德尔菲法进行确定，预判山东省 17 市的科技进步贡献率指数情况。

（2）对于"省级以上工程技术研究中心数量"，各市在国家级和省级数量上差别过大，且并未区分国家级和省级分别所占权重，因此在功效系数法计算中仅采用"省级以上工程技术研究中心数量"这一指标。

（3）对于"省级以上科技企业孵化器""国家级技术转移示范机构数量"两个指标，17 市在指标上的增长率基本为零，因此经功效计算法评价，17 市的两指标的创新提升值均为 70。

（4）对于"省级以上众创空间数量增长率"，由于众创空间 2014 年尚未建立，所以不存在增长率，因此在本次评价中将其提升值统一设定为 70。

（5）对于创新环境的 3 个三级指标均采取定性评价方法，根据以往对于山东省 17 市的相关课题研究和了解进行主观评分，由于该评分存在主观性，故可能与实际情况存在一定偏倚。

（6）对于各项提升指标，均是与 2014 年比较所产生的增长情况。

第一节　总　体　评　价

根据山东省17市的指标数据,利用功效系数法计算出各指标的功效系数,然后加权平均测算出各市的科技创新能力监测指标得分、科技创新能力提升指标得分以及综合指标得分,具体得分情况如表3-1所示。

表 3-1　山东省 17 市科技创新发展能力评价指标

城市	综合指标	科技创新能力监测指标				科技创新能力提升指标			
		监测指标得分	区域竞争能力	区域创新能力	区域双创生态	提升指标得分	区域竞争能力	区域创新能力	区域双创生态
济南	90.06	95.08	92.90	95.85	97.88	86.72	87.21	82.55	94.10
青岛	90.19	95.23	97.09	92.79	96.39	86.84	85.86	84.89	92.68
淄博	84.19	82.93	86.36	78.59	84.77	85.02	91.15	78.83	85.13
枣庄	77.01	74.17	77.01	71.26	74.32	78.90	81.81	76.08	78.74
东营	79.87	80.43	83.82	76.91	80.67	79.50	80.19	74.41	88.29
烟台	82.97	84.73	88.28	80.16	86.78	80.14	78.86	77.50	87.97
潍坊	83.42	84.36	88.95	78.23	87.46	82.79	84.31	78.38	88.58
济宁	81.42	78.98	82.45	74.21	81.58	83.05	87.17	76.83	87.25
泰安	80.53	78.66	82.40	74.31	79.86	81.78	88.60	75.71	80.29

续表

城市	综合指标	科技创新能力监测指标				科技创新能力提升指标			
		监测指标得分	区域竞争能力	区域创新能力	区域双创生态	提升指标得分	区域竞争能力	区域创新能力	区域双创生态
威海	84.98	83.77	89.06	77.69	85.33	85.79	93.82	77.30	86.70
日照	78.37	72.92	72.97	71.29	76.10	82.00	82.89	80.64	82.94
莱芜	77.84	76.01	80.10	73.53	72.77	79.07	78.73	79.44	78.99
临沂	80.64	76.24	76.25	72.45	83.82	83.57	87.04	79.61	84.57
德州	78.47	73.81	75.31	72.24	73.94	81.57	88.69	74.2	82.09
聊城	78.03	73.94	75.96	71.15	75.46	80.76	86.85	73.41	83.30
滨州	78.53	75.87	80.15	72.51	74.03	80.30	83.66	76.83	80.51
菏泽	76.84	72.64	73.55	70.38	75.34	79.65	85.02	73.53	81.13

一、各市科技创新能力监测指标评价结果分析

本部分对各市科技创新能力监测指标进行测算，具体结果如表 3-1 所示。

从科技创新能力监测指标来看，最高分（青岛市，95.23 分）与最低分（菏泽市，72.64 分）悬殊，表明各市的创新实力差距较大。具体排序结果按照从高到低的顺序依次为青岛市、济南市、烟台市、潍坊市、威海市、淄博市、东营市、济宁市、泰安市、临沂市、莱芜市、滨州市、枣庄市、聊城市、德州市、日照市、菏泽市（图 3-1）。17 市中，青岛市和济南市以较大优势领先于其他市，且两市差距较小，均在 95 分以上，为全省创新实力最强的两大战略高地，其中青岛市虽然区域创新能力和区域双创生态指标均低于济南市，但是在区域竞争能力指标大幅度高于济南市，导致科技创新能力监测指标得分略高于济南市，居于全省首位；其次是烟台市、潍坊市、威海市、淄博市和东营市在 80~85 分，为创新能力较强的第 2 梯队；济宁市、泰安市、临沂市、莱芜市和滨州市 5 市的得分在 75~80 分，为创新能力有发展空间的第 3 梯队；枣庄市、聊城市、德州市、日照市和菏泽市在 70~75 分，5 市由于经济基础薄弱，发展相对滞后，处于科技创新能力偏弱的第 4 梯队，特别是菏泽市，在区域竞争能力和区域创新能力指标中分别为倒数第 2 位和倒数第 1 位，导致科技创新能力监测指标得分最低。

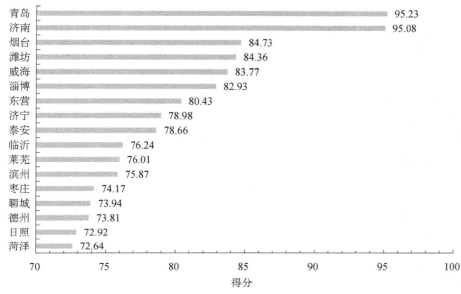

图 3-1　山东省 17 市科技创新能力监测指标得分

二、各市科技创新能力提升指标评价结果分析

本部分对各市科技创新能力提升指标进行测算，具体结果如表 3-1 所示。

从科技创新能力的提升指标来看，各市的科技创新能力都有不同程度的发展，均在 80 分左右，差距不是很大。具体排序结果按照从高到低的顺序依次为：青岛市、济南市、威海市、淄博市、临沂市、济宁市、潍坊市、日照市、泰安市、德州市、聊城市、滨州市、烟台市、菏泽市、东营市、莱芜市、枣庄市（图 3-2）。17 市中，青岛、济南、威海和淄博 4 市在 85 分以上，为创新能力快速发展的第 1 梯队。其中，威海市和淄博市由于区域竞争能力的提升水平较快，得分在全省前两位，所以科技创新能力提升指标升至第 1 梯队。临沂、济宁、潍坊、日照、泰安、德州、聊城、滨州和烟台 9 市得分在 80～85 分，为创新能力提升较快的第 2 梯队。其中，烟台市较于创新监测指标排名的下降幅度最大，主要是由于区域竞争能力和区域创新能力的提升指标得分较低；日照市、德州市、聊城市等城市虽然创新能力总量不高，但是发展水平较快，与科技创新能力监测指标排名相比，均有较大幅度的上升。菏泽、东营、莱芜和枣庄4市由于创新水平发展空间小，得分在80分以下，处于创新能力发展较慢的第3梯队。其中，东营市由于科技创新能力的提升指标得分垫底，造成提升指标相较监测指标排序位次大幅度下降。

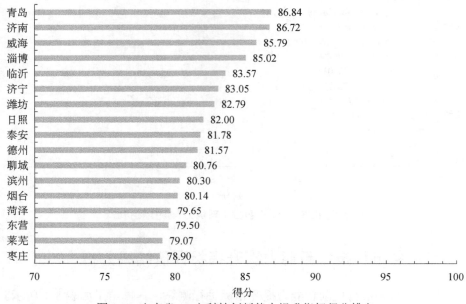

图3-2　山东省17市科技创新能力提升指标得分排名

三、综合评价结果分析

　　科技创新综合能力得分是将科技创新能力监测指标和科技创新能力提升指标得分分别按照40%、60%的比例进行加和得到的。从综合指标得分来看，各市科技创新综合能力水平差异较大，17市创新实力不一、发展提升水平各异，造成科技创新综合能力排序也有一定的变动。具体排序结果按照从高到低的顺序依次为青岛市、济南市、威海市、淄博市、潍坊市、烟台市、济宁市、临沂市、泰安市、东营市、滨州市、德州市、日照市、聊城市、莱芜市、枣庄市、菏泽市（图3-3）。17市中，青岛市和济南市由于经济基础好，教育资源丰富，创新能力水平高，创新实力发展也较快，所以科技创新综合能力得分较高，科技创新发展能力始终全面领先；威海、淄博2市由于创新能力增长速度较快，特别是区域竞争能力快速发展，所以综合指标得分超过潍坊市和烟台

市，升至全省第 3 名、第 4 名，潍坊和烟台两市虽然创新资源丰富、创新实力
较强，但是创新能力增长水平相对较慢，科技创新能力提升指标分别仅位于第
7 位和第 13 位，导致综合指标得分降至第 5 名、第 6 名；济宁市、临沂市、
泰安市、东营市的科技创新综合能力得分分别位至全省第 7～第 10 位，其中
临沂市的科技创新能力提升指标得分居全省第 5 位，而科技创新能力监测指
标仅居全省第 10 位，可见临沂市创新发展规模虽不大，资源虽不多，但是发
展速度较快，使其科技创新综合能力有所上升；滨州市、德州市、日照市和聊
城市的科技创新综合能力不相上下，得分均为 78 分多，且科技创新能力提升
指标排名均高于监测指标；莱芜市、枣庄市、菏泽市排在全省科技创新综合能
力后 3 位，3 市由于创新基础薄弱，增长速度也较慢，导致科技创新综合能力
较低。

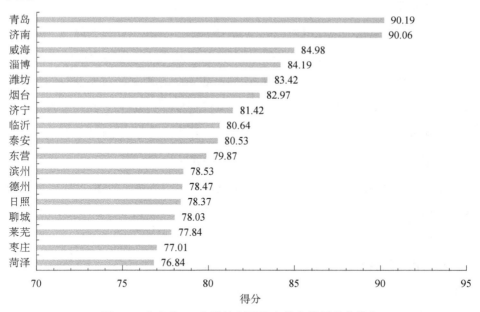

图 3-3　山东省 17 市科技创新综合能力指标得分排名

　　综上可知，考察一个地区的创新能力不仅要考量现有的创新能力水平，还
要考察创新能力的发展情况，即创新效率和速度应随着创新资源的发展而不
断发展，从而打破创新能力评价只考察总量，而忽视创新基础的格局。

第二节　各市科技创新发展指数评价

一、济南市

济南市的科技创新综合指标得分为 90.06 分,综合排名居全省第 2 位,仅次于青岛市。其中,科技创新能力监测指标和提升指标均次于青岛市,排名全省第 2 位,科技创新能力监测指标得分优于提升指标。

通过济南市科技创新能力二级指标得分雷达图(图 3-4)可知,济南市的企业创新、产业创新、创新人才、创新产出、创新载体、创新服务、创新环境七项指标的监测指标得分均高于提升指标,仅有创新实力指标的提升指标得分高于监测指标。在监测指标中,产业创新、创新环境和创新人才的指标得分在前 3 位,均接近满分,其中创新人才和创新环境均居全省首位;其次分别为企业创新、创新服务、创新载体和创新产出 4 项指标,得分也均在 90 分以上,其中创新服务和创新载体以较大优势领先,居全省首位;排在末位的是创新实力指标,仅居全省第 8 位。在提升指标中,创新环境、创新实力和创新服务 3 项指标得分在前 3 位,均在 90 分以上,其中创新环境仅次于青岛市,创新服务次于德州市和聊城市,创新实力位居第 5;其次是企业创新、创新人才、创新产出 3 项指标,得分均在 80~90 分,其中企业创新仅次于威海市,创新人才次于莱芜市和临沂市,创新产出仅次于青岛市,不过与其差距较大;产业创新和创新载体相对较低,得分均在 70~80 分,其中产业创新居全省末位,创新载体位居第 5。由上可知,济南市的创新环境、创新服务和企业创新总体发展情况较好,创新人才总量虽低,但是在进一步提升,产业创新和创新载体的规模较大,但是增长水平较低,需进一步优化,而创新实力指标是济南市的弱势所在,不仅总量低,增速也相对较慢,需加大发展力度。

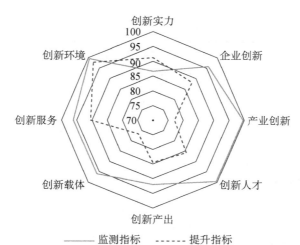

图 3-4　济南市科技创新能力二级指标得分雷达图

为进一步考察济南市的科技创新能力，对科技创新能力评价的三级指标及排序情况进行具体分析，结果如表 3-2 所示。

表 3-2　济南市科技创新能力三级指标得分

二级指标	三级指标					
	监测指标	得分	位次	提升指标	得分	位次
创新实力	科技进步贡献率	89.25	2	科技进步贡献率增幅	93.25	4
	R&D 经费支出占地区生产总值的比重	87.72	9	R&D 经费支出占地区生产总值的比重增幅	91.07	10
	科技公共财政支出占公共财政支出的比重	81.82	8	科技公共财政支出占公共财政支出的比重增幅	89.79	4
企业创新	高新技术企业数量	88.49	2	高新技术企业数量增长率	85.01	5
	规模以上工业企业 R&D 经费支出占主营业务收入的比重	100	1	规模以上工业企业 R&D 经费支出占主营业务收入的比重增幅	97.18	2
	有研发机构的规模以上工业企业占规模以上工业企业的比重	99.49	2	有研发机构的规模以上工业企业占规模以上工业企业的比重增幅	83.64	4
产业创新	高新技术产业产值占规模以上工业总产值比重	100	1	高新技术产业产值占规模以上工业总产值比重增幅	70	17
	高新技术产业开发区规模以上工业总产值	99.19	2	高新技术产业开发区规模以上工业总产值增长率	87.69	4
创新人才	每万名就业人员中研发人员数	100	1	每万名就业人员中研发人员数增幅	100	1
	国家重大人才工程累计入选人数	98.59	2	国家重大人才工程累计入选人数增长率	78.31	9

续表

二级指标	三级指标					
	监测指标	得分	位次	提升指标	得分	位次
创新人才	省级人才工程累计入选人数	100	1	省级人才工程累计入选人数增长率	73.98	15
创新产出	年登记技术合同成交额	79.94	4	年登记技术合同成交额增长率	70.35	16
	每万人发明专利拥有量	100	1	每万人发明专利拥有量增量	93.81	2
创新载体	省级以上重点实验室数量	100	1	省级以上重点实验室数量增长率	87.17	7
	省级以上工程技术研究中心数量	100	1	省级以上工程技术研究中心数量增长率	86.40	5
	省级以上科技企业孵化器数量	90.77	2	省级以上科技企业孵化器数量增长率	70	—
	省级以上众创空间数量	100	1	省级以上众创空间数量增长率	70	—
	国家级技术转移示范机构数量	89.29	2	国家级技术转移示范机构数量增长率	70	—
创新服务	研发费用加计扣除占企业研发经费的比重	90.52	2	研发费用加计扣除占企业研发经费的比重增幅	87.78	16
	高新技术企业减免税占企业研发经费比重	100	1	高新技术企业减免税占企业研发经费比重增幅	93.78	3
	互联网普及率	97.97	2	互联网普及率增幅	89.90	6
创新环境	党委政府出台实施创新驱动发展战略的决定或意见及配套政策,如文件数量及实施效果等	100	1	党委政府出台实施创新驱动发展战略的决定或意见及配套政策,如文件数量及实施效果的提升等	94.44	2
	拥有能抓创新、会抓创新、抓好创新的科技管理队伍	98.97	2	拥有能抓创新、会抓创新、抓好创新的科技管理队伍的增长情况	100	1
	特色工作	100	1	特色工作的改善情况	100	1

从科技创新能力监测指标来看,济南市大部分指标均在全省第1位和第2位,在全省中有较大的创新优势。其中仅有"R&D经费支出占地区生产总值的比重"和"科技公共财政支出占公共财政支出的比重"两项指标分别居全省第9位和第8位,排名较靠后,还有在创新产出方面的"年登记技术合同成交额"指标居全省第4位,次于青岛市、烟台市和潍坊市,其余指标均在全省前2位,创新能力水平较高。可见,济南市除了应在科技经费投入强度和财政对于科技的支持力度,以及提高创新成果产出等方面加大力度之外,其余科技创新能力监测指标均处于全省领先地位。

从科技创新能力提升指标来看，明显不及科技创新能力监测指标，仅有"规模以上工业企业 R&D 经费支出占主营业务收入的比重增幅""每万名就业人员中研发人员数增幅""每万人发明专利拥有量增量"，以及创新环境的 3 个指标居全省第 1 位和第 2 位。而"R&D 经费支出占地区生产总值的比重增幅"仅居全省第 10 位，"高新技术产业产值占规模以上工业总产值比重增幅"甚至居全省末位，还有"省级人才工程累计入选人数增长率"仅居全省第 15 位，"年登记技术合同成交额增长率"和"研发费用加计扣除占企业研发经费的比重增幅"两项指标均仅居全省第 16 位，增长速度在全省均居较低水平。可见，济南市在创新能力提升指标上，具有较大的弱势，特别是科技经费投入强度、创新人才投入、产业创新、创新成果产出以及创新服务等方面应进一步提高增长速度。

综上所述，济南市在科技经费投入、创新成果产出方面不仅要扩大总量，还需提高增长速度。济南市总体创新水平虽较高，但是在提升水平上有所欠缺，应有所加强，特别是创新人才数量、产业创新和创新服务水平等方面，需进一步扩大创新基础的提升水平。因此，济南市的科技创新综合能力不仅需全面发展，还应进一步扩大优势效应。

二、青岛市

青岛市的科技创新综合指标得分为 90.19 分，综合排名全省第 1 位，其中，科技创新能力监测指标和提升指标均居全省第 1 位，科技创新能力监测指标得分全面优于提升指标。

从青岛市的二级指标得分雷达图（图 3-5）可知，青岛市的科技创新能力监测指标均领先于科技创新能力提升指标，特别是产业创新指标接近满分，居全省首位；其次是创新环境、创新产出、创新实力、企业创新、创新服务、创新人才 6 项指标，得分均在 90 分以上，其中企业创新、创新产出、创新实力均居全省首位，创新环境、创新服务和创新人才仅次于济南市；相对最弱的指标是创新载体，得分 86.47 分，排名虽仅次于济南市，但与其差距较大。从提升指标来看，创新环境和创新产出得分最高，均在90分以上且居全省首位；其次是创新实力、创新服务和企业创新三项指标，在85～90分，其中创新实力指标居全省首位，创新服务位居第10，企业创新位居第6；而产业创新、创新载体和创新人才指标相对较弱，得分在80～85分，其中创新载体位居全省首位，创新人才得分最低，仅得80分，位居第9，产业创新仅位居第10。可见，青岛市的创新能力总体规模较大，具有明显优势，但是增长速度相对来说较慢，特别是创新服务、产业创新、创新人才和企业创新需要在良好的创新基础上提高发展速度，充分利用优势所在。

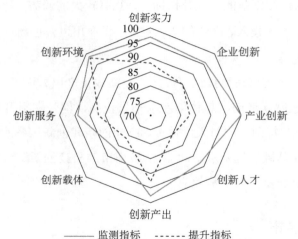

图 3-5 青岛市科技创新能力二级指标得分雷达图

为进一步考察青岛市的科技创新能力，对科技创新能力评价的三级指标及排序情况进行具体分析，结果如表 3-3 所示。

表 3-3 青岛市科技创新能力三级指标得分

二级指标	三级指标					
	监测指标	得分	位次	提升指标	得分	位次
创新实力	科技进步贡献率	100	1	科技进步贡献率增幅	92.08	5
	R&D 经费支出占地区生产总值的比重	100	1	R&D 经费支出占地区生产总值的比重增幅	87.27	15
	科技公共财政支出占公共财政支出的比重	87.60	4	科技公共财政支出占公共财政支出的比重增幅	85.87	10

续表

二级指标	三级指标					
	监测指标	得分	位次	提升指标	得分	位次
企业创新	高新技术企业数量	100	1	高新技术企业数量增长率	91.79	4
	规模以上工业企业 R&D 经费支出占主营业务收入的比重	88.19	2	规模以上工业企业 R&D 经费支出占主营业务收入的比重增幅	81.77	9
	有研发机构的规模以上工业企业占规模以上工业企业的比重	98.27	3	有研发机构的规模以上工业企业占规模以上工业企业的比重增幅	81.01	7
产业创新	高新技术产业产值占规模以上工业总产值比重	99.94	2	高新技术产业产值占规模以上工业总产值比重增幅	79.58	13
	高新技术产业开发区规模以上工业总产值	100	1	高新技术产业开发区规模以上工业总产值增长率	88.22	3
创新人才	每万名就业人员中研发人员数	91.54	2	每万名就业人员中研发人员数增幅	86.76	5
	国家重大人才工程累计入选人数	100	1	国家重大人才工程累计入选人数增长率	75.75	11
	省级人才工程累计入选人数	88.81	2	省级人才工程累计入选人数增长率	75.26	11
创新产出	年登记技术合同成交额	100	1	年登记技术合同成交额增长率	82.05	4
	每万人发明专利拥有量	96.21	2	每万人发明专利拥有量增量	100	1
创新载体	省级以上重点实验室数量	83.37	2	省级以上重点实验室数量增长率	96.69	2
	省级以上工程技术研究中心数量	74.44	8	省级以上工程技术研究中心数量增长率	100	1
	省级以上科技企业孵化器数量	100	1	省级以上科技企业孵化器数量增长率	70	—
	省级以上众创空间数量	74.55	7	省级以上众创空间数量增长率	70	—
	国家级技术转移示范机构数量	100	1	国家级技术转移示范机构数量增长率	70	—
创新服务	研发费用加计扣除占企业研发经费的比重	85.38	3	研发费用加计扣除占企业研发经费的比重增幅	92.82	9
	高新技术企业减免税占企业研发经费比重	95.72	2	高新技术企业减免税占企业研发经费比重增幅	78.80	14
	互联网普及率	100	1	互联网普及率增幅	89.32	7
创新环境	党委政府出台实施创新驱动发展战略的决定或意见及配套政策,如文件数量及实施效果等	97.78	2	党委政府出台实施创新驱动发展战略的决定或意见及配套政策,如文件数量及实施效果的提升等	100	1
	拥有能抓创新、会抓创新、抓好创新的科技管理队伍	100	1	拥有能抓创新、会抓创新、抓好创新的科技管理队伍的增长情况	96.90	2
	特色工作	98.13	2	特色工作的改善情况	96.90	2

从科技创新能力监测指标来看，青岛市大部分指标均位居第 1 位和第 2 位，仅有"科技公共财政支出占公共财政支出的比重"居第 4 位、"有研发机构的规模以上工业企业占规模以上工业企业的比重"和"研发费用加计扣除占企业研发经费的比重"两项指标居第 3 位，创新载体中"省级以上工程技术研究中心数量"和"省级以上众创空间数量"分别居第 8 位和第 7 位。由此可知，在创新能力基础资源上，除了财政科技支出、创新载体和企业创新及其服务等相对弱势以外，青岛市科技创新能力全面领先于其他市。

与科技创新能力监测指标相比，科技创新能力提升指标排名相对靠后。仅有"每万人发明专利拥有量增量"指标、创新载体的两项指标和创新环境的三项指标居全省第 1 位和第 2 位。而"R&D 经费支出占地区生产总值的比重增幅"和"科技公共财政支出占公共财政支出的比重增幅"两项创新实力指标分别仅居第 15 位和第 10 位，"高新技术产业产值占规模以上工业总产值比重增幅"居第 13 位，"国家重大人才工程累计入选人数增长率"和"省级人才工程累计入选人数增长率"两项创新人才指标居第 11 位，"高新技术企业减免税占企业研发经费比重增幅"仅居第 14 位，与高层次的创新水平相比，总体增速较低。可见，从科技创新能力的提升水平来看，青岛市需提高科技经费投入、产业创新及其服务、创新人才投入的增长速度，提高创新效率，充分利用创新优势资源。

综上可知，青岛市创新资源丰富，创新规模大，需进一步加大科技对于财政的支持力度，加大创新平台建设，同时科技创新提升能力有所欠缺，需进一步提高创新经费投入水平、创新人才投入强度以及产业创新的发展速度。

三、淄博市

淄博市的科技创新综合指标得分为 84.19 分，综合排名全省第 4 位，其中，科技创新能力监测指标排名全省第 6 位，科技创新能力提升指标排名全省第 4 位，科技创新能力提升指标得分略优于监测指标。

从淄博市的二级指标得分雷达图（图3-6）可知，在创新实力、企业创新、产业创新、创新人才、创新服务和创新产出方面，监测指标得分略低于提升指标，在创新载体和创新环境方面，监测指标得分略高于提升指标。在监测指数中，产业创新得分最高，为92.18分，仅次于济南市、青岛市和威海市；其次为创新环境、创新实力、企业创新、创新产出和创新服务，得分均在80～90分，其中创新环境和企业创新居第5位，创新产出仅次于青岛市和济南市，创新服务和创新实力居第8位和第9位；创新人才和创新载体得分相对较低，分别为76.05分和78.25分，均居第6位。在提升指标中，创新实力和产业创新得分最高，分别为97.09分和94.44分，其中创新实力得分仅次于威海市，产业创新得分居全省首位；其次为创新环境、企业创新、创新人才、创新服务和创新产出，得分均在80～90分，其中创新环境居第5位，企业创新和创新人才均居第9位，创新服务得分仅高于泰安市，创新产出得分仅次于青岛市、济南市和日照市；创新载体得分相对最低，为71.98分，得分仅高于枣庄市。由上可知，淄博市科技创新能力优势在于产业创新，在创新人才和创新载体方面相对较弱，急需提高发展水平。

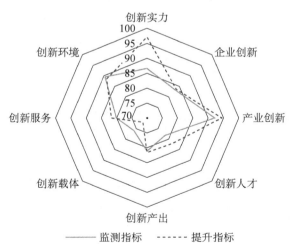

图3-6　淄博市科技创新能力二级指标得分雷达图

为进一步考察淄博市的科技创新能力，对科技创新能力评价的三级指标及排序情况进行具体分析，结果如表3-4所示。

表 3-4 淄博市科技创新能力三级指标得分

二级指标	三级指标					
	监测指标	得分	位次	提升指标	得分	位次
创新实力	科技进步贡献率	82.45	6	科技进步贡献率增幅	100	1
	R&D 经费支出占地区生产总值的比重	86.87	10	R&D 经费支出占地区生产总值的比重增幅	98.18	4
	科技公共财政支出占公共财政支出的比重	90.26	3	科技公共财政支出占公共财政支出的比重增幅	91.99	2
企业创新	高新技术企业数量	76.13	6	高新技术企业数量增长率	70	17
	规模以上工业企业 R&D 经费支出占主营业务收入的比重	77.12	11	规模以上工业企业 R&D 经费支出占主营业务收入的比重增幅	84.87	6
	有研发机构的规模以上工业企业占规模以上工业企业的比重	100	1	有研发机构的规模以上工业企业占规模以上工业企业的比重增幅	96.05	2
产业创新	高新技术产业产值占规模以上工业总产值比重	88.17	6	高新技术产业产值占规模以上工业总产值比重增幅	100	1
	高新技术产业开发区规模以上工业总产值	98.19	3	高新技术产业开发区规模以上工业总产值增长率	86.10	9
创新人才	每万名就业人员中研发人员数	87.18	4	每万名就业人员中研发人员数增幅	87.68	4
	国家重大人才工程累计入选人数	71.43	8	国家重大人才工程累计入选人数增长率	75	12
	省级人才工程累计入选人数	72.84	8	省级人才工程累计入选人数增长率	81.25	7
创新产出	年登记技术合同成交额	77.55	5	年登记技术合同成交额增长率	81.81	5
	每万人发明专利拥有量	83.48	3	每万人发明专利拥有量增量	81.43	3
创新载体	省级以上重点实验室数量	72.67	8	省级以上重点实验室数量增长率	75.59	10
	省级以上工程技术研究中心数量	83.78	2	省级以上工程技术研究中心数量增长率	74.33	13
	省级以上科技企业孵化器数量	79.23	5	省级以上科技企业孵化器数量增长率	70	—
	省级以上众创空间数量	74.55	7	省级以上众创空间数量增长率	70	—
	国家级技术转移示范机构数量	70	8	国家级技术转移示范机构数量增长率	70	—
创新服务	研发费用加计扣除占企业研发经费的比重	79.75	7	研发费用加计扣除占企业研发经费的比重增幅	93.44	5
	高新技术企业减免税占企业研发经费比重	83.61	6	高新技术企业减免税占企业研发经费比重增幅	85.29	5
	互联网普及率	78.57	9	互联网普及率增幅	70	17
创新环境	党委政府出台实施创新驱动发展战略的决定或意见及配套政策，如文件数量及实施效果等	86.67	5	党委政府出台实施创新驱动发展战略的决定或意见及配套政策，如文件数量及实施效果的提升等	85.56	6
	拥有能抓创新、会抓创新、抓好创新的科技管理队伍	91.72	5	拥有能抓创新、会抓创新、抓好创新的科技管理队伍的增长情况	90.69	5
	特色工作	90.63	5	特色工作的改善情况	90.69	5

从科技创新能力监测指标来看，大部分指标在 17 市中排名前 8 位，处于中等水平及中等水平以上，其中仅有"R&D 经费支出占地区生产总值的比重"位居第 10，"规模以上工业企业 R&D 经费支出占主营业务收入的比重"居第 11 位，"互联网普及率"位居第 9，"国家级技术转移示范机构数量"①位居全省末位。其中，"有研发机构的规模以上工业企业占规模以上工业企业的比重"居全省首位，可知企业的科技创新能力水平是淄博市的创新优势所在。综上可知，在科技创新能力现有基础资源方面，淄博市需加大科技经费投入强度和企业的科技经费投入，同时加大人才引进以及互联网普及力度。

从科技创新能力的提升指标来看，在创新实力方面，"科技进步贡献率增幅"居全省首位，"科技公共财政支出占公共财政支出的比重增幅"仅次于德州市，而"R&D 经费支出占地区生产总值的比重增幅"居全省第 4 位，可见创新实力三项指标排名均较高，是淄博市的优势所在；在企业创新方面，"有研发机构的规模以上工业企业占规模以上工业企业的比重增幅"仅次于威海市，而"高新技术企业数量增长率"则居全省末位；在产业创新方面，"高新技术产业产值占规模以上工业总产值比重增幅"居全省首位。其余指标中除了"国家重大人才工程累计入选人数增长率"居全省第 12 位，"省级以上重点实验室数量增长率"居第 10 位，"省级以上工程技术研究中心数量增长率"居第 13 位，"互联网普及率增幅"居第 17 位以外，均居第 3～第 9 位。由上可知，从科技创新能力的提升水平来看，淄博市在重大人才引进、创新平台的建设和互联网的普及率等方面需提高发展水平。

综上所述，淄博市在企业创新效率方面具有明显优势，而在人才引进以及互联网普及率方面不仅基础水平较低，增长速度也需进一步发展。

四、枣庄市

枣庄市的科技创新综合指标得分为 77.01 分，综合排名全省第 16 位，其中，科技创新能力监测指标排名全省第 13 位，科技创新能力提升指标排名全

---

① "国家级技术转移示范机构数量"指标排名由于并列原因显示为全省第 8，实际得分为全省最低。

省第 17 位，科技创新能力提升指标得分优于监测指标。

　　从枣庄市的二级指标得分雷达图（图 3-7）可知，在创新实力、产业创新、创新人才、创新产出、创新载体、创新服务方面，提升指标得分均高于监测指标，在企业创新和创新环境方面，监测指标略高于提升指标。在监测指标中，仅有企业创新指标超过 80 分，为 81.41 分，居全省第 8 位，其余七项指标均在 70～75 分，在全省均处于较低水平，其中创新载体得分最低，仅有 70.5 分，也即全省最低分，创新实力、产业创新、创新服务居第 15 位，创新人才和创新产出居第 14 位，创新环境居第 13 位。在提升指标中，产业创新得分最高，为 86.72 分，居全省第 7 位；其次为创新实力、创新服务和创新人才，得分在 80～85 分，其中创新实力居第 15 位，创新服务居第 14 位，创新人才居第 7 位；企业创新、创新环境、创新产出、创新载体得分均在 80 分以下，排名也均在全省 10 位之后，其中创新载体为全省最低。由上可知，枣庄市的创新载体数量偏低，发展较慢，为全省创新能力建设的最大弱势，企业创新能力水平相对较高，但是增长速度跟不上，产业创新和创新人才的增长速度则相对较高，是其优势所在。

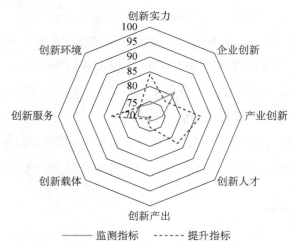

图 3-7　枣庄市科技创新能力二级指标得分雷达图

　　为进一步考察枣庄市的科技创新能力，对科技创新能力评价的三级指标及排序情况进行具体分析，结果如表 3-5 所示。

表 3-5 枣庄市科技创新能力三级指标得分

二级指标	三级指标					
	监测指标	得分	位次	提升指标	得分	位次
创新实力	科技进步贡献率	76.23	12	科技进步贡献率增幅	70	17
	R&D 经费支出占地区生产总值的比重	75.08	14	R&D 经费支出占地区生产总值的比重增幅	91.57	8
	科技公共财政支出占公共财政支出的比重	70	17	科技公共财政支出占公共财政支出的比重增幅	83.12	13
企业创新	高新技术企业数量	71.62	12	高新技术企业数量增长率	78.14	13
	规模以上工业企业 R&D 经费支出占主营业务收入的比重	78.25	10	规模以上工业企业 R&D 经费支出占主营业务收入的比重增幅	81.76	10
	有研发机构的规模以上工业企业占规模以上工业企业的比重	93.90	5	有研发机构的规模以上工业企业占规模以上工业企业的比重增幅	72.04	16
产业创新	高新技术产业产值占规模以上工业总产值比重	70.65	16	高新技术产业产值占规模以上工业总产值比重增幅	87.12	8
	高新技术产业开发区规模以上工业总产值	79.18	11	高新技术产业开发区规模以上工业总产值增长率	86.13	8
创新人才	每万名就业人员中研发人员数	72.71	14	每万名就业人员中研发人员数增幅	79.34	10
	国家重大人才工程累计入选人数	71.07	10	国家重大人才工程累计入选人数增长率	70	12
	省级人才工程累计入选人数	70.57	15	省级人才工程累计入选人数增长率	100	1
创新产出	年登记技术合同成交额	71.96	11	年登记技术合同成交额增长率	78.33	8
	每万人发明专利拥有量	71.21	16	每万人发明专利拥有量增量	70.57	14
创新载体	省级以上重点实验室数量	70	14	省级以上重点实验室数量增长率	75.59	10
	省级以上工程技术研究中心数量	70.33	16	省级以上工程技术研究中心数量增长率	70	14
	省级以上科技企业孵化器数量	70	13	省级以上科技企业孵化器数量增长率	70	—
	省级以上众创空间数量	70	15	省级以上众创空间数量增长率	70	—
	国家级技术转移示范机构数量	72.14	6	国家级技术转移示范机构数量增长率	70	—
创新服务	研发费用加计扣除占企业研发经费的比重	76.84	10	研发费用加计扣除占企业研发经费的比重增幅	94.84	3
	高新技术企业减免税占企业研发经费比重	71.06	15	高新技术企业减免税占企业研发经费比重增幅	80.28	11
	互联网普及率	74.97	14	互联网普及率增幅	75.86	16
创新环境	党委政府出台实施创新驱动发展战略的决定或意见及配套政策,如文件数量及实施效果等	73.33	13	党委政府出台实施创新驱动发展战略的决定或意见及配套政策,如文件数量及实施效果的提升等	72.22	13
	拥有能抓创新、会抓创新、抓好创新的科技管理队伍	75.17	13	拥有能抓创新、会抓创新、抓好创新的科技管理队伍的增长情况	76.21	11
	特色工作	76.56	11	特色工作的改善情况	76.21	11

从科技创新能力监测指标来看，绝大多数指标均排名在第 10 位以后，科技创新能力整体水平较低，尤其是"科技公共财政支出占公共财政支出的比重"、"省级以上重点实验室数量"、"省级以上科技企业孵化器数量"和"省级以上众创空间数量"指标，排名居全省末位，"高新技术产业产值占规模以上工业总产值比重"和"每万人发明专利拥有量"排名全省第 16 位，是枣庄市提高创新能力水平应重点解决的问题；而"有研发机构的规模以上工业企业占规模以上工业企业的比重"指标位居全省第 5，"国家级技术转移示范机构数量"指标位居全省第 6，这 2 个指标排名相对靠前。

从科技创新能力提升指标来看，大部分指标均排名在全省第 8 位以后，在全省中处于中下水平，尤其是"科技进步贡献率增幅"居全省末位，"有研发机构的规模以上工业企业占规模以上工业企业的比重增幅"和"互联网普及率增幅"居第 16 位，科技创新能力提升水平较低；仅有"省级人才工程累计入选人数增长率"排名全省首位，"研发费用加计扣除占企业研发经费的比重增幅"排名第 3 位，增长速度相对较快。

综上所述，枣庄市的科技创新能力相对较低，整体增长水平也较低，科技经费和人才投入有待增加；创新服务水平增长相对较快，应在提高企业创新能力水平和创新人才引进力度等方面着手提高科技创新综合能力，以培养枣庄市的创新优势。

五、东营市

东营市的科技创新综合指标得分为 79.87 分，综合排名全省第 10 位，其中，科技创新能力监测指标排名全省第 7 位，科技创新能力提升指标排名全省第 5 位，科技创新能力监测指标得分优于提升指标。

从东营市的二级指标得分雷达图（图 3-8）可知，仅有创新服务的提升指标得分高于监测指标，其余指标的监测指标得分均高于提升指标。在监测指标中，仅有产业创新指标得分超过 90 分，为 90.53 分，居全省第 6 位；其次为创新环境和创新实力，得分在 85～90 分，分别居全省第 6 位和第 7 位；最后依次为创新人才、企业创新、创新产出、创新载体、创新服务，得分均在 80 分以下，其中创新人才居全省第 4 位，企业创新居全省第 11 位，创新产出和创新载体均居全省第 7 位，而创新服务得分最低，为 72.45 分，仅高于莱芜市。在提升指标中，创新环境和创新服务得分最高，均在 88 分左右，其中创新环境居全省第 6 位，创新服务居全省第 8 位；其次为创新实力和产业创新，得分在 80～85 分，分别位居全省第 13 位和第 11 位；最后依次为创新人才、创新载体、企业创新和创新产出，其中创新产出得分最低，且仅高于德州市和聊城市，企业创新指标仅高于莱芜市，创新人才居全省第 14 位，创新载体居全省第 9 位。可见东营市的企业创新能力水平需进一步提高和发展，创新环境和产业创新具有相对优势，但其余指标均相对较低。

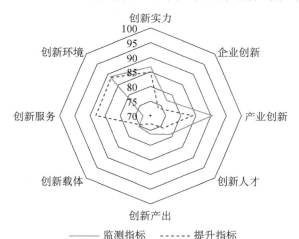

图 3-8　东营市科技创新能力二级指标得分雷达图

为进一步考察东营市的科技创新能力，对科技创新能力评价的三级指标及排序情况进行具体分析，结果如表 3-6 所示。

表 3-6　东营市科技创新能力三级指标得分

二级指标	三级指标					
	监测指标	得分	位次	提升指标	得分	位次
创新实力	科技进步贡献率	80.19	9	科技进步贡献率增幅	88.16	9
	R&D 经费支出占地区生产总值的比重	95.88	2	R&D 经费支出占地区生产总值的比重增幅	90.76	11
	科技公共财政支出占公共财政支出的比重	74.95	13	科技公共财政支出占公共财政支出的比重增幅	70	17

续表

二级指标	三级指标					
	监测指标	得分	位次	提升指标	得分	位次
企业创新	高新技术企业数量	72.37	11	高新技术企业数量增长率	71.92	14
	规模以上工业企业 R&D 经费支出占主营业务收入的比重	74.65	14	规模以上工业企业 R&D 经费支出占主营业务收入的比重增幅	76.68	14
	有研发机构的规模以上工业企业占规模以上工业企业的比重	85.23	8	有研发机构的规模以上工业企业占规模以上工业企业的比重增幅	72.75	15
产业创新	高新技术产业产值占规模以上工业总产值比重	90.51	5	高新技术产业产值占规模以上工业总产值比重增幅	82.46	12
	高新技术产业开发区规模以上工业总产值	90.56	6	高新技术产业开发区规模以上工业总产值增长率	85.92	10
创新人才	每万名就业人员中研发人员数	90.16	3	每万名就业人员中研发人员数增幅	70.80	16
	国家重大人才工程累计入选人数	71.07	10	国家重大人才工程累计入选人数增长率	76	10
	省级人才工程累计入选人数	71.46	9	省级人才工程累计入选人数增长率	82.86	5
创新产出	年登记技术合同成交额	73.88	8	年登记技术合同成交额增长率	70.81	14
	每万人发明专利拥有量	77.75	7	每万人发明专利拥有量增量	74.11	9
创新载体	省级以上重点实验室数量	71.19	12	省级以上重点实验室数量增长率	92.37	3
	省级以上工程技术研究中心数量	73.67	9	省级以上工程技术研究中心数量增长率	70	14
	省级以上科技企业孵化器数量	79.23	5	省级以上科技企业孵化器数量增长率	70	—
	省级以上众创空间数量	76.36	6	省级以上众创空间数量增长率	70	—
	国家级技术转移示范机构数量	76.43	3	国家级技术转移示范机构数量增长率	70	—
创新服务	研发费用加计扣除占企业研发经费的比重	73.27	13	研发费用加计扣除占企业研发经费的比重增幅	93.28	7
	高新技术企业减免税占企业研发经费比重	70	17	高新技术企业减免税占企业研发经费比重增幅	82.04	8
	互联网普及率	74.94	15	互联网普及率增幅	88.84	8
创新环境	党委政府出台实施创新驱动发展战略的决定或意见及配套政策,如文件数量及实施效果等	86.67	5	党委政府出台实施创新驱动发展战略的决定或意见及配套政策,如文件数量及实施效果的提升等	86.67	5
	拥有能抓创新、会抓创新、抓好创新的科技管理队伍	90.69	6	拥有能抓创新、会抓创新、抓好创新的科技管理队伍的增长情况	89.66	6
	特色工作	89.69	6	特色工作的改善情况	89.66	6

从科技创新能力的监测指标来看,在创新实力方面,"科技进步贡献率"

和"科技公共财政支出占公共财政支出的比重"居全省第 9 位和第 13 位，未达全省平均水平；企业创新的三项指标仅有"有研发机构的规模以上工业企业占规模以上工业企业的比重"指标达全省平均水平，但也仅居全省第 8 位；产业创新的两项指标均处于全省中等水平，排名全省第 5 位和第 6 位；创新人才的三项指标中，仅有"每万名就业人员中研发人员数"指标排名相对靠前，排在全省第 3 位，仅次于济南市和青岛市；创新产出方面，两项指标居全省第 7 位和第 8 位，高于全省平均水平；创新载体方面，"省级以上重点实验室数量"和"省级以上工程技术研究中心数量"均在中下等水平，仅居全省第 12 位和第 9 位；创新服务的三项指标均排名全省第 10 位以后，在监测指标中表现最弱；而创新环境的三项指标均在全省中等水平以上，总体排名较靠前。可见，东营市产业创新和创新环境水平相对较高，创新人才投入强度相对较高，而企业创新和创新服务规模有待扩大。

从科技创新能力的提升指标来看，仅有"省级人才工程累计入选人数增长率"指标排名第 5 位，"省级以上重点实验室数量增长率"排名第 3 位，创新服务和创新环境的六项指标排名第 8 位及以前，其余指标均排在全省中下等水平。其中"科技公共财政支出占公共财政支出的比重增幅"和"省级以上工程技术研究中心数量增长率"居全省末位，"每万名就业人员中研发人员数增幅"仅高于德州市，居全省第 16 位，是东营市提高科技创新能力水平需要重视的问题。

综上可知，东营市的科技创新综合能力处于全省中下等水平，其中创新环境发展水平相对较好，创新载体建设增长速度较快，但东营市应在加大财政对于科技的支持和人才引进力度等方面提高自身的科技创新综合能力。

六、烟台市

烟台市的科技创新综合指标得分为 82.97 分，综合排名全省第 6 位。其中，科技创新能力监测指标排名全省第 3 位，科技创新能力提升指标排名全省第 13 位，科技创新能力监测指标得分优于提升指标。

从烟台市的二级指标得分雷达图（图 3-9）可知，在创新实力、企业创新、产业创新、创新人才、创新载体和创新环境方面，监测指标得分均高于提升指标得分，在创新产出和创新服务方面，提升指标得分略高于监测指标。在监测指标中，得分最高的前 3 位依次为创新实力、创新环境和产业创新，均在 90分以上，其中创新实力得分仅次于青岛市，居全省第 2 位，创新环境和产业创新均居全省第 4 位；其次为企业创新、创新人才、创新服务，均在 80～85 分，其中企业创新居全省第 7 位，创新人才得分仅次于济南市和青岛市，创新服务居全省第 5 位；最后依次为创新产出和创新载体，得分均不到 80 分，依次居全省第 4 位和第 3 位。从提升指标来看，创新环境得分最高，为 91.86 分，居全省第 4 位；其次为创新服务、产业创新、创新实力和创新产出，得分均在 80～85 分，其中创新服务和产业创新居全省第 13 位，创新实力居全省末位，创新产出居全省第 6 位；最后依次为创新人才、企业创新和创新载体，三项指标得分相对较低，均在 80 分以下，依次居全省第 13 位、第 15 位和第 7 位。由上可知，从排名情况看，烟台市的科技创新能力监测指标均排名靠前，在第 1～第 7 位，而提升指标中仅有创新环境排名全省第 4 位，其余指标均靠后，甚至是垫底，可见烟台市的科技创新能力水平较高，但增长速度明显偏低，导致科技创新综合能力下降。

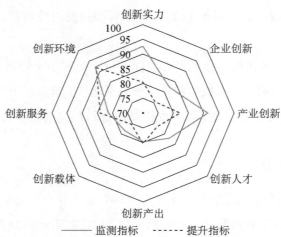

图 3-9　烟台市科技创新能力二级指标得分雷达图

为进一步考察烟台市的科技创新能力，对科技创新能力评价的三级指标及排序情况进行具体分析，结果如表 3-7 所示。

表 3-7　烟台市科技创新能力三级指标得分

二级指标	三级指标					
	监测指标	得分	位次	提升指标	得分	位次
创新实力	科技进步贡献率	88.68	3	科技进步贡献率增幅	93.31	3
	R&D 经费支出占地区生产总值的比重	94.44	5	R&D 经费支出占地区生产总值的比重增幅	70	17
	科技公共财政支出占公共财政支出的比重	93.05	2	科技公共财政支出占公共财政支出的比重增幅	88.78	6
企业创新	高新技术企业数量	78.50	4	高新技术企业数量增长率	81.47	8
	规模以上工业企业 R&D 经费支出占主营业务收入的比重	82.92	7	规模以上工业企业 R&D 经费支出占主营业务收入的比重增幅	70	17
	有研发机构的规模以上工业企业占规模以上工业企业的比重	85.69	7	有研发机构的规模以上工业企业占规模以上工业企业的比重增幅	74.28	14
产业创新	高新技术产业产值占规模以上工业总产值比重	99.53	3	高新技术产业产值占规模以上工业总产值比重增幅	78.81	14
	高新技术产业开发区规模以上工业总产值	79.23	10	高新技术产业开发区规模以上工业总产值增长率	87.36	5
创新人才	每万名就业人员中研发人员数	85.53	6	每万名就业人员中研发人员数增幅	73.67	15
	国家重大人才工程累计入选人数	81.79	3	国家重大人才工程累计入选人数增长率	81.54	5
	省级人才工程累计入选人数	77.62	3	省级人才工程累计入选人数增长率	75.14	12
创新产出	年登记技术合同成交额	86.09	2	年登记技术合同成交额增长率	85.45	3
	每万人发明专利拥有量	79.17	5	每万人发明专利拥有量增量	76.44	7
创新载体	省级以上重点实验室数量	76.24	3	省级以上重点实验室数量增长率	86.19	9
	省级以上工程技术研究中心数量	78	4	省级以上工程技术研究中心数量增长率	80.63	9
	省级以上科技企业孵化器数量	86.15	4	省级以上科技企业孵化器数量增长率	70	—
	省级以上众创空间数量	81.82	3	省级以上众创空间数量增长率	70	—
	国家级技术转移示范机构数量	70	8	国家级技术转移示范机构数量增长率	70	—
创新服务	研发费用加计扣除占企业研发经费的比重	78	8	研发费用加计扣除占企业研发经费的比重增幅	94.89	2
	高新技术企业减免税占企业研发经费比重	76.96	9	高新技术企业减免税占企业研发经费比重增幅	80.07	12

二级指标	三级指标					
	监测指标	得分	位次	提升指标	得分	位次
	互联网普及率	88.20	3	互联网普及率增幅	78.97	15
创新环境	党委政府出台实施创新驱动发展战略的决定或意见及配套政策，如文件数量及实施效果等	90	4	党委政府出台实施创新驱动发展战略的决定或意见及配套政策，如文件数量及实施效果的提升等	90	4
	拥有能抓创新、会抓创新、抓好创新的科技管理队伍	93.79	4	拥有能抓创新、会抓创新、抓好创新的科技管理队伍的增长情况	92.76	4
	特色工作	93.44	4	特色工作的改善情况	93.79	4

从科技创新能力监测指标来看，多数指标均在全省中等水平以上。其中，仅有产业创新的"高新技术产业开发区规模以上工业总产值"指标排在全省第10位，创新载体的"国家级技术转移示范机构数量"居全省末位，创新服务的"研发费用加计扣除占企业研发经费的比重"指标排在全省第8位、"高新技术企业减免税占企业研发经费比重"指标排在全省第9位，表现相对较弱，其余指标均排在全省第2～第7位。可见，烟台市应在加大高新技术产业开发区的创新产出和创新服务水平等方面提高创新能力水平，其余指标均有相对优势。

从科技创新能力提升指标来看，部分指标居全省末位，整体提升水平较低。在创新实力方面，"R&D经费支出占地区生产总值的比重增幅"居全省末位，其余两项指标超过全省平均水平；企业创新方面的指标明显表现较弱，其中"规模以上工业企业R&D经费支出占主营业务收入的比重增幅"位居全省末位；在产业创新方面，"高新技术产业开发区规模以上工业总产值增长率"虽居全省第5位，但是"高新技术产业产值占规模以上工业总产值比重增幅"仅居全省第14位；在创新人才方面，仅有"国家重大人才工程累计入选人数增长率"居全省第5位，其余两项指标均排名第10位以后；创新载体的两项指标均居全省第9位；在创新服务方面，仅有"研发费用加计扣除占企业研发经费的比重增幅"居全省第2位，其余两项指标均排在第10位以后；而创新产出和创新环境的指标表现相对较好，均排在全省前8位，但"每万人发明专利拥有量增量"相对较弱。

综上可知，烟台市科技创新能力总量规模较大，仅有创新服务规模水平相对较低，但是总体增长水平明显偏低，甚至垫底，导致科技创新综合能力较低，特别是在创新人才数量、企业创新程度和创新服务水平方面，应进一步提高增长速度，以提高科技创新综合能力水平。

七、潍坊市

潍坊市的科技创新综合指标得分为 83.42 分，综合排名全省第 5 位，其中，科技创新能力监测指标排名全省第 4 位，科技创新能力提升指标排名全省第 7 位，科技创新能力监测指标得分优于提升指标。

从潍坊市的二级指标得分雷达图（图 3-10）可知，在创新实力、企业创新、创新人才和创新载体方面，监测指标得分高于提升指标，在产业创新、创新产出、创新服务和创新环境方面，提升指标得分略优于监测指标。从监测指标来看，创新环境和创新实力指标得分最高，分别为 93.25 分和 91.23 分，均居全省第 3 位；其次为产业创新、企业创新和创新服务，得分均在 80～90 分，其中产业创新居全省第 7 位，企业创新得分仅次于济南市和青岛市，创新服务得分居全省第 5 位；最后依次为创新载体、创新人才、创新产出，得分均在 80 分以下，得分相对较低，依次居全省第 3 位、第 4 位和第 6 位。从提升指标来看，创新环境和产业创新得分最高，均在 90 分以上，依次居全省第 3 位和第 4 位；其次为创新实力、创新服务和创新产出，得分均在 80～90 分，依次居全省第 8 位、第 15 位和第 5 位；最后依次为创新人才、创新载体和企业创新，得分均在 80 分以下，其中企业创新得分最低，仅为 76.58 分，位居全省第 13，创新人才位居全省第 12，而创新载体表现相对较好，仅次于青岛市和临沂市。综上可知，潍坊市的科技创新能力提升指标在全省的排名水平明显不及监测指标，科技创新能力的增长水平需加强。

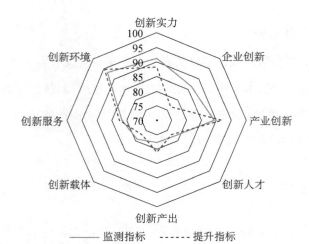

图 3-10 潍坊市科技创新能力二级指标得分雷达图

为进一步考察潍坊市的科技创新能力，对科技创新能力评价的三级指标及排序情况进行具体分析，结果如表 3-8 所示。

表 3-8 潍坊市科技创新能力三级指标得分

二级指标	三级指标					
	监测指标	得分	位次	提升指标	得分	位次
创新实力	科技进步贡献率	87.55	4	科技进步贡献率增幅	87.45	11
	R&D 经费支出占地区生产总值的比重	95.29	4	R&D 经费支出占地区生产总值的比重增幅	90.73	12
	科技公共财政支出占公共财政支出的比重	86.80	5	科技公共财政支出占公共财政支出的比重增幅	84.19	11
企业创新	高新技术企业数量	83.20	3	高新技术企业数量增长率	70.50	16
	规模以上工业企业 R&D 经费支出占主营业务收入的比重	83.07	6	规模以上工业企业 R&D 经费支出占主营业务收入的比重增幅	84.80	7
	有研发机构的规模以上工业企业占规模以上工业企业的比重	92.72	6	有研发机构的规模以上工业企业占规模以上工业企业的比重增幅	75.61	11
产业创新	高新技术产业产值占规模以上工业总产值比重	88.16	7	高新技术产业产值占规模以上工业总产值比重增幅	95.45	5
	高新技术产业开发区规模以上工业总产值	90.97	5	高新技术产业开发区规模以上工业总产值增长率	86.40	6
创新人才	每万名就业人员中研发人员数	79.59	8	每万名就业人员中研发人员数增幅	77.99	11
	国家重大人才工程累计入选人数	78.47	4	国家重大人才工程累计入选人数增长率	78.57	6
	省级人才工程累计入选人数	75.11	4	省级人才工程累计入选人数增长率	74.09	14

续表

二级指标	三级指标					
	监测指标	得分	位次	提升指标	得分	位次
创新产出	年登记技术合同成交额	81.09	3	年登记技术合同成交额增长率	86.97	2
	每万人发明专利拥有量	75.42	8	每万人发明专利拥有量增量	76.95	5
创新载体	省级以上重点实验室数量	74.16	4	省级以上重点实验室数量增长率	100	1
	省级以上工程技术研究中心数量	81.89	3	省级以上工程技术研究中心数量增长率	74.94	12
	省级以上科技企业孵化器数量	90.77	2	省级以上科技企业孵化器数量增长率	70	—
	省级以上众创空间数量	77.27	5	省级以上众创空间数量增长率	70	—
	国家级技术转移示范机构数量	72.14	6	国家级技术转移示范机构数量增长率	70	—
创新服务	研发费用加计扣除占企业研发经费的比重	81.40	5	研发费用加计扣除占企业研发经费的比重增幅	91.03	12
	高新技术企业减免税占企业研发经费比重	75.74	11	高新技术企业减免税占企业研发经费比重增幅	70	17
	互联网普及率	87.19	4	互联网普及率增幅	85.52	10
创新环境	党委政府出台实施创新驱动发展战略的决定或意见及配套政策,如文件数量及实施效果等	91.11	3	党委政府出台实施创新驱动发展战略的决定或意见及配套政策,如文件数量及实施效果的提升等	93.33	3
	拥有能抓创新、会抓创新、抓好创新的科技管理队伍	94.83	3	拥有能抓创新、会抓创新、抓好创新的科技管理队伍的增长情况	95.86	3
	特色工作	94.38	3	特色工作的改善情况	94.83	3

从科技创新能力的监测指标来看,多数指标表现优异,排在第2～第8位,特别是"省级以上科技企业孵化器数量"居全省第2位,仅次于青岛市。但是"高新技术企业减免税占企业研发经费比重"指标仅得分75.74分,排在全省第11位,严重影响了潍坊市的科技创新能力水平,需加强高新技术企业的创新服务。

从科技创新能力提升指标来看,创新实力和创新服务表现明显较弱,指标均排在全省第10位及以后;在企业创新方面,"规模以上工业企业R&D经费支出占主营业务收入的比重增幅"排名相对靠前,排在全省第7位,但是其余两个指标均在第10位以后,特别是"高新技术企业数量增长率"排在全省第16位,仅高于淄博市;在创新人才方面,"国家重大人才工程累计入选人数增长率"排名相对靠前,排在全省第6位,但其余两个指标均在第10位以后；在创新载体方面，"省级以上重点实验室数量增长率"居全省首位，但是"省级以上工程技术研究中心数量增长率"居全省第 12 位；产业创新、创新产出和创新环境各项指标均表现较好，特别是"年登记技术合同成交额增长率"仅次于日照市，居全省第 2 位。

综上可知，潍坊市的各方面科技创新能力水平较高，但是增长水平相对欠缺，特别是创新实力、创新服务水平、企业创新程度以及创新人才数量均需加速提高，以全面提高潍坊市的科技创新综合能力。

八、济宁市

济宁市的科技创新综合指标得分为 81.42 分，综合排名全省第 7 位，其中科技创新能力监测指标排名全省第 8 位，科技创新能力提升指标排名全省第 6 位，科技创新能力提升指标得分优于监测指标。

从济宁市的二级指标得分雷达图（图 3-11）可知，除了产业创新和创新载体两项指标，其余指标的提升指标得分均高于监测指标。从监测指标来看，创新环境的得分最高，为 86.82 分，居全省第 7 位；其次依次为产业创新、企业创新和创新实力，得分均在 80～85 分，分别居全省第 8 位、第 6 位和第 11 位；最后依次为创新载体、创新服务、创新人才和创新产出，得分均在 80 分以下，其中创新载体居全省第 5 位，处于全省中上等水平，表现较好，而创新服务和创新产出仅居全省第 11 位，创新人才仅居全省第 10 位。从提升指标来看，创新实力得分最高，达 93.12 分，居全省第 5 位；其次依次为创新服务、创新环境、企业创新、创新人才、产业创新，均在 80～90 分，其中仅有产业创新指标居全省第 14 位，其余指标均在全省第 6～第 8 位，处于全省平均水平；最后为创新产出和创新载体，两项指标得分相对较低，在 80 分以下，排名也相对靠后，特别是创新载体仅居全省第 14 位。由上可知，济宁市的科技创新能力提升指标优于监测指标，其优势在于企业创新、创新环境的整体水平正在快速发展。

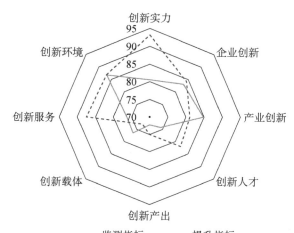

图 3-11　济宁市科技创新能力二级指标得分雷达图

为进一步考察济宁市的科技创新能力，对科技创新能力评价的三级指标及排序情况进行具体分析，结果如表 3-9 所示。

表 3-9　济宁市科技创新能力三级指标得分

二级指标	三级指标					
	监测指标	得分	位次	提升指标	得分	位次
创新实力	科技进步贡献率	81.89	7	科技进步贡献率增幅	87.99	10
	R&D 经费支出占地区生产总值的比重	80.21	13	R&D 经费支出占地区生产总值的比重增幅	99.24	2
	科技公共财政支出占公共财政支出的比重	80.03	10	科技公共财政支出占公共财政支出的比重增幅	86	9
企业创新	高新技术企业数量	77.72	5	高新技术企业数量增长率	80.22	10
	规模以上工业企业 R&D 经费支出占主营业务收入的比重	87.24	3	规模以上工业企业 R&D 经费支出占主营业务收入的比重增幅	100	1
	有研发机构的规模以上工业企业占规模以上工业企业的比重	84.95	9	有研发机构的规模以上工业企业占规模以上工业企业的比重增幅	74.83	13
产业创新	高新技术产业产值占规模以上工业总产值比重	81.73	10	高新技术产业产值占规模以上工业总产值比重增幅	83.17	11
	高新技术产业开发区规模以上工业总产值	89.57	7	高新技术产业开发区规模以上工业总产值增长率	77.93	16
创新人才	每万名就业人员中研发人员数	76.08	11	每万名就业人员中研发人员数增幅	91.80	2
	国家重大人才工程累计入选人数	72.47	6	国家重大人才工程累计入选人数增长率	78.57	6
	省级人才工程累计入选人数	73.08	7	省级人才工程累计入选人数增长率	78.57	9

续表

二级指标	三级指标					
	监测指标	得分	位次	提升指标	得分	位次
创新产出	年登记技术合同成交额	73.01	9	年登记技术合同成交额增长率	80.45	6
	每万人发明专利拥有量	71.78	12	每万人发明专利拥有量增量	71.39	11
创新载体	省级以上重点实验室数量	70.89	13	省级以上重点实验室数量增长率	75.59	10
	省级以上工程技术研究中心数量	76.11	6	省级以上工程技术研究中心数量增长率	78.78	11
	省级以上科技企业孵化器数量	74.62	9	省级以上科技企业孵化器数量增长率	70	—
	省级以上众创空间数量	86.36	2	省级以上众创空间数量增长率	70	—
	国家级技术转移示范机构数量	74.29	4	国家级技术转移示范机构数量增长率	70	—
创新服务	研发费用加计扣除占企业研发经费的比重	71.81	15	研发费用加计扣除占企业研发经费的比重增幅	88.76	14
	高新技术企业减免税占企业研发经费比重	74.06	14	高新技术企业减免税占企业研发经费比重增幅	81.95	9
	互联网普及率	82.79	6	互联网普及率增幅	90.79	5
创新环境	党委政府出台实施创新驱动发展战略的决定或意见及配套政策，如文件数量及实施效果等	85.56	7	党委政府出台实施创新驱动发展战略的决定或意见及配套政策，如文件数量及实施效果的提升等	85.56	6
	拥有能抓创新、会抓创新、抓好创新的科技管理队伍	87.59	7	拥有能抓创新、会抓创新、抓好创新的科技管理队伍的增长情况	88.10	8
	特色工作	87.81	7	特色工作的改善情况	87.59	8

从科技创新能力监测指标来看，多数指标居全省中等水平，从创新实力来看，"科技进步贡献率"居全省第7位，其余两项指标均居第10位及以后；企业创新表现相对较好，特别是"规模以上工业企业 R&D 经费支出占主营业务收入的比重"居全省第3位，仅次于济南市和青岛市；产业创新的两项指标分别居全省第10位和第7位，表现相对较弱；创新人才方面，除了"每万名就业人员中研发人员数"仅居全省第11位，其余两项指标分别居全省第6、第7位，处于中等水平；创新产出方面，两项指标均在全省平均水平以下，排在全省第9位及以后；创新载体表现较好，除"省级以上重点实验室数量"居全省第13位、"省级以上科技企业孵化器数量"排在全省第9位以外，其余指标均在全省第2~第6位，处于中上等水平；创新服务方面表现相对较弱，除了"互联网普及率"居全省第6位以外，其余两项指标均居全省后4位，创

新环境的三项指标均居全省中等水平，排在全省第 7 位。

从科技创新能力提升指标来看，除了"R&D 经费支出占地区生产总值的比重增幅"（居全省第 2 位）、"规模以上工业企业 R&D 经费支出占主营业务收入的比重增幅"（居全省首位）、"每万名就业人员中研发人员数增幅"（居全省第 2 位）、"互联网普及率增幅"（居全省第 5 位）四项指标表现较突出以外，其余多数指标处于中下等水平，排在第 6 位及以后，特别是"高新技术产业开发区规模以上工业总产值增长率"居全省第 16 位，应引起注意。

综上所述，济宁市的发展较均衡，监测指标和提升指标的排名相对一致，应抓住科技创新能力的优缺点，全面综合发展。

九、泰安市

泰安市的科技创新综合指标得分为 80.53 分，综合排名全省第 9 位。其中，科技创新能力监测指标和提升指标均排名全省第 9 位，科技创新能力提升指标得分优于监测指标。

从泰安市的二级指标得分雷达图（图 3-12）可知，除了创新载体和创新环境，其余指标的提升指标得分均高于监测指标。从监测指标来看，创新实力得分最高，为 85.79 分，居全省第 10 位；其次为产业创新和创新环境，得分在 80～85 分，均居全省第 9 位；最后得分从高到低依次为企业创新、创新服务、创新人才、创新载体、创新产出，均在 80 分以下，得分相对较低，除了创新人才居全省第 8 位以外，其余四项指标均居全省第 9 位。从提升指标来看，产业创新和创新实力得分最高，均在 90 分以上，其中产业创新得分仅次于淄博市，居全省第 2 位，而创新实力得分居全省第 6 位；其次为企业创新、创新服务和创新环境，得分均在 80～85 分，其中创新服务居全省末位，应予以改善；最后得分从高到低依次为创新人才、创新产出和创新载体，均在 80 分以下，且均在全省排名第 10 位以后。综上可知，泰安市的提升指标优于监测指标，其中产业创新的提升水平表现较突出，是泰安市科技创新发展的优势所在。

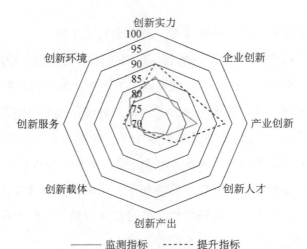

图 3-12　泰安市科技创新能力二级指标得分雷达图

为进一步考察泰安市的科技创新能力，对科技创新能力评价的三级指标及排序情况进行具体分析，结果如表 3-10 所示。

表 3-10　泰安市科技创新能力三级指标得分

二级指标	三级指标					
	监测指标	得分	位次	提升指标	得分	位次
创新实力	科技进步贡献率	81.89	7	科技进步贡献率增幅	81.91	14
	R&D 经费支出占地区生产总值的比重	92.07	7	R&D 经费支出占地区生产总值的比重增幅	96.25	5
	科技公共财政支出占公共财政支出的比重	77.12	11	科技公共财政支出占公共财政支出的比重增幅	86.75	8
企业创新	高新技术企业数量	72.43	9	高新技术企业数量增长率	78.85	12
	规模以上工业企业 R&D 经费支出占主营业务收入的比重	84.67	4	规模以上工业企业 R&D 经费支出占主营业务收入的比重增幅	93.81	3
	有研发机构的规模以上工业企业占规模以上工业企业的比重	78.97	13	有研发机构的规模以上工业企业占规模以上工业企业的比重增幅	83.12	6
产业创新	高新技术产业产值占规模以上工业总产值比重	82.98	9	高新技术产业产值占规模以上工业总产值比重增幅	99.39	2
	高新技术产业开发区规模以上工业总产值	84.66	9	高新技术产业开发区规模以上工业总产值增长率	82.85	15
创新人才	每万名就业人员中研发人员数	78.50	10	每万名就业人员中研发人员数增幅	77.52	13
	国家重大人才工程累计入选人数	73.18	5	国家重大人才工程累计入选人数增长率	87.14	3
	省级人才工程累计入选人数	73.73	6	省级人才工程累计入选人数增长率	73.18	16

续表

二级 指标	三级指标					
	监测指标	得分	位次	提升指标	得分	位次
创新 产出	年登记技术合同成交额	74.36	7	年登记技术合同成交额增长率	78.69	7
	每万人发明专利拥有量	72.18	11	每万人发明专利拥有量增量	71.14	13
创新 载体	省级以上重点实验室数量	73.56	5	省级以上重点实验室数量增长率	87.80	6
	省级以上工程技术研究中心 数量	74.78	7	省级以上工程技术研究中心数 量增长率	70	14
	省级以上科技企业孵化器 数量	79.23	5	省级以上科技企业孵化器数量 增长率	70	—
	省级以上众创空间数量	74.55	7	省级以上众创空间数量增长率	70	—
	国家级技术转移示范机构 数量	70	8	国家级技术转移示范机构数量 增长率	70	—
创新 服务	研发费用加计扣除占企业研 发经费的比重	81.23	6	研发费用加计扣除占企业研发 经费的比重增幅	87.85	15
	高新技术企业减免税占企业 研发经费比重	74.79	13	高新技术企业减免税占企业研 发经费比重增幅	71.30	16
	互联网普及率	78.59	8	互联网普及率增幅	81.94	13
创新 环境	党委政府出台实施创新驱动 发展战略的决定或意见及配 套政策,如文件数量及实施 效果等	75.56	11	党委政府出台实施创新驱动发 展战略的决定或意见及配套政 策,如文件数量及实施效果的提 升等	74.44	11
	拥有能抓创新、会抓创新、 抓好创新的科技管理队伍	86.55	8	拥有能抓创新、会抓创新、抓好 创新的科技管理队伍的增长情 况	83.45	10
	特色工作	85	8	特色工作的改善情况	84.48	10

从科技创新能力的监测指标来看,多数指标均处于全省中等水平,排在第 5～第 11 位,仅有"有研发机构的规模以上工业企业占规模以上工业企业的比重"和"高新技术企业减免税占企业研发经费比重"两项指标居全省第 13位,"国家级技术转移示范机构数量"居全省末位。可见,泰安市的科技创新能力水平不具有明显优势。

从科技创新能力的提升指标来看,有 13 项指标排在全省第 10 位及以后,具有明显弱势,特别是创新服务和创新环境的指标均排名靠后,而创新实力方面,虽有"R&D 经费支出占地区生产总值的比重增幅"和"科技公共财政支出占公共财政支出的比重增幅"排在全省第 5 位和第 8 位,但是"科技进步贡献率增幅"仅居全省第 14 位;企业创新方面,"高新技术企业数量增长率"排名全省第 12 位,但是其余两项指标表现较好,特别是"规模以上工业企

R&D 经费支出占主营业务收入的比重增幅"仅次于济宁市和济南市；产业创新方面，"高新技术产业产值占规模以上工业总产值比重增幅"虽仅次于淄博市，居全省第 2 位，但是"高新技术产业开发区规模以上工业总产值增长率"却排在全省第 15 位；在创新人才方面，仅有"国家重大人才工程累计入选人数增长率"居全省第 3 位，其余两项指标均在全省第 10 位以后；在创新产出和创新载体方面，仅有"年登记技术合同成交额增长率"和"省级以上重点实验室数量增长率"两项指标位次相对靠前，其余指标均排名靠后。

可见，泰安市的科技创新的各项能力的现有水平和发展速度不均衡，不具有明显优势，需进行全面发展。

十、威海市

威海市的科技创新综合指标得分为 84.98 分，综合排名全省第 3 位，仅次于青岛市和济南市。其中，科技创新能力监测指标排名全省第 5 位，科技创新能力提升指标排名全省第 3 位，科技创新能力提升指标得分略优于监测指标。

从威海市的二级指标得分雷达图（图 3-13）可知，在创新实力、企业创新、创新人才、创新服务和创新环境方面，提升指标得分高于监测指标，在产业创新、创新产出和创新载体方面，监测指标得分高于提升指标。在监测指标中，产业创新和创新实力得分相对较高，特别是产业创新得分高达 95.32 分，仅次于青岛市和济南市，而创新实力得分也仅次于青岛市、烟台市和潍坊市，居全省第 4 位；其次为创新服务、企业创新和创新环境，得分均在 80～90 分，分别居全省第 3 位、第 4 位和第 9 位；最后从高到低依次为创新产出、创新人才和创新载体，得分均在 80 分以下，其中创新载体得分最低，仅为 74.94 分，居全省第 8 位，创新产出和创新人才均居全省第 4 位。在提升指标中，创新实力得分最高，为 97.83 分，居全省首位，产业创新和企业创新得分也在 90 分以上，其中产业创新仅次于淄博市和泰安市，企业创新居全省首位；其次为创新服务、创新环境和创新人才，得分在 80～90 分，分别居全省第 6 位、第 8 位和第 5 位；最后为创新产出和创新载体，得分均在 80 分以下，分别居全省第8位和第15位。由上可知，威海市在企业创新、产业创新、创新实力、创新服务等方面不仅发展水平高，增长速度也较快，科技创新能力优势突出。

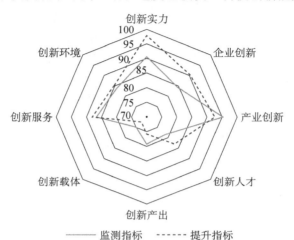

图 3-13 威海市科技创新能力二级指标得分雷达图

为进一步考察威海市的科技创新能力，对科技创新能力评价的三级指标及排序情况进行具体分析，结果如表3-11所示。

表 3-11 威海市科技创新能力三级指标得分

二级指标	三级指标					
	监测指标	得分	位次	提升指标	得分	位次
创新实力	科技进步贡献率	83.58	5	科技进步贡献率增幅	100	1
	R&D 经费支出占地区生产总值的比重	89.39	8	R&D 经费支出占地区生产总值的比重增幅	100	1
	科技公共财政支出占公共财政支出的比重	100	1	科技公共财政支出占公共财政支出的比重增幅	91.34	3
企业创新	高新技术企业数量	74.93	8	高新技术企业数量增长率	83.84	6
	规模以上工业企业 R&D 经费支出占主营业务收入的比重	81.61	8	规模以上工业企业 R&D 经费支出占主营业务收入的比重增幅	86.79	5
	有研发机构的规模以上工业企业占规模以上工业企业的比重	96.23	4	有研发机构的规模以上工业企业占规模以上工业企业的比重增幅	100	1
产业创新	高新技术产业产值占规模以上工业总产值比重	96.47	4	高新技术产业产值占规模以上工业总产值比重增幅	87.79	7
	高新技术产业开发区规模以上工业总产值	93.59	4	高新技术产业开发区规模以上工业总产值增长率	100	1
创新人才	每万名就业人员中研发人员数	86.62	5	每万名就业人员中研发人员数增幅	81.95	7

续表

二级指标	三级指标					
	监测指标	得分	位次	提升指标	得分	位次
创新人才	国家重大人才工程累计入选人数	71.43	8	国家重大人才工程累计入选人数增长率	75	12
	省级人才工程累计入选人数	74.54	5	省级人才工程累计入选人数增长率	92.50	3
创新产出	年登记技术合同成交额	76.93	6	年登记技术合同成交额增长率	74.23	13
	每万人发明专利拥有量	80.72	4	每万人发明专利拥有量增量	76.88	6
创新载体	省级以上重点实验室数量	72.97	7	省级以上重点实验室数量增长率	70	17
	省级以上工程技术研究中心数量	77.11	5	省级以上工程技术研究中心数量增长率	81.76	8
	省级以上科技企业孵化器数量	74.62	9	省级以上科技企业孵化器数量增长率	70	—
	省级以上众创空间数量	80	4	省级以上众创空间数量增长率	70	—
	国家级技术转移示范机构数量	70	8	国家级技术转移示范机构数量增长率	70	—
创新服务	研发费用加计扣除占企业研发经费的比重	100	1	研发费用加计扣除占企业研发经费的比重增幅	100	1
	高新技术企业减免税占企业研发经费比重	85.13	5	高新技术企业减免税占企业研发经费比重增幅	81.87	10
	互联网普及率	77.90	11	互联网普及率增幅	83.94	12
创新环境	党委政府出台实施创新驱动发展战略的决定或意见及配套政策，如文件数量及实施效果等	84.44	8	党委政府出台实施创新驱动发展战略的决定或意见及配套政策，如文件数量及实施效果的提升等	83.33	8
	拥有能抓创新、会抓创新、抓好创新的科技管理队伍	83.45	10	拥有能抓创新、会抓创新、抓好创新的科技管理队伍的增长情况	85.52	9
	特色工作	84.06	10	特色工作的改善情况	88.62	7

从科技创新能力监测指标来看，多数指标均排在全省第4～第8位，特别是"科技公共财政支出占公共财政支出的比重"和"研发费用加计扣除占企业研发经费的比重"位居全省首位，优势突出；而"国家级技术转移示范机构数量"居全省末位，"互联网普及率"居全省第11位，以及创新环境的后两项指标居全省第10位，需要加以改善。

从科技创新能力提升指标来看，近一半指标排在全省前列，特别是"科技进步贡献率增幅"、"R&D经费支出占地区生产总值的比重增幅"、"有研发机构的规模以上工业企业占规模以上工业企业的比重增幅"、"高新技术产业开发区规模以上工业总产值增长率"和"研发费用加计扣除占企业研发经费的比重增幅"均居全省首位。但是"互联网普及率增幅"排在全省第 12 位，"年登记技术合同成交额增长率"排在全省第 13 位，"国家重大人才工程累计入选人数增长率"和"省级以上重点实验室数量增长率"甚至居全省末位，需引起关注。

综上可知，威海市的科技创新能力的各项指标均衡发展，大部分处于全省中上等水平，特别在企业创新服务发展水平和创新实力等方面具有突出优势，使得其科技创新综合能力进一步提高。

十一、日照市

日照市的科技创新综合指标得分为 78.37 分，综合排名全省第 13 位。其中，科技创新能力监测指标排名全省第 16 位，科技创新能力提升指标排名全省第 8 位，科技创新能力提升指标得分明显优于监测指标。

从日照市的二级指标得分雷达图（图 3-14）可知，除了创新环境，其余指标的提升指标得分均明显高于监测指标。从监测指标可以看出，各指标得分普遍较低，仅有创新服务和创新环境得分高于 75 分，分别居全省第 11 位和第 13 位，其余指标均在 75 分以下，其中企业创新得分相对较高，为 74.77 分，居全省第 13 位，创新产出得分最低，仅为 70.92 分，得分仅高于菏泽市。在提升指标中，创新服务得分最高，达 91.24 分，仅次于聊城市；其次为创新实力、创新人才、创新产出和企业创新，得分均在 80～90 分，其中创新产出仅次于青岛市和济南市，创新人才居全省第 4 位，而创新实力和企业创新均居全省第 11 位；最后为产业创新和创新载体，其中创新载体得分最低，为 73.92 分，居全省第 11 位，而产业创新仅高于济南市，居全省第 16 位。由上可知，日照市的科技创新优势在于发展速度相对较快，特别是在创新产出和创新人才方面，增长水平明显较高。

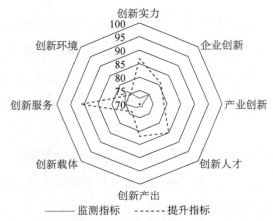

图 3-14 日照市科技创新能力二级指标得分雷达图

为进一步考察日照市的科技创新能力，对科技创新能力评价的三级指标及排序情况进行具体分析，结果如表 3-12 所示。

表 3-12 日照市科技创新能力三级指标得分

二级指标	三级指标					
	监测指标	得分	位次	提升指标	得分	位次
创新实力	科技进步贡献率	71.70	15	科技进步贡献率增幅	70.22	16
	R&D 经费支出占地区生产总值的比重	70	16	R&D 经费支出占地区生产总值的比重增幅	93.91	6
	科技公共财政支出占公共财政支出的比重	76.81	12	科技公共财政支出占公共财政支出的比重增幅	89.31	5
企业创新	高新技术企业数量	70	17	高新技术企业数量增长率	80.05	11
	规模以上工业企业 R&D 经费支出占主营业务收入的比重	78.46	9	规模以上工业企业 R&D 经费支出占主营业务收入的比重增幅	89.03	4
	有研发机构的规模以上工业企业占规模以上工业企业的比重	76.36	15	有研发机构的规模以上工业企业占规模以上工业企业的比重增幅	74.92	12
产业创新	高新技术产业产值占规模以上工业总产值比重	70.99	15	高新技术产业产值占规模以上工业总产值比重增幅	75.89	16
	高新技术产业开发区规模以上工业总产值	71.23	15	高新技术产业开发区规模以上工业总产值增长率	83.32	13
创新人才	每万名就业人员中研发人员数	72.62	15	每万名就业人员中研发人员数增幅	81.54	8
	国家重大人才工程累计入选人数	70	17	国家重大人才工程累计入选人数增长率	100	1
	省级人才工程累计入选人数	70.97	14	省级人才工程累计入选人数增长率	74.76	13

续表

二级指标	三级指标					
	监测指标	得分	位次	提升指标	得分	位次
创新产出	年登记技术合同成交额	70.29	16	年登记技术合同成交额增长率	100	1
	每万人发明专利拥有量	71.34	15	每万人发明专利拥有量增量	70	16
创新载体	省级以上重点实验室数量	70	14	省级以上重点实验室数量增长率	75.59	10
	省级以上工程技术研究中心数量	70.89	14	省级以上工程技术研究中心数量增长率	84.01	6
	省级以上科技企业孵化器数量	74.62	9	省级以上科技企业孵化器数量增长率	70	—
	省级以上众创空间数量	72.73	11	省级以上众创空间数量增长率	70	—
	国家级技术转移示范机构数量	70	8	国家级技术转移示范机构数量增长率	70	—
创新服务	研发费用加计扣除占企业研发经费的比重	77.64	9	研发费用加计扣除占企业研发经费的比重增幅	91.39	10
	高新技术企业减免税占企业研发经费比重	75.21	12	高新技术企业减免税占企业研发经费比重增幅	79.77	13
	互联网普及率	74.72	16	互联网普及率增幅	99.73	2
创新环境	党委政府出台实施创新驱动发展战略的决定或意见及配套政策，如文件数量及实施效果等	76.67	10	党委政府出台实施创新驱动发展战略的决定或意见及配套政策，如文件数量及实施效果的提升等	73.33	12
	拥有能抓创新、会抓创新、抓好创新的科技管理队伍	77.24	11	拥有能抓创新、会抓创新、抓好创新的科技管理队伍的增长情况	75.17	13
	特色工作	76.56	11	特色工作的改善情况	76.21	11

从科技创新能力的监测指标来看，除了"规模以上工业企业 R&D 经费支出占主营业务收入的比重"、"省级以上科技企业孵化器数量"和"研发费用加计扣除占企业研发经费的比重"三项指标居全省第 9 位之外，其余指标均排在全省第 10 位及以后，特别是"R&D 经费支出占地区生产总值的比重""高新技术企业数量""国家重大人才工程累计入选人数""省级以上重点实验室数量""国家级技术转移示范机构数量"等指标居全省末位，是日照市提高科技创新水平需要重点关注的问题。

从科技创新能力提升指标来看，虽然多数指标居全省第 10 位及以后，但是"R&D 经费支出占地区生产总值的比重增幅"和"科技公共财政支出占公共财政支出的比重增幅"两项指标分别居全省第 6 位和第 5 位，"规模以上工业企业 R&D 经费支出占主营业务收入的比重增幅"居全省第 4 位，"国家重大人才工程累计入选人数增长率"和"年登记技术合同成交额增长率"甚至居全省首位，"互联网普及率增幅"指标得分仅次于菏泽市，部分提升指标优势突出。

综上可知，日照市的创新能力基础较弱，导致科技创新能力水平低下，但是创新能力发展速度相对较快，特别是科技经费投入、人才引进和创新产出方面提升水平较高，使得科技创新能力综合水平有所发展。

十二、莱芜市

莱芜市的科技创新综合指标得分为 77.84 分，综合排名全省第 15 位。其中，科技创新能力监测指标排名全省第 11 位，科技创新能力提升指标排名全省第 16 位，科技创新能力提升指标得分略优于监测指标得分。

从莱芜市的二级指标得分雷达图（图 3-15）可知，在产业创新、创新人才、创新产出、创新载体和创新服务方面，提升指标得分高于监测指标，在创新实力、企业创新和创新环境方面，监测指标得分高于提升指标。在监测指标中，仅有创新实力指标得分大于 80 分，为 86.8 分，居全省第 6 位；其次为企业创新、创新环境和创新产出，得分均在 75～80 分，分别居全省第 10 位、第 12 位和第 8 位；最后依次为创新人才、产业创新、创新载体和创新服务，得分在 70～75 分，其中创新服务得分最低，仅为 70.15 分，居全省末位，产业创新得分仅高于日照，创新人才和创新载体分别居全省第 11 位和第 13 位。在提升指标中，创新人才得分最高，为 86.39 分，仅次于临沂市和济南市；其次为创新服务和创新实力，得分均在 80～85 分，分别居全省第 11 位和第 14 位；最后依次为产业创新、创新产出、创新载体、创新环境和企业创新，其中产业创新得分相对较高，为 79.91 分，居全省第 15 位，而企业创新得分最低，为 72.28 分，居全省末位。由上可知，莱芜市的科技创新优势在于创新实力水平相对较高，创新人才增长速度快，其余指标均处于较低水平。

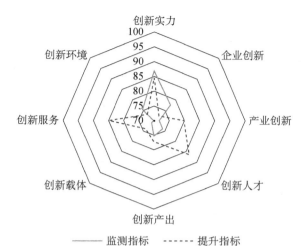

图 3-15 莱芜市科技创新能力二级指标得分雷达图

为进一步考察莱芜市的科技创新能力，对科技创新能力评价的三级指标及排序情况进行具体分析，结果如表 3-13 所示。

表 3-13 莱芜市科技创新能力三级指标得分

二级指标	三级指标					
	监测指标	得分	位次	提升指标	得分	位次
创新实力	科技进步贡献率	72.26	14	科技进步贡献率增幅	82.68	12
	R&D 经费支出占地区生产总值的比重	94.10	6	R&D 经费支出占地区生产总值的比重增幅	87.88	14
	科技公共财政支出占公共财政支出的比重	86.75	6	科技公共财政支出占公共财政支出的比重增幅	79.93	14
企业创新	高新技术企业数量	70.58	14	高新技术企业数量增长率	71.37	15
	规模以上工业企业 R&D 经费支出占主营业务收入的比重	83.55	5	规模以上工业企业 R&D 经费支出占主营业务收入的比重增幅	76	16
	有研发机构的规模以上工业企业占规模以上工业企业的比重	79.54	12	有研发机构的规模以上工业企业占规模以上工业企业的比重增幅	70	17
产业创新	高新技术产业产值占规模以上工业总产值比重	70	17	高新技术产业产值占规模以上工业总产值比重增幅	77.91	15
	高新技术产业开发区规模以上工业总产值	74.17	13	高新技术产业开发区规模以上工业总产值增长率	82.91	14
创新人才	每万名就业人员中研发人员数	78.83	9	每万名就业人员中研发人员数增幅	79.90	9
	国家重大人才工程累计入选人数	71.06	12	国家重大人才工程累计入选人数增长率	90	2
	省级人才工程累计入选人数	70.41	16	省级人才工程累计入选人数增长率	91.43	4

续表

二级指标	三级指标					
	监测指标	得分	位次	提升指标	得分	位次
创新产出	年登记技术合同成交额	71.38	12	年登记技术合同成交额增长率	76.97	11
	每万人发明专利拥有量	77.81	6	每万人发明专利拥有量增量	77.39	4
创新载体	省级以上重点实验室数量	70	14	省级以上重点实验室数量增长率	75.59	10
	省级以上工程技术研究中心数量	70.89	14	省级以上工程技术研究中心数量增长率	84.01	6
	省级以上科技企业孵化器数量	70	13	省级以上科技企业孵化器数量增长率	70	—
	省级以上众创空间数量	70	15	省级以上众创空间数量增长率	70	—
	国家级技术转移示范机构数量	74.29	4	国家级技术转移示范机构数量增长率	70	—
创新服务	研发费用加计扣除占企业研发经费的比重	71.73	16	研发费用加计扣除占企业研发经费的比重增幅	93.29	6
	高新技术企业减免税占企业研发经费比重	70.49	16	高新技术企业减免税占企业研发经费比重增幅	82.43	7
	互联网普及率	70	17	互联网普及率增幅	80.32	14
创新环境	党委政府出台实施创新驱动发展战略的决定或意见及配套政策，如文件数量及实施效果等	74.44	12	党委政府出台实施创新驱动发展战略的决定或意见及配套政策，如文件数量及实施效果的提升等	71.11	14
	拥有能抓创新、会抓创新、抓好创新的科技管理队伍	76.21	12	拥有能抓创新、会抓创新、抓好创新的科技管理队伍的增长情况	74.14	15
	特色工作	75.63	13	特色工作的改善情况	75.17	13

从科技创新能力监测指标来看，多数指标排在第 12 位及以后，特别是"高新技术产业产值占规模以上工业总产值比重""省级以上重点实验室数量""省级以上科技企业孵化器数量""省级以上众创空间数量""互联网普及率"居全省末位，是莱芜市科技创新能力的弱势所在。而"R&D 经费支出占地区生产总值的比重""科技公共财政支出占公共财政支出的比重""每万人发明专利拥有量"均居全省第 6 位，以及"规模以上工业企业 R&D 经费支出占主营业务收入的比重"和"国家级技术转移示范机构数量"分别居全省第 5 位和第 4 位，以上指标表现相对突出，是莱芜市科技创新发展的优势所在。

从科技创新能力的提升指标来看，多数指标排在全省第 10 位及以后，尤其是创新实力、企业创新、产业创新和创新环境的各项指标均居全省较低水平，其中"有研发机构的规模以上工业企业占规模以上工业企业的比重增幅"甚至在全省垫底；但是个别指标表现突出，特别是创新人才指标，其中"国家重大人才工程累计入选人数增长率"仅次于日照市，"省级人才工程累计入选人数增长率"居全省第 4 位，以及创新服务的前两项指标则居全省第 6 位和第 7 位。

综上可知，莱芜市的整体创新水平较低，但在科技创新的增长速度上具有相对优势，特别是创新人才引进力度和创新服务的提升水平相对较高。

十三、临沂市

临沂市的科技创新综合指标得分为 80.64 分，综合排名全省第 8 位。其中，科技创新能力监测指标排名全省第 10 位，科技创新能力提升指标排名全省第 5 位，科技创新能力提升指标得分全面优于监测指标。

从临沂市的二级指标得分雷达图（图 3-16）可知，科技创新能力提升指标得分均高于监测指标，具有明显优势。在监测指标中，创新环境和创新服务得分较高，在 80 分以上，其中创新环境得分最高，达 84.95 分，居全省第 8 位，而创新服务得分仅次于济南市和青岛市，居全省第 3 位；其次为产业创新和企业创新，得分在 75～80 分，均居全省第 12 位；最后依次为创新实力、创新人才、创新载体和创新产出，得分均在 75 分以下，均排在全省第 10 位以后。在提升指标中，产业创新得分最高，达 91.65 分，居全省第 6 位；其次是创新实力、创新人才、创新环境、创新服务和企业创新，得分在 80～90 分，其中创新人才表现突出，居全省首位，其次是创新实力和企业创新，均居全省第 7 位；而创新载体和创新产出得分相对较低，均在 80 分以下，其中创新产出得分最低，为 73.84 分，居全省第 13 位，创新载体居全省第 2 位，仅次于青岛市。由上可知，临沂市的多数创新指标均排名靠后，优势在于创新人才和创新载体的发展速度较快。

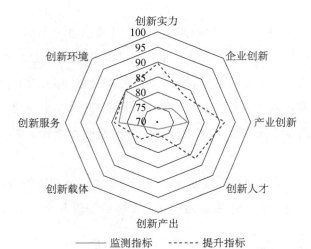

图 3-16 临沂市科技创新能力二级指标得分雷达图

为进一步考察临沂市的科技创新能力，对科技创新能力评价的三级指标及排序情况进行具体分析，结果如表 3-14 所示。

表 3-14 临沂市区域创新能力三级指标得分

二级指标	三级指标					
	监测指标	得分	位次	提升指标	得分	位次
创新实力	科技进步贡献率	76.79	11	科技进步贡献率增幅	88.50	7
	R&D 经费支出占地区生产总值的比重	84.81	12	R&D 经费支出占地区生产总值的比重增幅	99.08	3
	科技公共财政支出占公共财政支出的比重	73.66	14	科技公共财政支出占公共财政支出的比重增幅	87.04	7
企业创新	高新技术企业数量	74.96	7	高新技术企业数量增长率	82.84	7
	规模以上工业企业 R&D 经费支出占主营业务收入的比重	76.39	13	规模以上工业企业 R&D 经费支出占主营业务收入的比重增幅	84.14	8
	有研发机构的规模以上工业企业占规模以上工业企业的比重	77.89	14	有研发机构的规模以上工业企业占规模以上工业企业的比重增幅	79.98	9
产业创新	高新技术产业产值占规模以上工业总产值比重	75	14	高新技术产业产值占规模以上工业总产值比重增幅	92.94	6
	高新技术产业开发区规模以上工业总产值	86.31	8	高新技术产业开发区规模以上工业总产值增长率	89.72	2
创新人才	每万名就业人员中研发人员数	73.62	12	每万名就业人员中研发人员数增幅	88.05	3
	国家重大人才工程累计入选人数	72.47	6	国家重大人才工程累计入选人数增长率	78.57	6

续表

二级指标	三级指标					
	监测指标	得分	位次	提升指标	得分	位次
创新人才	省级人才工程累计入选人数	71.38	10	省级人才工程累计入选人数增长率	94	2
创新产出	年登记技术合同成交额	72.12	10	年登记技术合同成交额增长率	77.51	10
	每万人发明专利拥有量	72.32	10	每万人发明专利拥有量增量	71.39	11
创新载体	省级以上重点实验室数量	73.27	6	省级以上重点实验室数量增长率	89.02	4
	省级以上工程技术研究中心数量	72	11	省级以上工程技术研究中心数量增长率	89.61	4
	省级以上科技企业孵化器数量	74.62	9	省级以上科技企业孵化器数量增长率	70	—
	省级以上众创空间数量	72.73	11	省级以上众创空间数量增长率	70	—
	国家级技术转移示范机构数量	70	8	国家级技术转移示范机构数量增长率	70	—
创新服务	研发费用加计扣除占企业研发经费的比重	81.68	4	研发费用加计扣除占企业研发经费的比重增幅	91.24	11
	高新技术企业减免税占企业研发经费比重	79.01	7	高新技术企业减免税占企业研发经费比重增幅	75.55	15
	互联网普及率	87.08	5	互联网普及率增幅	85.32	11
创新环境	党委政府出台实施创新驱动发展战略的决定或意见及配套政策，如文件数量及实施效果等	83.33	9	党委政府出台实施创新驱动发展战略的决定或意见及配套政策，如文件数量及实施效果的提升等	80	9
	拥有能抓创新、会抓创新、抓好创新的科技管理队伍	86.55	8	拥有能抓创新、会抓创新、抓好创新的科技管理队伍的增长情况	88.62	7
	特色工作	85	8	特色工作的改善情况	87.59	8

从科技创新能力监测指标来看，在创新实力方面，三项指标均排在全省第10位以后；企业创新方面，仅有"高新技术企业数量"表现相对较好，居全省第7位，其余均排在全省第10位以后；在产业创新和创新人才方面，仅有"高新技术产业开发区规模以上工业总产值"排在全省第8位，"国家重大人才工程累计入选人数"排在全省第6位，其余指标均在全省第10位及以后；创新产出的两项指标均居全省第10位；创新载体方面，"省级以上重点实验室数量"居全省第6位，但是"国家级技术转移示范机构数量"较弱，居全省末位；创新服务和创新环境的各项指标表现相对较好，居全省中等水平。

从科技创新能力提升指标来看，大部分指标处于全省中等及以上水平，特别是"高新技术产业开发区规模以上工业总产值增长率"和"省级人才工程累计入选人数增长率"居全省第 2 位，表现较好，而创新产出和创新服务的各项指标均排在全省第 10 位及以后，弱势表现突出。

综上所述，临沂市的创新能力基础发展不均，提升水平相对较高，特别是产业创新、创新人才和创新载体的增速较快，但是创新服务、创新产出的提升水平有待增加。

十四、德州市

德州市的科技创新综合指标得分为 78.47 分，综合排名全省第 12 位。其中，科技创新能力监测指标排名全省第 15 位，科技创新能力提升指标排名全省第 10 位。

从德州市的二级指标得分雷达图（图 3-17）可知，除了创新环境以外，科技创新能力提升指标得分均优于监测指标，具有明显优势。在监测指标中，产业创新得分最高，为 80.10 分，居全省第 11 位；其次为创新实力，得分为 76.10 分，居全省第 13 位；其余指标均在 75 分以下，均排在全省第 10 位以后，特别是企业创新得分仅高于聊城，可见德州市的科技创新能力水平明显偏低。在提升指标中，创新实力和创新服务相对较高，分别为 92.95 分和 91.04 分，其中创新实力仅次于威海市和淄博市，创新服务仅次于聊城市和日照市，均居全省第 3 位；其次为企业创新和产业创新，得分均在 85～90 分，分别居全省第 5 位和第 10 位；最后依次为创新载体、创新产出、创新环境和创新人才，得分相对较低，均在 80 分以下，分别居全省第 8 位、第 10 位、第 13 位和第 17 位。可见，德州市的创新能力基础薄弱，但是提升水平相对较高，特别是创新实力和创新服务增长水平较快，但是创新人才投入强度有待加强。

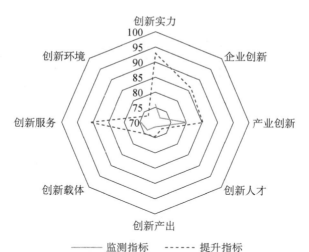

图 3-17　德州市科技创新能力二级指标得分雷达图

为进一步考察德州市的科技创新能力，对科技创新能力评价的三级指标及排序情况进行具体分析，结果如表 3-15 所示。

表 3-15　德州市科技创新能力三级指标得分

二级指标	三级指标					
	监测指标	得分	位次	提升指标	得分	位次
创新实力	科技进步贡献率	70.57	16	科技进步贡献率增幅	89.14	6
	R&D 经费支出占地区生产总值的比重	73.67	15	R&D 经费支出占地区生产总值的比重增幅	91.33	9
	科技公共财政支出占公共财政支出的比重	86.48	7	科技公共财政支出占公共财政支出的比重增幅	100	1
企业创新	高新技术企业数量	72.40	10	高新技术企业数量增长率	93.22	3
	规模以上工业企业 R&D 经费支出占主营业务收入的比重	70	17	规模以上工业企业 R&D 经费支出占主营业务收入的比重增幅	77.69	12
	有研发机构的规模以上工业企业占规模以上工业企业的比重	73.65	16	有研发机构的规模以上工业企业占规模以上工业企业的比重增幅	86.29	3
产业创新	高新技术产业产值占规模以上工业总产值比重	80.75	11	高新技术产业产值占规模以上工业总产值比重增幅	85.59	9
	高新技术产业开发区规模以上工业总产值	79.13	12	高新技术产业开发区规模以上工业总产值增长率	84.81	11
创新人才	每万名就业人员中研发人员数	73.26	13	每万名就业人员中研发人员数增幅	70	17
	国家重大人才工程累计入选人数	70.71	13	国家重大人才工程累计入选人数增长率	70	12
	省级人才工程累计入选人数	71.05	12	省级人才工程累计入选人数增长率	79.80	8

续表

二级指标	三级指标					
	监测指标	得分	位次	提升指标	得分	位次
创新产出	年登记技术合同成交额	71.35	13	年登记技术合同成交额增长率	78.30	9
	每万人发明专利拥有量	71.63	13	每万人发明专利拥有量增量	72.21	10
创新载体	省级以上重点实验室数量	71.78	9	省级以上重点实验室数量增长率	86.78	8
	省级以上工程技术研究中心数量	72.22	10	省级以上工程技术研究中心数量增长率	78.91	10
	省级以上科技企业孵化器数量	79.23	5	省级以上科技企业孵化器数量增长率	70	—
	省级以上众创空间数量	74.55	7	省级以上众创空间数量增长率	70	—
	国家级技术转移示范机构数量	70	8	国家级技术转移示范机构数量增长率	70	—
创新服务	研发费用加计扣除占企业研发经费的比重	70	17	研发费用加计扣除占企业研发经费的比重增幅	92.92	8
	高新技术企业减免税占企业研发经费比重	77.16	8	高新技术企业减免税占企业研发经费比重增幅	83.03	6
	互联网普及率	77.56	12	互联网普及率增幅	95.64	3
创新环境	党委政府出台实施创新驱动发展战略的决定或意见及配套政策，如文件数量及实施效果等	72.22	14	党委政府出台实施创新驱动发展战略的决定或意见及配套政策，如文件数量及实施效果的提升等	71.11	14
	拥有能抓创新、会抓创新、抓好创新的科技管理队伍	74.14	14	拥有能抓创新、会抓创新、抓好创新的科技管理队伍的增长情况	75.17	13
	特色工作	73.75	14	特色工作的改善情况	73.10	14

从科技创新能力监测指标来看，多数指标排在全省第10位及以后，特别是"规模以上工业企业R&D经费支出占主营业务收入的比重""国家级技术转移示范机构数量""研发费用加计扣除占企业研发经费的比重"均处于全省最低水平，可见德州市在企业科技研发投入方面是有明显弱势的；但是在"科技公共财政支出占公共财政支出的比重"（第7位）、"省级以上科技企业孵化器数量"（第5位）、"省级以上众创空间数量"（第7位）、"高新技术企业减免税占企业研发经费比重"（第8位）等方面，具有相对优势。可见，德州市的财政对于科技的支持力度和创新载体建设水平相对较高，处于全省中等水平，其余指标均处于较低水平。

从科技创新能力提升指标来看，在创新实力方面，"科技公共财政支出占公共财政支出的比重增幅"居全省首位，"科技进步贡献率增幅"和"R&D经费支出占地区生产总值的比重增幅"分别居全省第 6 位和第 9 位,提升水平相对较高;在企业创新方面,"高新技术企业数量增长率"和"有研发机构的规模以上工业企业占规模以上工业企业的比重增幅"均居全省第 3 位,但是"规模以上工业企业 R&D 经费支出占主营业务收入的比重增幅"仅居全省第 12 位,导致企业创新的提升水平降低;产业创新、创新产出和创新载体的各项指标均居全省第 8～第 11 位;创新人才方面,"每万名就业人员中研发人员数增幅"和"国家重大人才工程累计入选人数增长率"均居全省末位;创新环境的各项指标也均排在全省第 10 位以后,而创新服务的各项指标则均在全省第 8 位及以上,具有相对优势。

综上可知,德州市科技创新能力整体水平偏低,提升能力发展不均,特别是创新人才投入、企业科技投入强度和创新环境需要加以改善和提升。

十五、聊城市

聊城市的科技创新综合指标得分为 78.03 分,综合排名全省 14 位。其中,科技创新能力监测指标排名全省第 14 位,科技创新能力提升指标排名全省第 11 位,科技创新能力提升指标得分优于监测指标。

从聊城市的二级指标得分雷达图(图 3-18)可知,除了创新产出以外,其余指标的提升指标得分均高于监测指标。在监测指标中,创新实力的得分相对较高,为 80.46 分,居全省第 12 位;其次为创新服务和产业创新,得分均在 75～80 分,分别居全省第 9 位和第 13 位;最后依次为创新环境、企业创新、创新产出、创新人才和创新载体,得分均在 75 分以下,且均处于全省最低水平,其中创新环境和创新人才得分仅高于菏泽市,创新产出得分仅高于日照市,创新载体得分仅高于滨州市和菏泽市,而企业创新则居全省末位。在提升指标中,创新服务得分最高,为 93.7 分,居全省首位;其次为创新实力、企业创新和产业创新,得分均在 85～90 分,分别居全省第 10 位、第 4 位和第 8 位;最后依次为创新载体、创新人才、创新环境和创新产出,得分在 75 分以下,其中创新载体居全省第 6 位,创新人才得分仅高于德州市和菏泽市,创新产出得分为全省最低。由上可知，聊城市的科技创新综合能力水平偏低，特别是创新人才的发展和提升水平均处于较低水平，急需改善。

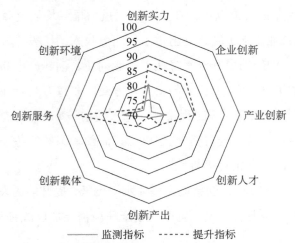

图 3-18 聊城市科技创新能力二级指标得分雷达图

为进一步考察聊城市的科技创新能力，对科技创新能力评价的三级指标及排序情况进行具体分析，结果如表 3-16 所示。

表 3-16 聊城市科技创新能力三级指标得分

二级指标	三级指标					
	监测指标	得分	位次	提升指标	得分	位次
创新实力	科技进步贡献率	78.49	10	科技进步贡献率增幅	88.33	8
	R&D 经费支出占地区生产总值的比重	86.48	11	R&D 经费支出占地区生产总值的比重增幅	91.93	7
	科技公共财政支出占公共财政支出的比重	70.41	16	科技公共财政支出占公共财政支出的比重增幅	77.23	16
企业创新	高新技术企业数量	70.39	15	高新技术企业数量增长率	100	1
	规模以上工业企业 R&D 经费支出占主营业务收入的比重	74.35	15	规模以上工业企业 R&D 经费支出占主营业务收入的比重增幅	80.13	11
	有研发机构的规模以上工业企业占规模以上工业企业的比重	70	17	有研发机构的规模以上工业企业占规模以上工业企业的比重增幅	80.13	8
产业创新	高新技术产业产值占规模以上工业总产值比重	79.52	12	高新技术产业产值占规模以上工业总产值比重增幅	95.65	4
	高新技术产业开发区规模以上工业总产值	70.70	16	高新技术产业开发区规模以上工业总产值增长率	70	17
创新人才	每万名就业人员中研发人员数	72.04	16	每万名就业人员中研发人员数增幅	77.56	12

续表

二级指标	三级指标					
	监测指标	得分	位次	提升指标	得分	位次
创新人才	国家重大人才工程累计入选人数	70.35	14	国家重大人才工程累计入选人数增长率	70	14
	省级人才工程累计入选人数	71.05	12	省级人才工程累计入选人数增长率	75.71	10
创新产出	年登记技术合同成交额	70.92	15	年登记技术合同成交额增长率	70	17
	每万人发明专利拥有量	71.53	14	每万人发明专利拥有量增量	70.51	15
创新载体	省级以上重点实验室数量	71.78	9	省级以上重点实验室数量增长率	75.59	10
	省级以上工程技术研究中心数量	71.67	12	省级以上工程技术研究中心数量增长率	91.79	3
	省级以上科技企业孵化器数量	70	13	省级以上科技企业孵化器数量增长率	70	—
	省级以上众创空间数量	70.91	14	省级以上众创空间数量增长率	70	—
	国家级技术转移示范机构数量	70	8	国家级技术转移示范机构数量增长率	70	—
创新服务	研发费用加计扣除占企业研发经费的比重	72.19	14	研发费用加计扣除占企业研发经费的比重增幅	89.52	13
	高新技术企业减免税占企业研发经费比重	87.92	3	高新技术企业减免税占企业研发经费比重增幅	100	1
	互联网普及率	77.93	10	互联网普及率增幅	92.10	4
创新环境	党委政府出台实施创新驱动发展战略的决定或意见及配套政策，如文件数量及实施效果等	71.11	15	党委政府出台实施创新驱动发展战略的决定或意见及配套政策，如文件数量及实施效果的提升	70	16
	拥有能抓创新、会抓创新、抓好创新的科技管理队伍	73.10	15	拥有能抓创新、会抓创新、抓好创新的科技管理队伍的增长情况	76.21	11
	特色工作	72.81	16	特色工作的改善情况	72.07	15

从科技创新能力监测指标来看，仅有"省级以上重点实验室数量"（第9位）和"高新技术企业减免税占企业研发经费比重"（第3位）两项指标表现相对较好，其余指标均在全省第10位及以后，多项指标在全省垫底。从科技创新能力提升指标来看，多数指标得分排在全省第10位及以后，但是个别指标表现突出，其中"省级以上工程技术研究中心数量增长率"排在全省第3位，"互联网普及率增幅"排在全省第4位，而"高新技术企业数量增长率""高新技术企业减免税占企业研发经费比重增幅"指标更是居全省首位。可见，聊城市的创新基础薄弱，创新能力发展水平也需加强。

综上可知，聊城市的科技创新能力发展和提升水平均处于全省较低水平，在创新载体和创新服务上具有相对优势。

十六、滨州市

滨州市的科技创新综合指标得分为 78.53 分，综合排名全省第 11 位。其中，科技创新能力监测指标排名全省第 12 位，科技创新能力提升指标排名全省第 12 位，科技创新能力提升指标得分优于监测指标。

从滨州市的二级指标得分雷达图（图 3-19）可知，仅有创新实力和创新环境的监测指标得分略高于提升指标，其余指标的提升指标得分均高于监测指标。在监测指标中，创新实力得分最高，为 86.94 分，居全省第 5 位；其次为企业创新、创新服务和产业创新，得分均在 75～80 分，均排在全省第 10 位以后；最后依次为创新人才、创新产出、创新环境和创新载体，得分均在 75 分以下，分别居全省第 9 位、第 10 位和第 17 位。在提升指标中，产业创新得分最高，为 91.68 分，仅次于泰安市和潍坊市，居全省第 3 位；其次为创新服务、创新实力和创新人才，得分在 80～90 分，其中创新服务和创新人才均居全省第 6 位，创新实力居全省第 12 位；最后依次为企业创新、创新载体、创新产出和创新环境，得分均在 80 分以下，均排在全省第 10 位以后。可见，滨州市的多数指标均处于全省中等水平，其中创新人才整体发展水平以及产业创新提升水平相对较高，是滨州市的科技创新发展优势所在。

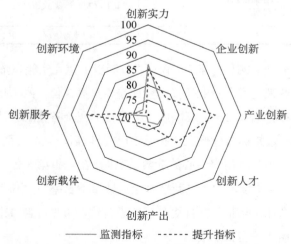

图 3-19　滨州市科技创新能力二级指标得分雷达图

为进一步考察滨州市的科技创新能力，对科技创新能力评价的三级指标及排序情况进行具体分析，结果如表 3-17 所示。

表 3-17　滨州市科技创新能力三级指标得分

二级指标	三级指标					
	监测指标	得分	位次	提升指标	得分	位次
创新实力	科技进步贡献率	75.66	13	科技进步贡献率增幅	82.40	13
	R&D 经费支出占地区生产总值的比重	95.35	3	R&D 经费支出占地区生产总值的比重增幅	87.13	16
	科技公共财政支出占公共财政支出的比重	81.42	9	科技公共财政支出占公共财政支出的比重增幅	84.05	12
企业创新	高新技术企业数量	71.30	13	高新技术企业数量增长率	80.99	9
	规模以上工业企业 R&D 经费支出占主营业务收入的比重	76.76	12	规模以上工业企业 R&D 经费支出占主营业务收入的比重增幅	76.18	15
	有研发机构的规模以上工业企业占规模以上工业企业的比重	79.63	11	有研发机构的规模以上工业企业占规模以上工业企业的比重增幅	76.90	10
产业创新	高新技术产业产值占规模以上工业总产值比重	78.60	13	高新技术产业产值占规模以上工业总产值比重增幅	96.50	3
	高新技术产业开发区规模以上工业总产值	70	17	高新技术产业开发区规模以上工业总产值增长率	84.46	12
创新人才	每万名就业人员中研发人员数	79.71	7	每万名就业人员中研发人员数增幅	82.03	6
	国家重大人才工程累计入选人数	70.35	14	国家重大人才工程累计入选人数增长率	85	4
	省级人才工程累计入选人数	71.22	11	省级人才工程累计入选人数增长率	82.24	6
创新产出	年登记技术合同成交额	70	17	年登记技术合同成交额增长率	70.58	15
	每万人发明专利拥有量	73.92	9	每万人发明专利拥有量增量	75.05	8
创新载体	省级以上重点实验室数量	71.49	11	省级以上重点实验室数量增长率	89.02	4
	省级以上工程技术研究中心数量	71.22	13	省级以上工程技术研究中心数量增长率	70	14
	省级以上科技企业孵化器数量	70	13	省级以上科技企业孵化器数量增长率	70	—
	省级以上众创空间数量	70	15	省级以上众创空间数量增长率	70	—
	国家级技术转移示范机构数量	70	8	国家级技术转移示范机构数量增长率	70	—
创新服务	研发费用加计扣除占企业研发经费的比重	75.66	12	研发费用加计扣除占企业研发经费的比重增幅	94.02	4
	高新技术企业减免税占企业研发经费比重	76.41	10	高新技术企业减免税占企业研发经费比重增幅	89.03	4
	互联网普及率	76.14	13	互联网普及率增幅	87.69	9
创新环境	党委政府出台实施创新驱动发展战略的决定或意见及配套政策，如文件数量及实施效果等	71.11	15	党委政府出台实施创新驱动发展战略的决定或意见及配套政策，如文件数量及实施效果的提升等	70	16

二级指标	三级指标					
	监测指标	得分	位次	提升指标	得分	位次
创新环境	拥有能抓创新、会抓创新、抓好创新的科技管理队伍	73.10	15	拥有能抓创新、会抓创新、抓好创新的科技管理队伍的增长情况	72.07	16
	特色工作	73.75	14	特色工作的改善情况	71.03	16

从科技创新能力的监测指标来看，绝大多数指标居全省第 10 位以后，甚至有 5 项指标居全省最后一位，可见滨州市的创新能力总量低，基础薄弱；仅有"R&D 经费支出占地区生产总值的比重"（第 3 位）、"每万名就业人员中研发人员数"（第 7 位）两项指标表现相对较好。可见，滨州市的创新经费和研发人员投入力度相对较高，其余指标均居全省较低水平。

从科技创新能力的提升指标来看，创新实力、创新环境、企业创新和创新产出各项指标均居全省第 8 位及以后，尤其是"R&D 经费支出占地区生产总值的比重增幅"仅高于烟台市，需重点关注；在产业创新方面，"高新技术产业产值占规模以上工业总产值比重增幅"虽居全省第 3 位，但是"高新技术产业开发区规模以上工业总产值增长率"明显较弱，仅居全省第 12 位；在创新载体方面，"省级以上重点实验室数量增长率"居全省第 4 位，具有相对优势，但是"省级以上工程技术研究中心数量增长率"居全省末位，从而降低了创新载体的提升水平；而创新人才和创新服务的各项指标表现相对较好，提升水平也相对较高。

综上所述，滨州市创新经费投入强度虽高，但是增速较慢，创新人员投入强度和增长水平均居全省中等水平，其余指标均处于全省较低水平，需全方位改善。

十七、菏泽市

菏泽市的科技创新综合指标得分为 76.84 分，综合排名全省 17 位。其中，科技创新能力监测指标排名全省第 17 位，科技创新能力提升指标排名全省第 14 位，科技创新能力提升指标得分全面优于监测指标。

从菏泽市的二级指标得分雷达图（图 3-20）可知，科技创新能力的各项提升指标得分均高于监测指标。在监测指标中，创新服务和产业创新得分相对较高，分别为 80.68 分和 80.29 分，居全省第 7 位和第 10 位；其次为企业创新，得分为 73.57 分，仅高于德州市和聊城市，居全省第 15 位；其余指标均略高于 70 分，其中创新环境仅为 70 分，为全省最低分，创新载体得分仅略高于滨州市，创新产出、创新人才和创新实力均居全省 17 位。在提升指标中，创新服务得分最高，为 90.04 分，居全省第 5 位；其次依次为企业创新、产业创新和创新实力，得分均在 80～90 分，其中企业创新仅次于威海市和济南市，产业创新居全省第 9 位，创新实力得分仅高于烟台市；最后依次为创新载体、创新人才和创新产出，得分均在 80 分以下，其中创新载体指标表现相对较好，位居全省第 5，创新人才位居全省第 16，仅高于德州市，而创新产出的提升能力居全省最低水平。可见，菏泽市的创新能力规模和提升的整体水平均较低，其中产业创新能力和提升水平均居全省中等水平，创新载体规模较小，但是发展速度相对较快，是菏泽市的科技创新发展优势所在。

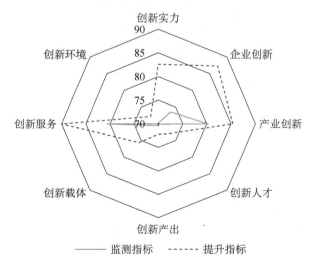

图 3-20　菏泽市科技创新能力二级指标得分雷达图

为进一步考察菏泽市的科技创新能力，对科技创新能力评价的三级指标及排序情况进行具体分析，结果如表 3-18 所示。

表 3-18 菏泽市科技创新能力三级指标得分

二级指标	三级指标					
	监测指标	得分	位次	提升指标	得分	位次
创新实力	科技进步贡献率	70	17	科技进步贡献率增幅	70.29	15
	R&D 经费支出占地区生产总值的比重	70	16	R&D 经费支出占地区生产总值的比重增幅	90.32	13
	科技公共财政支出占公共财政支出的比重	70.67	15	科技公共财政支出占公共财政支出的比重增幅	79.38	15
企业创新	高新技术企业数量	70.06	16	高新技术企业数量增长率	99.81	2
	规模以上工业企业 R&D 经费支出占主营业务收入的比重	70.32	16	规模以上工业企业 R&D 经费支出占主营业务收入的比重增幅	77.48	13
	有研发机构的规模以上工业企业占规模以上工业企业的比重	79.84	10	有研发机构的规模以上工业企业占规模以上工业企业的比重增幅	83.16	5
产业创新	高新技术产业产值占规模以上工业总产值比重	85.19	8	高新技术产业产值占规模以上工业总产值比重增幅	84.76	10
	高新技术产业开发区规模以上工业总产值	72.94	14	高新技术产业开发区规模以上工业总产值增长率	86.29	7
创新人才	每万名就业人员中研发人员数	70	17	每万名就业人员中研发人员数增幅	77.46	14
	国家重大人才工程累计入选人数	70.35	14	国家重大人才工程累计入选人数增长率	70	12
	省级人才工程累计入选人数	70	17	省级人才工程累计入选人数增长率	70	17
创新产出	年登记技术合同成交额	71.26	14	年登记技术合同成交额增长率	75.67	12
	每万人发明专利拥有量	70	17	每万人发明专利拥有量增幅	70	16
创新载体	省级以上重点实验室数量	70	14	省级以上重点实验室数量增长率	75.59	10
	省级以上工程技术研究中心数量	70	17	省级以上工程技术研究中心数量增长率	92.62	2
	省级以上科技企业孵化器数量	70	13	省级以上科技企业孵化器数量增长率	70	—
	省级以上众创空间数量	72.73	11	省级以上众创空间数量增长率	70	—
	国家级技术转移示范机构数量	70	8	国家级技术转移示范机构数量增长率	70	—
创新服务	研发费用加计扣除占企业研发经费的比重	76.69	11	研发费用加计扣除占企业研发经费的比重增幅	70	17
	高新技术企业减免税占企业研发经费比重	85.23	4	高新技术企业减免税占企业研发经费比重增幅	96.81	2
	互联网普及率	80.25	7	互联网普及率增幅	100	1
创新环境	党委政府出台实施创新驱动发展战略的决定或意见及配套政策,如文件数量及实施效果等	70	17	党委政府出台实施创新驱动发展战略的决定或意见及配套政策,如文件数量及实施效果的提升等	75.56	10

续表

二级指标	三级指标					
	监测指标	得分	位次	提升指标	得分	位次
创新环境	拥有能抓创新、会抓创新、抓好创新的科技管理队伍	70	17	拥有能抓创新、会抓创新、抓好创新的科技管理队伍的增长情况	70	17
	特色工作	70	17	特色工作的改善情况	70	17

从科技创新能力监测指标来看，多项指标居全省后三位，特别是有12项指标居全省末位，创新基础弱势明显。其中"高新技术产业产值占规模以上工业总产值比重"相对较高，但也仅居全省第8位；创新服务的各项指标表现相对较好，特别是"高新技术企业减免税占企业研发经费比重"居全省第4位，可见菏泽市的高新技术产业及其服务水平相对较高，是其优势所在。

从科技创新能力提升指标来看，多数指标居全省第10位及以后，甚至垫底，特别是创新实力、创新人才、创新产出的各项指标的提升水平均较低，需重点关注。而企业创新的提升水平相对较高，特别是"高新技术企业数量增长率"和"有研发机构的规模以上工业企业占规模以上工业企业的比重增幅"分别居全省第2位和第5位，创新服务的提升水平也较突出，特别是"高新技术企业减免税占企业研发经费比重增幅"和"互联网普及率增幅"分别居全省第2位和第1位，发展优势明显。

综上可知，菏泽市的监测指标和提升指标均处于全省较低水平，甚至垫底，主要发展优势在于高新技术企业创新能力和创新服务发展速度相对较快，具有相对优势，其余指标均明显偏低，使得菏泽市的科技创新综合能力在全省垫底。

第三节 小 结

综上所述，本章首先对全省各市科技创新能力情况从监测指标、提升指标和综合指标三个维度进行了评价并排序，从而对山东省各市科技创新能力综合情况有了较为客观的了解。其次，依次对 17 市的科技创新能力的各指标进行了横向和纵向的比较分析，通过数据分析，全方位地了解各市科技创新能力的优势和弱点，分析各市科技创新能力在全省的规模及提升水平，从而为其提高科技创新综合能力提供有价值的参照和建议。

第四章
山东省创新能力提升研究
——以国有企业为例

随着我国经济发展进入新常态，在经济结构不断优化的同时，经济增长也面临着严峻的下行压力，迫切需要实施创新驱动发展战略，加快产业转型升级。企业自主创新能力的提升是国家科技创新战略的重要组成部分，是调整产业结构、转变增长方式、促进地方经济发展的关键，也是企业生存和发展的根本。山东省拥有数量较多、实力较强的国有企业，它们拥有较大的资源、技术、市场等优势，是企业自主创新体系中的主力军和表率，其自主创新能力是企业持续发展和区域综合实力提升的力量源泉，因此，提升国有企业的自主创新能力具有非常重要的意义。

第一节　国内外企业创新的趋势和特点

一、企业在国家或区域创新体系中的主体地位日益凸显

企业的创新主体地位主要体现在创新投入的主体、创新执行的主体和创

新产出的主体等方面①。在国际上，一些发达工业化国家的最大特点是企业作为创新主体的作用能够得到充分发挥。比如，2014 年，美国的企业研发经费支出的比重超过 60%，企业科研单位拥有的科研人员占科研人员总数比重为 3/4，企业部门所完成的研发工作占到全社会研发工作总量的 3/4②。在企业层面上，一些创新型企业发挥着重要作用，2013 年特斯拉公司的研发投入占营业收入比重达到 66%③，2017 年英特尔（Intel）、Facebook 和高通（Qualcomm）的研发投入占营业收入比重分别为 21.50%、21.40% 和 21.90%。

在国内，我国出台了一系列政策措施来促进企业成为创新主体。经过十几年的努力，我国企业创新主体地位不断增强，2015 年全社会 R&D 经费支出中企业占比 78%，企业研发人员占比 80%④，企业获得发明专利授权 15.90 万件，占国内发明专利授权量的 60.50%⑤。创新型试点企业平均研发强度达到 1.79%，远高于规模以上工业企业 0.77% 的水平⑥。在企业层面上，我国的一些创新型企业不断加大研发投入力度，以获得核心竞争力，如华为近 10 年累计投入超过 3130 亿元，2016 年华为实现全球销售收入 5216 亿元，研发投入 764 亿元，研发占销售收入的 14.60%，从一个追赶者跃升为行业领跑者⑦。

二、对企业创新的科学管理与政策支持更为完善

在欧美发达国家，企业长期处于主体地位，已经形成较为完善的管理与政策支持体系。例如，美国政府有一套支持企业创新的政策体系，对国内企业创新的支持渗透到企业创新周期的各环节，所采取的政策涉及创新主体推动、商业化促进、风险资本投入和创新规则制定等各方面⑧。

① 胡凯. 区域创新体系中企业主体地位研究[D]. 南昌大学博士学位论文，2007.
② 郭勇，刘锋，聂增来，等. 美、德企业创新的启示之一：美国企业的创新体系[J]. 经营与管理，2014，（10）：8-9.
③ 车企创新力排名：特斯拉最强 大众研发投入最高[EB/OL]. http://www.sohu.com/a/102001326_160254.htm [2016-07-07].
④ 国家统计局，科学技术部，财政部. 2015 年全国科技经费投入统计公报[N]. 中国信息报，2016-11-14.
⑤ 韩霁. 我国发明专利申请受理量连续五年世界居首[N]. 经济日报，2016-01-15.
⑥ 科技部，国家发展和改革委员会，教育部，等. 关于印发"十三五"国家技术创新工程规划的通知[EB/OL]. http://www.most.gov.cn/mostinfo/xinxifenlei/fgzc/gfxwj/gfxwj2017/201705/t20170503_132603.htm[2017-04-28].
⑦ 华为 2016 年销量收入 5216 亿元 研发投入占 14.6%[EB/OL]. http://www.chinanews.com/ci/2017/03-31/8188677. shtm[2017-03-31].
⑧ 董楠楠，钟昌标. 美国和日本支持国内企业创新政策的比较与启示[J]. 经济社会体制比较，2015，（3）：198-207.

目前，我国经济正处于转型发展时期，迫切需要加强企业的创新能力，确立企业的创新主体地位。为促进企业创新，我国已经出台了相应的财政政策、税收政策，以及人才支持、产业发展、促进科技成果转化等政策。例如，近年来广东省推出系列创新政策组合拳，如《中共广东省委　广东省人民政府关于全面深化科技体制改革加快创新驱动发展的决定》、"科技创新 12 条"、全国首部鼓励创新的地方性法规《广东省自主创新促进条例》等。这些政策的实施取得了良好成效。2015 年底，广东省拥有的国家级高新技术企业数量居全国第 2 位，高新技术产品产值占工业总产值的比重达到 39%。江苏省于 2016 年出台《关于加快推进产业科技创新中心和创新型省份建设的若干政策措施》，从加大高新技术企业培育扶持力度、支持企业增强自主研发能力、建立鼓励企业创新的普惠机制等几方面做出详细规定，并出台了相应配套措施《江苏省科技企业"小升高"工作方案》《创新型企业培育行动计划实施方案》等。

三、市场成为创新的推动力量

在国际上，市场需求是刺激企业开展创新活动的重要因素之一，是创新成果商业化的基础保证，因此重视市场需求指向的企业创新成果容易被市场所接受。例如，百乐株式会社始终关注消费市场问题，通过坚持研发和创新、提升技术水平来引领新市场，创新生产出市场上从未有过的"笔记能够透明化"的消字笔，在欧洲和日本市场上取得巨大成功。美的区域创新体系的最大特点是企业作为创新主体的作用能够得到充分发挥，市场是企业间进行交往和协调的主要机制，政府尽可能少地干预企业研究和开发活动，只负责关系到国家利益的重大基础性研究和国防研究的开展①。

在国内，《中共中央关于制定国民经济和社会发展第十三个五年规划的建议》中提出"推动政府职能从研发管理向创新服务转变"，明晰政府与市场的关系，政府重点支持公共科技活动和营造创新环境，充分发挥市场在创新资源配置中的决定性作用。根据《中国企业自主创新评价报告（2014）》，从电子

---

① 郭勇，刘锋，聂增来，等. 美、德企业创新的启示之一：美国企业的创新体系[J]. 经营与管理，2014，（10）：8-9.

信息、节能环保、高端制造、能源、生物五大创新优势明显的行业来看，根据五大行业创新百强（TOP 100）企业的创新动力来源，多数行业的 TOP 100 企业自主创新的首要动力来源是"市场需求"，第 2、第 3、第 4 动力来源分别是"同行竞争"、"市场上出现新技术"和"政策激励"[①]。由此可见，对于企业的自主创新而言，其自身的内部动力与影响因素远比外部的政府政策优惠激励更重要，直面市场需求、开拓新市场就是促进企业进行自主创新的最大动力与目标。

四、企业创新与国家和区域发展的联系更为紧密

根据美国通用电气公司（General Electric Company，GE）发布的《全球创新趋势调查》，在过去几十年美国创新对 GDP 增长速度的贡献率占到一半以上；创新政策和社会环境主观满意度较高的国家实现了较好的区域经济增长，被普遍认为创新环境较好的国家 GDP 平均增长 5.19%，而创新政策框架较弱的国家 GDP 增长仅为 2.32%[②]。

在国内，实施创新驱动发展战略，推动产业结构转型升级已经成为共识。例如，江苏省的区域创新能力一直处于全国领先水平，2015 年的科技进步贡献率超过 60%，产业结构不断实现转型升级，与第一经济大省广东省之间的差距也在不断缩小。在企业层面上，创新促进企业的发展，企业需要大量的创新活动抢占市场，扩大市场份额，因此需要进行大量的创新活动，投入大量的创新资源；企业的创新成果能够提升企业的核心竞争力，催生新的消费市场，从而增加企业的收益。

五、企业创新模式从封闭式创新向开放式创新转变

在知识经济时代，企业的创新环境发生了巨大的变化，企业仅仅依靠内部的资源进行高成本的创新活动，已经难以适应快速发展的市场需求以及日益

---

① 中国企业评价协会. 中国企业自主创新评价报告（2014）[M]. 北京：中国发展出版社，2015.
② 张虹，王力铭. 金融危机正在改变企业创新格局——GE《全球创新趋势调查》报告解读[J]. 华东科技，2012，（10）：68-70.

激烈的企业竞争,封闭式创新下庞大的研发队伍和巨额研发投入已成为企业越来越难以承受之重。因此,企业的创新模式从封闭式创新走向开放式创新。开放式创新是各种创新要素互动、整合、协同的动态过程,要求企业与利益相关者(顾客、供应商、全球资源提供者、竞争对手等)之间建立紧密联系,构建创新要素整合、共享和创新的网络组织①。例如,苹果公司强大的创新能力就是通过这种开放式创新模式实现的,苹果通过 iMac、iPhone、iPad 平台,吸引了数目众多的第三方企业开发各类应用软件和服务,利用自身的优势对这些创新进行深度整合,达到创新效用最大化②;特斯拉公司开放了 200 多项专利,希望以开放的行动改变传统汽车生产企业的整个价值链和合作网络,推动整个行业的共同创新。

在国内,开放创新的重要性也得到认可。比如,海尔在 20 世纪 90 年代就展开了对开放式创新模式的探索,海尔拥有中国最大的开放创新平台,致力于打造全球最大的开放创新生态系统和全流程创新交互社区,吸引全球资源和用户参与,解决创新的来源问题和创新转化过程中的资源匹配问题,这种开放式创新模式也使得海尔的研发源匹配周期从过去的 8 周缩短到 6 周③。譬如山东黄金集团通过提升自然资源控制能力、成本控制能力、科研创新能力、规范化管理能力、文化渗透和引领能力、人才竞争能力,以及实施三项制度改革、全面预算管理、信息化建设等,强化科技创新和管理创新,充分发挥比较优势,增强核心竞争力和自主创新能力。

六、多元化的创新模式并存,颠覆性创新模式越来越受到重视

根据全国企业创新调查,当前我国开展产品创新、工艺创新、组织创新和营销创新企业比重分别达到 18.70%、20%、27.90%和 25.80%,这说明目前企

---

① 张文思. 开放式创新的实现途径[J]. 企业改革与管理, 2009, (9): 32-33.
② 尹一丁. 围墙外的创新:英特尔 IBM 和苹果的创新模式[N]. 21 世纪经济报道, 2012-09-15 (22).
③ 海尔开放式创新平台　打造最大开放式创新生态系统[EB/OL]. http://www.chinanews.com/life/2017/01-11/8120755.shtml[2017-01-11].

业不仅重视技术创新，同时也注重提升管理效率、创新商业模式、拓展创新范围[①]。在现今这个数字化时代，网络与移动通信技术正在全方位地改变着人类的生产、生活方式；各项新技术的出现、消费需求的变化都要求企业进行商业模式创新，为客户创造更多价值，采用更加有效的方式建立竞争优势。例如，小米手机通过互联网征集用户需求和营销，成立 5 年就跻身全球市场前三位。从当年的微软、苹果到当下的特斯拉，这是对产品的颠覆性创新，从阿里巴巴、淘宝网、美团到当下竖起"免佣"大旗要颠覆传统在线旅行社（online travel agency，OTA）模式的快捷酒店管家，这是业务的颠覆性创新，这种创新是推动产业升级的重要原动力之一[②]。

很多企业还创新组织形式与管理方式，在企业内部倡导创新精神，激发创新意识，鼓励创新行为，综合利用各方资源，提升企业的创新能力。例如，海尔实施研发的"型号经理制"，型号经理制的具体活动分为 7 个步骤，即"需求分析—商品企划—产品开发—产品试制—市场推介—订单执行—质量改进"的循环体系。型号经理一旦发现市场需求，经过项目论证，确定可行后便可组建团队，团队成员来自各个不同部门，如生产制造、质量管理、市场营销等，团队可以从新产品销售利润中获得提成。该团队中的型号经理负责该循环体系的全过程，当项目完成后，团队解散，团队成员回到各自原来的部门。

第二节　山东省国有企业创新存在的问题及原因分析

近年来，山东省国有企业改革取得良好进展，如公司治理结构得到完善、

---

① 熊鸿儒. 当前我国企业创新的特点及挑战：来自全国企业创新调查的证据[J]. 智库理论与实践，2016，1（5）：106-110.
② 这些年，被"颠覆性创新"的五大行业[EB/OL]. http://www.toutiao.com/a3478917705/[2014-08-22].

国有资本投资运营公司运营良好、省属企业管理体制和运行机制取得创新突破①。在完善公司治理结构方面，厘清企业党委成员和公司治理结构成员的关系，明确了对于经理层实行契约化管理的原则，外部董监事和职业经理人人才库建设初见成效。涌现了一批国有企业改革典型代表，如山东能源集团有限公司形成了 5 个国家级博士后科研工作站和 4 个省级博士后创新实践基地，累计进站博士后 20 余位②；山东高速集团有限公司作为山东传统经济转型的企业代表发展迅猛，成功转型为金融企业，有效破解了制约企业改革发展的一大批关键性技术难题③。但是与国内外一些创新型企业相比，山东省国有企业的自主创新能力建设还存在一些问题。

一、国有企业创新发展存在的主要问题

1. 研发投入明显不足

山东省国有企业的研发经费投入与国内外先进企业相比还存在一定差距。2014 年，山东省共有国有企业、国有独资企业及国有控股企业 1707 家。根据《山东科技统计年鉴（2016）》，2014 年和 2015 年，山东省规模以上国有、国有独资及国有控股企业的研发经费投入分别为 4 062 948 万元和 4 352 450 万元；研发经费投入占全省规模以上工业企业研发经费投入比重分别为 38.60% 和 37.02%。2014 年和 2015 年，山东省规模以上国有及国有控股企业的研发经费占主营业务收入比重分别为 1.04% 和 1.12%；2014 年和 2015 年，拥有研发机构的企业所占比重分别为 17.50% 和 16.50%。而国际上同类企业研发投入占企业主营业务收入一般为 5% 以上，几乎全部企业都有研发活动。例如，2016 年，英特尔、苹果、微软、IBM 的研发投入占营业收入的比重分别为 20.37%、4.60%、13.95%、6.26%。从国内来看，与我国入围全球研发支出 500 强的企业（如华为、中石化、阿里巴巴、中兴等）相比，同样存在较大差距。例如，华为 2015 年和 2014 年研发投入分别为 110 亿美元和 65 亿美元，

---

①　马会. 改革和创新驱动山东国企迸发内生动力[N]. 中国经济时报，2015-11-06（A01）.
②　李志勇. 能源集团科技创新助力提质增效[EB/OL]. http://www.snjt.com/info/1013/55682.htm[2016-12-01].
③　单保江. 山东高速集团运用金融杠杆推进转型升级[EB/OL]. http://district.ce.cn/zg/201406109/t20140609-294458.shtml[2014-06-09].

其中仅 2014 年研发投入就达到山东省规模以上国有及国有控股企业研发总投入的 1.4 倍。

2. 研发经费投入不合理

从研发活动类型上来看，山东省国有企业、国有独资企业、国有控股企业的研发经费主要投入试验发展领域，基础研究投入较低，原始创新活动较弱。2015 年，全省国有企业的研发经费投入为 102 848 万元，其中基础研究投入为零，应用研究和试验发展所占比重分别为 9.10% 和 90.90%；国有独资企业研发经费投入为 1 387 988 万元，其中基础研究投入为零，应用研究和试验发展经费所占比重分别为 3.30% 和 96.70%；国有控股企业研发经费投入为 2 861 616 万元，其中基础研究、应用研究和实验发展经费投入所占比重分别为 0.05%、4.50% 和 95.45%。发达国家企业极为重视培育未来竞争力，基础研究投入一般都占全国的 20% 以上，如韩国企业对基础研究投入在全国总量中甚至超过 50%。当前的创新潮流，已从模仿创新转向自主创新，从关注商业模式创新转向积极研发核心技术，而最重要的创新，则是核心技术创新①。国有企业的发展水平尤其是技术创新能力，体现的是一个国家或地区的综合实力和竞争能力。因此，国有企业应当发挥自身优势，在基础技术、核心技术等方面发挥中坚作用，成为创新的主力军。

3. 科技产出效率偏低

从专利获取量来看，山东省国有企业与国内外知名公司存在较大差距，全省国有企业专利授权数总和不如 IBM、三星任意一家企业的专利授权数。据统计，2015 年山东省国有企业专利授权量 5382 件，而同一年 IBM 的专利授权量为 8088 件，三星电子为 5518 件；从国内企业来看，2016 年我国发明专利授权量排名前三的企业当中，国家电网、华为、中石化的发明专利授权量分别为 4146 件、2690 件和 2555 件。由此可见众多企业已经意识到自主创新的重要性，"造不如买，买不如租"的做法被证明不能支撑企业长远发展。

---

① 刘亮. 清华大学技术创新研究中心主任：国有企业要做基础技术创新中坚[N]. 经济日报，2015-12-08（05）.

与其他类型企业相比，山东省国有企业的创新产出较低。2014 年，山东省规模以上工业企业有效发明专利数为 26 122 件，国有企业及国有独资公司的有效发明专利数为 3528 件，所占比例为 13.50%；国有控股企业的有效发明专利数为 6504 件，所占比例为 24.90%；国有控股企业好于其他两种国有企业，有学者认为是因为其公司治理结构完全遵循社会化原则，充分参与市场竞争，因此能够有针对性地开展创新活动[①]。私营企业的有效发明专利数为 6896 件，所占比例为 26.40%；外商投资企业及我国港澳台投资企业的有效发明专利数为 4234 件，所占比例为 16.20%。

从新产品销售收入占主营业务收入的比重来看，山东省国有企业新产品销售收入所占比重较低。根据《山东科技统计年鉴（2015）》，山东省规模以上工业企业新产品销售收入占主营业务收入比重平均值为 10.17%，国有企业新产品销售收入占主营业务收入比重为 4.90%，而外商投资企业和我国港澳台投资企业新产品销售收入占主营业务收入的比重为 7.7%。

4. 核心竞争力总体不强

与国际上的先进企业相比，山东省国有企业的核心竞争力不强，产业结构不合理，还没有完全摆脱高投入的粗放型增长模式，普遍面临高能耗、竞争激烈、产能过剩等共性问题，在全球产业链分工中处于不利地位。在 2016 年公布的山东省企业 100 强当中，从 100 强企业的营业收入占比来看，从高到低依次为石油化工行业、纺织行业、服装行业、鞋帽行业、矿业、采选行业、造纸及纸制品行业、汽车机车行业、商贸流通行业、金融投资行业、交通物流行业、电信服务行业和建材及玻璃等行业。且前十名几乎全部为国有大型企业，这说明山东省传统产业占比较高，有待于进一步进行产业结构升级。而美国企业 500 强利润排行前 10 位的不少行业都具有典型的技术密集特征，如制药、计算机与办公设备、计算机软件行业，这些行业额竞争力更多地体现为对消费者的深入研究、全球品牌、核心技术、全球供应链、长周期高强度的研发投入

---

① 陶虎,于仁竹. 基于 PCA 的国有企业自主创新能力综合评价分析——以山东省为例[J]. 产业经济评论(山东大学)，2008，7（2）：108-118.

等。大企业往往决定着技术标准和行业发展方向，今天活跃在市场的许多山东企业，仍然是国有或国有控股企业，甚至很多还是重化工、重工业、高污染、高耗能等方面的企业，且山东省国有及国有控股企业的研发投入占主营业务收入比重仅为1.12%，因此山东省国有企业急需增加研发投入，创新体制机制，增强自身竞争力。

5. 缺少世界著名品牌

自主品牌战略是企业最高层级的竞争战略，但是与国外大型跨国公司相比，我国大型国有企业普遍缺乏被广大消费者普遍认可的国内外知名的自主品牌，缺乏一整套培育、保护和发展自主品牌的战略、规划和时间。在一些竞争性行业里，国有企业热衷于搞合资，借助引进国外成熟技术和国外知名品牌来占领市场、分享利润，忽视了自主品牌的创建、培育、经营、保护和发展，对于企业原有的一些国内知名品牌也疏于保护和发展[1]。根据英图博略（Interbrand）与品牌实验室的评估结果，我国国有企业的品牌发展现状不够理想。在2016年度"全球最佳品牌100强"榜单中，我国仅有国家电网、工商银行、腾讯、中央电视台、海尔、中国移动、联想入围，尽管通信行业的华为近年来发展迅速，但是品牌价值仍然只达到苹果的不到1/5。而在2016年"世界品牌500强"排行榜中情况稍好，我国共有36个品牌（其中21个为国有企业品牌）入选榜单，然而，考虑到我国巨大的人口规模与经济规模，这一数量确实不多；而美国占据了500强中的227席，继续保持品牌大国风范[2]。

从山东省情况来看，在世界500强品牌当中，2011～2016年连续5年始终只有海尔和青岛啤酒入选，由此可见，创新不足和缺乏开放意识，是山东省企业需要解决的难题。世界品牌实验室发布的2015年"中国最具价值品牌500强"显示，山东省入选品牌42个，仅为北京市的44.60%，广东省的52.50%。2015年，山东276家国际自主品牌企业完成出口167.50亿美元，仅占全省出口总额的11.6%。山东省的企业普遍认为踏实做事就可以，在宣传力度、多样

---

① 石耀东. 提高大型国有企业创新能力应从五个方面着手[N]. 中国经济时报，2012-12-14（05）.
② 韩叙. 36个中国品牌入围世界品牌500强[N]. 经济日报，2017-01-04（12）.

性以及挖掘品牌核心价值上做得远远不够。

二、国有企业创新存在问题的原因分析

1. 国有企业缺乏创新动力

国有企业目前普遍存在创新动力不足、创新意识薄弱等问题，其原因是多方面的。熊彼特认为企业创新的动力主要来源于两方面，一是企业对经济利润的追逐，二是"企业家精神"。但是，山东省的国有企业由于其特殊性，影响创新动力的原因也比较复杂，具体表现在以下三个方面。

一是考核激励机制不健全。首先，对于国有企业负责人来说，国务院国有资产监督管理委员会（简称国资委）对国有企业考核促进科技创新的关键在于是否将科技创新作为一项考核指标。以往对经营者的考核指标多以财务会计指标作为依据，比较注重短期绩效和企业或项目的盈利指标，对技术创新、人才引进等涉及企业长远发展的考核关注不够。目前，国有企业大多实行的是年度考核和任期考核相结合的考核制度，年度考核和绩效薪酬挂钩，任期考核和中长期激励挂钩。但是从执行情况看，国有企业的年度绩效政策落实比较到位，而与任期相联系的中长期激励尚未建立，而创新通常是一个较为漫长、有风险的过程，企业负责人为在任期内降低风险，也会降低创新的动力，这种情况势必会导致短期行为，影响企业的长期竞争力[①]。其次，对于国有企业的创新人才来说，尚未形成对科技创新活动的有效激励，创新型人才的劳动与回报之间缺乏相关性，创新人才与其他人员的薪酬相比差异不大，这也难以提高创新人才的积极性。

二是缺乏企业家精神。国有企业经营管理人的领导素质、创新精神直接影响企业的创新导向和创新效果[②]。而目前国有企业在选人用人方面仍然存在政企不分的现象，对企业经营管理者的任用是行政化的选聘机制，将政治的考核放在首位。因此，从身份上讲，他们并不是真正的企业家，也不是职业经理人，这在一定程度上抑制了他们开拓进取、渴望变革、勇于创新的企

①　廖丰. 央企负责人任期激励有望挂钩经济增加值[EB/OL]. http://finance.china.com.cn/roll/20140104/2096943. shtml[2014-01-04].
②　吴旭晖. 国有资产管理机制与国有企业自主创新[J]. 中国高新技术企业，2009，（12）：62-63.

业家精神。

三是市场机制不健全，国有企业尚未成为市场竞争的主体，缺乏创新的外在压力。企业进行创新的外部动力主要来自市场需求和市场竞争，但是目前国有企业市场上部门准入、行政垄断的存在，弱化了对国有企业的激励和约束。比如说处于垄断地位的国有企业较易获得稳定、可靠的利润或政府补贴，或享受政府的税收、科研投入、人员培训、政府采购等特殊政策，从而在一定程度上保证了国有企业的技术创新能力。但是由于存在这种比较优势，国有企业可能缺乏非国有企业所表现出来的创新紧迫感，从而降低创新动力，减少企业在创新上的投入与关注。

2. 国有企业的管理制度不健全

经过多年改革，国有企业不再是传统意义上政企不分的经济体，国有企业基本上已经改制为股份制企业，不少还已经改为上市公司，程度不等地参与市场竞争，适应市场环境，但是由于公司制股份制改革不到位，国有企业的管理体制仍然存在一些问题[①]。

一是法人治理结构不健全。有的企业股东会形同虚设，长期不开股东会，或者召开"一言堂"股东会，在董事会成员中，很多股东选派的董事是其班子成员兼任或新企业经营班子成员兼任董事，缺少合格的外部董事。这一方面是由于国有股份制企业国家控股比例高，股东会无法召开或召开了也不起作用，也就难以形成独立的董事会来保证健全的经营决策机制；另一方面可能由于管理制度上仍然存在过去一直遵循的做法，党委书记作为一把手扮演着独断独行的角色。另外，监事会也不能发挥其应有的作用，企业监事会不健全，有些监事会成员由公司中层干部兼任，实际上形同虚设。

二是体制机制不够灵活。一方面由于外部行政干预过多，董事会的重大决策权和聘任经营人员的权力得不到真正落实；另一方面由于政府干预过多，在市场有上下波动的迹象时，国有企业无法迅速适应情况的变化，而必须经过烦

---

① 厉以宁. 中国经济双重转型之路[M]. 北京：中国人民大学出版社，2013.

琐的申请与上级批准的过程，从而可能失去最佳时机①。

3. 支持创新的环境不完善

目前，我国与知识产权相关的法律体系不完善。虽然目前我国已经建立了符合国际通行规则、门类较为齐全的知识产权法律制度，但是还存在一些问题。首先，由于知识产权制度在我国建立较晚，不少方面还处于探索阶段，一些领域还存在立法空白，比如互联网、基因工程、生物技术等众多创新成果的出现，对现有的知识产权法律提出挑战。有一些领域的法律法规滞后于经济社会发展需要，个别法律法规与经济、科技等方面的法律法规不够协调。正是由于缺乏对新技术的相关规定或没有实施调整，很多由技术创新带来的问题无法解决，严重影响人们的创新积极性②。其次，我国部分知识产权立法没有明确的可操作性标准。

4. 企业创新文化缺乏

一般认为创新文化的核心要素包括激励探索、包容个性、激励创新和宽容失败四个方面③。研究表明，企业的文化氛围，对企业的知识集成和创新有极大的正面影响，企业文化是将企业人力资源转化为企业创造力的催化剂。没有鼓励创新的企业文化，企业的各项资源就不能为企业创造价值。相应地，成功的大企业大都看到了文化建设的决定性作用，而自主创新能力薄弱的企业往往表现出对企业文化建设重视不够，只抓人、财、物资源。例如，谷歌拥有独特的创新文化，谷歌的一大革命是建立了一个自下而上的"创新工厂"，即创新无处不在，人人都可以创新，每个人都可以平等、自由地去做最有热情的创新，并认为失败是通往成功和创新的道路，正是这种崇尚创新、以人为本、包容失败的环境成就了这家高科技公司的地位。

虽然我国的企业尤其是国有企业有一些创新文化，但是也存在很多阻碍创新的文化。例如，有些国有企业文化不求创新，但求无过，只求稳步前进，对于创新存在恐惧，对于创新所造成的失败宽容不够，因此也造成了国有企业

① 张芒东. 浅析当前国有企业制度中存在的问题及对策[J]. 经济师，2014，（1）：272-273.
② 范荣. 论我国科技创新法律制度的不足与完善[J]. 法制与社会，2012，（11）：45，64.
③ 粟国敏. 我国企业自主创新问题及对策研究[J]. 工业技术经济，2006，25（11）：13-15.

的个性不足，缺乏创新。

第三节　提升山东省国有企业创新能力的对策建议

目前，山东省正在实施创新型省份建设，把创新摆在发展全局的核心位置，探索新常态下发展的新路径，打造新常态下发展的新引擎，创造新常态下发展的新优势。国有企业是我国经济的骨干力量和全民意志的体现，不仅有责任带头认识新常态，适应新常态，更要通过加快实施创新驱动发展战略引领新常态。山东省大多数国有企业缺少具有自主知识产权的关键技术，缺乏核心竞争力，在全球产业链中处于不利地位；对外技术依存度较高，一些领域的关键技术、大型成套设备、核心元器件、重要基础件、关键新材料，包括很多涉及国计民生的生产资料、生活资料等仍大量依靠进口。新常态下，亟须加快提升国有企业的自主创新能力，使其在转变经济发展方式和保增长、调结构中发挥引领作用。

一、强化国有企业在创新中的主体地位是提高创新能力的前提

1. 继续深化国有企业改革，使国有企业成为独立的市场主体

首先，继续进行国有资本配置体制的改革，完善国有股权投资基金运作机制，研究制定鼓励国有资本参与股权投资的系统性政策措施，探索建立国有股权投资基金激励约束机制、监督管理机制和退出机制。通过国资委—国家投资基金公司—国有企业的三级体制，可以强化国资委对国有资本的配置权，以管资本为主，而不再是主管一个一个的企业，国家投资基金公司成为国有企业出资方，国有企业同其他股份制企业一样，都是市场经营的主体，企业与企业之

间不再存在所有制歧视、身份歧视，从而能够充分参与市场竞争。

其次，在国有资本配置体制改革的前提下，国有企业已经成为市场经营主体，应当健全企业管理体制，以《国务院办公厅关于进一步完善国有企业法人治理结构的指导意见》为指导，建立完善的股东会、董事会、监事会制度，并全面推行职业经理人任期制和契约化管理。这样前面所述造成企业不敢自主创新的障碍会逐步消失，从而有利于国有企业的自主创新、技术突破、产业升级。

2. 加大研发投入

山东省国有企业的研发投入严重不足，根据研究，当研发强度达到 2% 时企业才能勉强生存，达到 5% 以上的企业才具有竞争力[①]。也就是说，研发经费投入不是一种简单的费用支出，而是一种战略性投入，不仅是对当前的投入，更是对未来的投入。国有企业财力雄厚，容易筹措资金，可以进行大规模的研究开发活动。但是目前有些企业还没有建立研发投入的长效机制。

首先，企业自身要提高对技术创新重要性的认识，处理好当前利益与长远持续发展的关系，将研发投入纳入企业发展的中长期规划和年度预算体系之中，积极建立企业研发专项资金等制度，形成科技研发投入持续稳定增长的长效机制。比如，贝尔实验室系统内建立了"研发经费与销售收入挂钩"的机制，以销售收入的 4%～5% 作为研发经费。海信集团在 2002 年的《海信研发工作纲要》中便确定了研发投入增长要高于公司业务规模增长速度的方针，以此保证了研发经费的投入[②]。因此，研发经费投入不仅仅是量的增加，更重要的是研发投入的制度化和规范化建设，只有这样，才能使企业技术创新主体地位有经费上的保障。其次，健全多元化科技投入体系，保障财政科技投入稳定增长，发挥政府财政性资金的引导和催化作用，通过设立科技创新与成果转化专项基金等，引导企业增加对研究开发经费投入，确立企业技术创新投入的主体地位。健全多元化科技投入体系还要发挥金融资本的杠杆作用，吸引、鼓励社会

① 张璇. 国有企业创新激励的影响因素及制度设计研究[D]. 合肥工业大学博士学位论文，2013.
② 孙健，葛文红. 海信的自主创新保障机制[J]. 企业管理，2007，（6）：33-34.

资金进入国有企业，充分发挥资本市场在创新资源配置中的作用，完善股权投资链，大力发展风险投资，推动国有企业加大科技研发投入，分散技术创新风险，提高科技创新产业化能力。

3. 实施品牌战略，加强品牌建设

加强品牌建设是赢得竞争优势的必由之路，也是培育世界一流企业的战略选择。近年来，虽然我国企业包括国有企业也出现了不少优秀品牌，像进入世界 500 强品牌的海尔、青岛啤酒，在国内外已经有了较高的知名度，但是整体来看，与世界一流企业相比，还有很大差距。因此，国有企业要想做优做强，仍然要不断提升企业的品牌价值和文化影响。

第一，要发扬工匠精神，把质量放在第一位。十年磨一剑，做细做精每一道工序、每一件产品，踏踏实实地把产品和服务做好。更加注重标准建设，增强企业标准话语权。第二，加强自主创新，突出特色。从客户需要出发，着眼引领市场，提高研发设计能力，努力做到"人无我有"、"人有我优"，加快形成核心竞争力。第三，品牌建设与企业和产品在产业链上的位置有关，越是处于产业链高端的企业和产品，越能把企业和产品的个性化、特色化显示出来，越容易出品牌，并且也越不容易被照抄照搬，因此，应当把更大的精力、更多的资源集中在最终产品上。第四，拓展品牌营销传播渠道。因此，要抓住各种有利时机，充分利用各种媒体媒介，广泛传播品牌形象，传递品牌价值。

二、进一步完善创新体制机制是提高国有企业创新能力的基础

要想增强国有企业的技术创新力度，必须要借助于制度创新对技术创新的推动作用，因此在强调技术创新的同时，也要注意制度的创新和完善。

1. 完善国有企业的创新激励机制和考核机制

首先对于技术创新人员来讲，应当保障科研人员能够从所取得的创新成果中获益，尤其应将创新成果给企业带来的长期收益与科研人员的长期福利

联系在一起。应当尽快落实《中共山东省委 山东省政府关于深入实施创新驱动发展战略的意见》中的规定，提高科研人员成果转化收益，落实科研人员股权激励。对于企业负责人来讲，应当尽快落实中长期激励机制，对于有突出贡献的企业负责人，适当给予股权激励，更有利于企业的长远发展。其次，对于国有企业技术创新的考核，可以通过建立一系列指标体系测算技术创新对企业的贡献率来进行。例如，为鼓励企业的研发投入、创新转型以及跨国经营，在对国有企业经营者业绩考核时，对企业符合条件的研发投入、创新转型费用、境外投资项目费用，均视同于利润[①]。

2. 建立支持国有企业改革创新的容错机制

应当建立支持国有企业改革创新的容错机制，激发企业员工的积极性、主动性、创造性。比如，在国有企业进行考核评价和经济职能审计时，由于客观因素而使得改革创新项目没有达到预期目标的，在评价和审计时不作负面评价；并且应当鼓励企业把宽容失败这样的容错机制纳入企业章程，激励企业员工勇于创新。

三、加快推进国有企业科技资源整合是提高创新能力的关键

国有企业要充分认识当前开放式创新的趋势，重视利用外部科技资源，通过开展项目合作、共建研发实体等各种形式的产学研合作以及产业技术联盟等，广泛吸收外部资源，并与内部创新资源进行更高水平的整合。

1. 建设高水平的研发平台

高水平的研发机构是企业创新的源泉，是企业核心竞争力的代表[②]。国有企业作为各行业的龙头企业，具备一定的技术经济实力，企业经营活动的很多环节都需要技术创新活动的支持，因此企业建立高效的研发平台是增强企业

---

① 姜静. 上海"三个视同于"国资新政对青岛国企创新转型的启示[J]. 甘肃科技，2015，（8）：7-8.
② 马丽，张超，王有志. 江苏省企业研发机构建设情况与对策研究——基于大规模企业研发机构建设情况调查问卷[J]. 特区经济，2015，（12）：32-35.

创新能力的关键。2015 年，山东省拥有研发机构的国有及国有控股企业占比仅为 16.5%，且存在研发机构水平不高的问题。因此，山东省国有企业应当从战略高度认识建立高水平研发机构的重要性，形成具有自主知识产权的核心技术和核心产品开发能力。

首先，鼓励、引导、支持创新能力强、研发水平高的企业建立独立工程技术研究中心、技术中心、重点实验室、工程实验室、博士后工作站、院士工作站、海外高层次人才引进计划（简称"千人计划"）工作站等研发机构，建成一批具有高标准研发水平的企业研发机构，不断改善研发条件，培养和引进高层次人才，提高自身创新能力。其次，加快企业内部科技资源整合，形成基础研究、应用研究、技术开发相配套的有层次的研发机构。比如，三一重工以国家级技术中心为依托，建成辐射上海、北京、沈阳等地的两级研究机构，总部负责新技术的拓展与研发、技术标准的制定与实施，收集国际前沿领域的新技术，开拓新的产业领域；二级研究院围绕当前生产经营，做好传统产品的设计、转化和服务，以及新开发项目的实施。最后，鼓励建立海外研发机构。鼓励企业"走出去"，采取并购、收购或直接投资等方式建立海外研发机构，积极融入全球研发体系，吸引境外优秀科技人才，就地消化吸收国外先进技术，提高国际竞争力。例如，海尔已经在美国、欧洲、日本等国家和地区建立五大研发中心，各大研发中心纵横连线、协同交互、利益共享，共同组成了紧密的资源生态圈[①]。

2. 聚集人才资源，强化人才资源优势

鼓励企业引进和培育高层次人才，不断壮大企业人才队伍。一方面，鼓励企业继续培养本企业人才，在内部做到人才资源优先开发、人才结构优先调整、人才投资优先保证、人才制度优先创新；另一方面，更要引导企业充分利用企业研究生工作站、博士后工作站、"千人计划"工作站等机构，结合自身需求，选拔及引进高层次人才，充分发挥高层次人才双创的引领作用。支持企业加强国际合作交流，与国外高校共建人才工作站，通过并购、收购等方式在

---

① 张双. 海尔：从"走出去"到"走上去"[J]. 中国品牌，2015，（12）：34-35.

海外设立企业研发机构，作为吸引海外人才的基地。提高人才待遇，鼓励和引导企业建立有效的人才激励机制，奖励在科技创新和成果转化应用中做出突出贡献的人才，充分发挥其科技创新能力，从而提升企业创新能力。

3. 加强资源整合，与高校、科研机构组建产业技术创新战略联盟

产业技术创新战略联盟是指企业、大学、科研机构或其他组织机构，以企业的发展需求和各方的共同利益为基础，以提升产业技术创新能力为目标，以具有法律约束力的契约为保障，形成联合开发、优势互补、利益共享、风险共担的技术创新合作组织。国际经验表明，产业技术联盟是企业利用产学研合作推动创新的一种有效形式，也是引领产业发展的重要手段，能够大幅度降低产业技术创新成本，提高产业核心竞争力。近年来，中国企业特别是国有企业作为产学研合作的引领者，在积极参与产业技术联盟建设方面取得了一定成果。例如，2016年由中远海运重工有限公司等7家海洋工程装备制造骨干企业发起的中国深远海海洋工程装备技术产业联盟成立，集合我国海工装备"产学研用融"产业链上的优质资源，将深入推动深海海工装备技术进步和产业化①。因此，山东省国有企业应当积极参与产业技术创新联盟的组建。首先，国有企业应当在参与产业技术联盟建设方面起到引领作用，围绕山东省重点发展领域和各地资源及产业优势，构建各种形式的产业技术联盟。其次，要围绕整个产业链的技术创新需求，着力打造有效衔接的产业技术联盟。产学研合作不能满足与解决单个技术问题，而是要围绕整个产业链进行技术创新。例如，为打造时分同步码分多址（time division-synchronous code division multiple access，TD-SCDMA）产业链，我国政府组织上下游企业组建 TD-SCDMA 产业联盟，形成了覆盖系统、终端、芯片、仪器仪表、软件、配套设备在内的完整产业链，大大缩短了 TD-SCDMA 的产业化周期。最后，在新形势下，还应当着力打造跨行业、跨领域的综合性产业技术联盟。如奥迪、宝马、戴姆勒、爱立信、华为、英特尔、诺基亚及高通于 2016 年 9 月成立"5G 汽车联盟"，着眼于开

---

① 中远海运等 7 家海洋工程装备制造骨干企业发起产业联盟[EB/OL]. http://www.xinhuanet.com//fortune/2016-12/28/c-1120205735.htm[2016-12-28].

发、测试、推动用于自动驾驶、业务泛在接入、智慧城市整合及智能交通等应用的通信解决方案，以满足人们对社会移动互联与道路安全的需求①。

四、培育有利于创新的社会环境是提高国有企业创新能力的保障

1. 营造有利于企业创新的政策环境

首先，深化科技体制改革，推动政府职能从研发管理向创新服务转变。实施创新驱动发展战略，需要发挥广大科技工作者和企业家才能，释放全社会的创新活力，因此对政府在科技和创新管理中的职能提出了新要求。根据调查，山东省高新技术企业在所得税减免、科技开发用品免征进口税政策等税收政策上门槛较高，普惠性不够，不能起到应有的作用②。此外，部分企业认为政策的吸引力不够、办理手续烦琐、政府部门政策执行力度不够，因此，必须加快转变政府职能，切实纠正创新工作中行政干预过度、管得过多过细的弊端，为企业创新营造良好的环境。对接经济社会发展重大需求和创新活动的部署、引导，发挥企业在技术创新中的主体地位。

其次，要重点完善鼓励和支持企业创新的财税政策、金融政策、人才政策和政府采购政策，并加大科技投入，减少创新风险，为企业创新创造良好的政策环境。例如，江苏省支持企业加快建设高水平研发机构，对于承担国家级平台建设任务或引进的研发总部，最高都可以得到3000万元的支持；对于新型研发机构，最高给予1亿元的财政支持；对于国有企业，落实国有企业技术开发视同利润的鼓励政策，将其从管理费中单列，不受管理费总额限制。美国运用政府采购政策推动和扶持本国技术创新，例如《购买美国产品法》和《联邦采购法》都针对创新技术和产品进行采购规定，各政府机构凡是使用纳税人的钱采购的产品，要优先采购纳税人办的企业生产的创新产品。因此，美国的航

---

① 通讯及汽车产业合作伙伴组成跨行业全球5G汽车联盟[EB/OL]. http://www.cnii.com.cn/industry/2016-09/27/content_1783776.htm[2016-09-27].

② 李晓力，周勇. 不同规模工业企业创新活动对比研究——基于山东企业创新调查数据[J]. 科学与管理，2016，36（1）：13-21.

天航空技术、计算机、半导体的建立和发展，很大程度上依靠了政府采购的推动力。

2. 培育有利于企业创新的文化环境

首先，增强创新意识，培育企业家创新精神。企业家的创新意识、创新精神越强，企业就越会积极把握创新机遇，并进行主动的创新活动[①]。我国最具创新活力的企业，如华为、中兴、格力电器、海尔、海信等，一个共同的特点是企业的领导人都是创业者。尽管国有企业的负责人不是纯粹的企业家和创业者，但是企业家创新精神的培育更显重要，是国有企业率先成为自主创新主体要重点解决的问题。培育一批有创新精神的企业家，首先要强化企业家的创新意识，将企业创新摆在公司发展的战略位置，充分认识创新的重要性和必要性。其次，要强化企业家的忧患意识和危机意识，时刻感受到市场的波动，不断保持危机意识，真正将创新作为公司生存的必要条件，具有采取行动和实施创新的紧迫感。

其次，构建浓厚的创新文化氛围。企业应当进一步提高创新管理水平，在企业文化中培育企业创新文化，在企业内部鼓励创新，从而使得企业人力资本获得最大的主动性和能动性。①将创新文化纳入企业的宗旨和战略中，通过战略制定企业创新活动的目标和任务。②完善创新管理制度，通过制定人才引进、使用、激励制度为科技人员的创新和发展创造良好的动力源泉。例如，明尼苏达矿务及制造业（Minnesota Mining and Manufacturing，3M）公司拥有多样的创新激励机制，公司每年将销售收入的7%投入技术和产品研发，用来支持公司的合理创意或尝试，并设置很多荣誉称号及奖项来激励员工[②]。③根据企业发展情况，弘扬创新精神，尊重个体的创新思维，推崇民主、和谐、生动、活泼的管理方式，在企业员工中形成有利于创新的氛围，鼓励敢于挑战权威、解放思想、勇于创新、宽容失败、探索真知的精神。

---

①　于骥. 企业技术创新的内驱力研究[J]. 学习与探索，2007，（6）：173-175.
②　陈世平. 软件企业研发人员激励机制研究——以华为技术有限公司为例[J]. 中国人力资源开发，2005，（4）：63-68.

第四节 保障措施

一、政府促进的引导机制

围绕国有企业科技创新能力提升，由政府主导研究并制定具有突破性的综合改革相关政策，并配套出台操作性强的实施细则，构建完整的政策体系，明确部门责任，建立奖惩机制；设计提升国有企业创新能力建设重点任务，尤其是与产业转型升级相符合的创新驱动发展规划，优化创新环境，破除一切制约创新的思想障碍和制度藩篱；强化企业在创新中的主体地位，发挥企业增加研发投入、开展研发活动、加快成果转化中的主导作用；优化人才培养、引进和使用制度，加速集聚双创领军人才；鼓励国有企业创新平台建设，实现研发机构全覆盖；统筹各类创新资源，加强国有企业进行产学研合作创新的政策支持；细化和完善创新能力评价指标体系，公布企业创新情况综合排名。

二、市场主导的要素配置机制

坚持以市场需求为创新导向，把握技术创新、成果转化的市场规律。以市场机制、改革手段推动创新资源向重点行业、优势企业、优秀企业家团队集聚，加速创新成果转化为市场效益。支持企业联合高校、科研院所和其他组织建立产业技术创新联盟；鼓励培育专业化支持系统，支持信用、法律、知识产权、管理和信息咨询、人才服务、资产评估、审计等各类专业服务组织发展；支持社会组织开展经济技术交流与合作，制定标准，帮助企业开拓国际市场，进行品牌推广，承担法律、法规授权或者政府委托的工作；鼓励企业自行或者联合高校、院所在境内外设立研发机构和成果转化中心；鼓励发展各类专业科技中介机构，为国有企业产学研合作提供全方位服务；鼓励国有企业产学研合作中金融支持体系的发展，解决国有企业技术创新中的资金支持问题。

三、产业支撑的自我运行机制

根据山东省区域功能定位、资源禀赋和发展基础，细化区域重点发展产业，布局重大项目，支持形成重点突出、特色鲜明、优势互补的产业集群发展格局；加大国有资本布局结构调整力度，推动国有资本向自主创新核心产业集聚。鼓励引导企业加快退出缺乏竞争优势的行业领域，加快培育形成技术含量高、具有核心竞争力的产业体系。引导国有创业投资和股权投资主体积极参与战略性新兴产业、高技术产业、具有良好发展前景的产业、技术密集型企业及积极发展自主核心技术企业的投资，发挥国有资本的引导与杠杆作用，引导社会资本参与自主创新。集成省属国有企业内部创新资源，优化自主创新核心产业链，加快培育一批核心竞争力强、技术先进、产业链优势明显的创新型骨干企业。支持省属国有重点企业整合国有资本系统创新资源组建创新平台。

四、政策落实及考评机制

通过深入研究，积极推进全省提升国有企业创新能力的政策创新，尤其是围绕研发机构建设、研发投入、承担国家和省市科技计划项目、科技成果转化等工作的开展情况，细化和完善创新能力评价指标体系，建立动态实施机制，通过年度计划分解落实主要指标和重点建设任务；实行自主创新考核加分。根据每年公布的企业创新情况综合排名，对排名靠前和进步明显的企业进行考核单项加分，并在薪酬分配时对相关企业负责人给予倾斜。

下　篇
山东省双创发展指数评价

自"大众创业、万众创新"口号提出以来，全国各地积极响应国家号召，纷纷出台双创扶持政策，政府创业基金的设立，众创空间、科技企业孵化器等双创服务平台的优惠政策，对小微企业的税收支持，创新投贷联动、股权众筹等融资方式，各种层次的人才计划和人才政策，都为双创创造了良好条件，加强知识产权保护为双创活动的开展提供了保障。山东省积极引导大众双创，同时出台一系列配套措施，最大限度激发群众创新潜力、创业活力，培育经济社会发展新动力。

"山东省双创发展指数评价"作为《山东省创新发展指数评价研究》的下篇，坚持以区域创新体系理论为指导，利用大量的研究统计数据，结合实地调研考证，权威性、综合性、动态地对山东省 17 市的双创活动进行分析比较，旨在建立适应新形势发展需要的统计调查体系，全面、及时反映各区域的双创活动，为地方政府了解本地区的双创情况提供量化依据。

本篇采用双创活力、双创成效、双创支撑、双创环境四个一级指标，以创业主体、创新活动、人才资源、创新成果、带动就业、融资、服务平台、经济基础、政策环境为二级指标确定指标范围，选取 23 个三级指标构建指标体系，衡量各市双创活动全方位的情况。通过评价，对山东省双创活动的基本情况进行客观反映，一方面反映各市双创基本情况和相关政策的落实效果，为监测和把握地方双创发展动态，制定和完善支持政策提供重要参考；另一方面凸显出山东省双创活动的薄弱环节和短板，为地方双创主体调整和优化创新发展思路及工作方式，推动创新驱动发展战略，实施新旧动能转换提供决策参考。

作为评价的补充和延伸，本篇分别以济南市新旧动能转换先行区和科技成果转移转化作为切入点，从某个具体市和与双创密切相关的某个方面入手，探讨山东省双创政策成效及提升路径，指标评价与具体实践相结合，丰富研究体系及内容，提高研究的科学性。

第一节　开展双创发展指数评价的意义

当前经济形势下，"大众创业、万众创新"已成为我国社会经济发展的重要战略，双创是我国经济实现创新驱动发展的重要举措，也是常态化、战略化的目标。随着双创理论与实践的不断完善，双创评估研究也日益丰富。李克强同志 2016 年在考察成都菁蓉创客小镇时提出：把新经济指数和双创指数做成决策重要参考依据。国家信息中心大数据创新创业（成都）基地负责人王亚松认为，"对一座城市而言，双创发展指数的意义就是对其创新创业现状的动态化指数评估，也因此它将成为政府决策的重要参考依据"。因而，开展双创发展指数研究，尤其是区域双创发展指数评价能够在科学的计量和分析方法基础上全面、及时反映区域双创活动，反映各区域双创基本情况和相关政策的落实效果，为监测和把握地方双创发展动态，制定和完善支持政策提供重要参考和量化依据，同时双创发展指数评价的结果可以揭示出区域双创活动的薄弱环节和短板，为地方双创主体调整和优化创新发展思路及工作方式，推动创新驱动发展战略，实施新旧动能转换提供决策参考。

山东省是东部沿海经济大省，但传统产业转型升级及新兴产业培育面临的压力较大。作为创新主体，山东省企业在创新规模和水平等方面都存在较大的不足，这些不足成为制约创新驱动及创新型省份战略顺利实现的关键因素。在创新型省份建设、新旧动能转换重大工程实施背景下，开展双创活动是山东省实现创新驱动发展的必由之路。在这一背景下，构建符合山东省区域双创活动特征的指标体系，对山东省双创发展情况进行系统评价，全面掌握双创发展状况及存在的关键问题，从而为相关部门科学决策提供有力支撑，具有极强的理论及现实指导意义。

第二节 双创发展指数评价的国内外研究

一、国外研究现状

国外已有对双创的评估研究通常分为创新和创业两个维度，罗晖等学者对目前国际认知度较高、应用范围较广的双创调查和评价进行了梳理汇总，如表 5-1 所示。[①]

表 5-1 国际双创评估指标

创新	创业
全球创新指数	全球创业观察
欧盟创新指数	全球创业指数
硅谷指数	营商便利度
世界知识竞争力指数	考夫曼创业活动指数

---

① 罗晖，李慷，邓大胜. 中国"大众创业、万众创新"监测指标研究[J]. 全球科技经济瞭望，2016，31（1）：17-30.

（一）创新研究

1. 全球创新指数[①]

全球创新指数（global innovation index，GII）由康奈尔大学、欧洲工商管理学院和世界知识产权组织（World Intellectual Property Organization，WIPO）的研究团队合作设计和构建。该评估指数立足于全球视角，目的是系统评估各经济体的创新效率，自 2007 年起以年度报告形式发布。

全球创新指数共设五个投入参数（机构、人力、常用与 ICT 基础架构、市场复杂度、业务复杂度）以及两个产出参数（科学与创新成果、健康要素），指标体系由 2 个一级指标、7 个二级指标、21 个三级指标和 81 个四级指标构成。报告中将创新投入和创新产出指标值的平均值定义为全球创新指数值，将创新产出与创新投入的比值定义为创新效率。创新投入以创新机制、人力资本与研发、基础设施、市场成熟度和企业成熟度 5 个角度进行测量，而创新产出以知识和技术产出、创意性产出 2 个角度加以度量。通常情况下，指标体系的一、二、三级指标基本不变，四级指标会依据数据基础、社会现实等情况进行相应的调整和修正。

2. 欧盟创新指数[②]

欧盟创新指数（European innovation scoreboard，EIS）随《欧盟创新能力记分板》[③]系列报告发表。该评估指数立足于对欧盟成员创新表现情况进行评估，随着研究的深入，在此基础上对欧盟与全球经济竞争对手在创新领域的差异进行测量和比较。

欧盟创新指数评价指标体系最终确定于 2014 年，是总结创新研究系统优劣势的定量指标。指标体系涵盖创新动力、企业活动、创新产出 3 个维度。创新动力从人力资源、研究体系和财政支持 3 个角度进行评价，企业活动从企业投入、企业合作和企业资产 3 个角度进行评价，创新产出从创新行动和经济效率 2 个角

[①]　Cornell University，INSEAD，WIPO. The Global Innovation Index 2014：The Human Factor in Innovation[R]. Fontainebleau，Ithaca，Geneva，2014.

[②]　Hollanders H，Es-Sadki N，Kanerva M. Innovation Union Scoreboard 2015[R]. Belgium：European Union，2015.

[③]　《欧盟创新能力记分板》系列报告由欧盟委员会创新能力记分板项目组负责，自 2001 年起以年度报告形式发表。

度进行评价。该指标体系共包含 25 个次级指标，通过构建多维度的指标体系评估欧盟内部经济体的创新表现。2015 年，欧盟创新指数报告对 2014 年的指标体系进行了调整，采用创新推动力、企业活动、创新产出 3 个一级指标、7 个二级指标和 12 个三级指标，对包括欧盟在内的 11 个经济体的创新表现了进行评估。

3. 硅谷指数[①]

硅谷指数是由硅谷联合投资（Joint Venture Silicon Valley）及硅谷社区基金会（Silicon Valley Community Foundation）发布的年度系列报告。该指数关注的是硅谷在发展过程中遇到的经济、健康等多方面问题及挑战，以为政策制定者提供数据基础为目标。

硅谷指数指标体系包括人口、经济、社会、空间、地方行政 5 个一级指标。其中双创属于经济指标下的二级指标，共包含 8 个子指标，分别为增值、专利、风险投资、清洁技术、天使投资、首次公开募股（initial public offerings，IPO）、兼并和并购、无雇员企业。硅谷指数对双创情况的评估采用了一些国内评价指标体系未涉及的指标。例如，增值指标，其目的是基于穆迪经济网提供的数据分析每位员工的年度增加值；IPO 指标，关注国际企业在美国的 IPO 定价，数据来源于美国市场研究公司复兴资本（Renaissance Capital）；兼并和并购指标，数据来源于美国 FactSet 研究系统公司，关注兼并和并购交易比例、参与方式等；无雇员企业指标，数据来源于美国人口普查局，基于已有数据分析无雇员企业数量及增长率、无雇员企业的行业分布等。

4. 世界知识竞争力指数[②]

世界知识竞争力指数（world knowledge competition index，WKCI）由英国罗伯特·哈金斯协会提出，自 2002 年起以不定期形式进行发布。该指数旨在评估全球各经济体的竞争力。

世界知识竞争力指数指标体系涵盖人力资本、知识资本、金融资本、区域

① Silicon Valley Institute for Regional Studies. Silicon Valley Index 2015[R]. Silicon Valley，2015.

② Huggins R，Izushi H，Davies W，et al. World Knowledge Competitiveness Index 2008[R]. Cardiff：Centre for International Competitiveness，2008.

经济产出、知识可持续性发展能力 5 个维度，包含 19 个指标，以全球 145 个主要都市（圈）作为评估对象，测定这些区域的知识竞争力指数并据此排定名次。

（二）创业研究

1. 全球创业观察[①]

全球创业观察（global entrepreneurship monitor，GEM）由美国巴布森商学院、智利发展大学、马来西亚敦阿都拉萨大学等机构联合赞助发行，以年度系列报告的方式进行发布。目前，该报告已经成为世界各国人士认识创业活动、环境、政策等创业问题的重要信息来源。

全球创业观察将个人、团体或企业在创办新企业或开展新业务方面的任何尝试都称为创业。其评估的指标体系如图 5-1 所示。

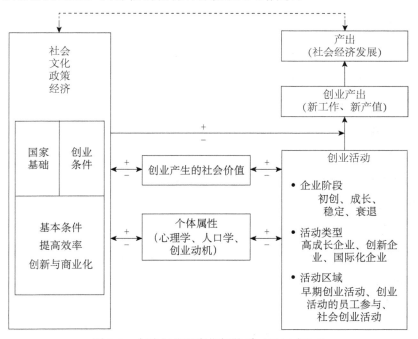

图 5-1　全球创业观察指标体系（2014 年）[②]

---

① Singer S，Amoros J E，Moska D，et al. Global Entrepreneurship Monitor 2014 Global Report[R]. Babson College，Universidad del Desarrollo，Universiti Tun Abdul Razak（UNIRAZAK），Tecnológico de Monterrey，2014.

② 罗晖，李慷，邓大胜. 中国"大众创业、万众创新"监测指标研究[J]. 全球科技经济瞭望，2016，31（1）：17-30.

其中需要说明的是，基本条件指标包括机构、基础设施、宏观经济稳定、健康与基础教育 4 个方面；提高效率指标包括高等教育、货品市场效率、劳动市场效率、金融市场成熟度、技术就绪水平、市场规模 6 个方面；创新与商业化指标包括创业金融、政府政策、政府创业项目、创业教育、研发转化、内部市场开放性、创业硬件设施、创业软件设施、文化与社会规范 9 个方面。在该指标体系中，创业产生的社会价值指标包括创业是否是好的职业选择、创业者是否享有较高的社会地位、媒体对创业的关注和态度 3 个方面。个体属性指标包含心理学、人口学和创业动机 3 个方面，其中，心理学指标指个体对机会的感知能力、个体对自身创业能力的感知、个体的失败恐惧感；人口学指标包括性别、年龄和地理位置；创业动机指标包含需求型创业、机会型创业和创新驱动创业。

2. 全球创业指数[①]

全球创业指数（global entrepreneurship index）是 2015 年由全球创业与发展指数（global entrepreneurship and development index）更名而来，自 2010 年起每年由全球创业发展研究所（Global Entrepreneurship and Development Institute，GEDI）发布研究报告。

GEDI 认为，在创业研究中，商业模式的变化与发展是非常重要的环节，而包括 GEM 在内的现有创业研究未能有效识别和测度创业过程中商业模式的变化，由此，GEDI 构建了全球创业指数，通过定性定量相结合的方法，对全球各国家的商业模式进行测度。2015 年报告中进一步明确，全球创业指数以测度国家创业生态系统的效率为目标，并试图探索阻碍创业生态系统形成与发展的因素。

全球创业指数指标体系包括 3 个一级指标、14 个二级指标和 28 个三级指标。指标的选取基于对创业的定义，即创业是创业态度、创业活动和创业愿景动态交互作用下发生的一种行为，而创业态度、创业能力和创业愿景会随着社会经济发

① Acs Z J，Szerb L，Autio E，et al. Global Entrepreneurship Index[R]. Washington，D.C.：The Global Entrepreneurship and Development Institute，2015.

展水平的变化而变化，因此，选取的评估指标要具备复杂性、差异性、二重性、可获得性。全球创业指数提供评估的全球排名，并进一步对区域排名进行分析。

3. 营商便利度[①]

营商便利度（ease of doing business，EODB）排名由世界银行随其系列年度营商环境报告发布。该排名旨在通过定量排序的方法测度及比较全球多个经济体的营商环境，进而探索改变营商环境的关键因素。

营商便利度指标体系由 2004 年的创业、劳动力市场监管、执行合同、解决破产、获取信贷五部分不断扩充和完善而来。2015 年指标体系确定为监管复杂性及成本、法律强度两部分，其中监管复杂性及成本通过创业、办理施工许可证、获得电力、财产登记、纳税、跨境交易 6 个方面进行测度，法律强度通过获取信贷、保护少数投资者、执行合同、解决破产、劳动力市场监管 5 个方面进行测度。指标体系还将随环境变化和数据获得情况进行陆续的扩展及完善。

4. 考夫曼创业活动指数[②]

考夫曼创业活动指数（Kauffman index of entrepreneurial activity）由考夫曼基金会赞助，自 1996 年起以年度指数报告形式发布。该指数报告关注美国境内创业活动情况，是美国境内首个利用大规模数据，从城市、州和国家 3 个视角追踪分析创业活动的指数。

考夫曼创业活动指数指标体系由新增企业家、机会型创业、创业密度 3 个主要的指标构成。其中，新增企业家即 3 年内平均每月成为创业者的成年人比例，指标数据来源于美国人口普查局和劳工统计局共同组织的当前人口普查（current population survey，CPS）；机会型创业指标是用新增创业者中在创业前有正式工作的人口比例来测度机会型创业占比，指标数据来源于 CPS；创业密度即新增雇主占总人口比例，指标数据来源于美国人口普查中的企业动态统计（business dynamics statistics，BDS）。

---

① World Bank Group. Doing Business 2015：Going Beyond Efficiency[R]. Washington，D.C.：The World Bank，2015.
② Morelix A，Fairlie R W，et al. The Kauffman Index 2015：Startup Activities[R]. Ewing Marion Kauffman Foundation，2015.

二、国内研究现状

国内对双创的评价研究通常不具体区分创新和创业活动，一般用双创来概括。目前国内影响力较大、连续性较强的双创发展指数评价有中国科学技术协会创新战略研究院发布的双创监测指标研究、成都大数据中心发布的全国双创发展指数、中国科学院科技战略咨询研究院和 36 氪联合发布的全国双创发展指数、重庆科技发展战略研究院发布的重庆区县双创发展指数报告等。这几个双创发展指数各有特点和侧重，通常使用不同的指标体系和测算方法。其中，重庆区县双创发展指数立足于重庆 38 个区县，对其双创发展指数进行季度性发布。结合本研究的目的，以中国科学技术协会创新战略研究院的双创监测指标研究和重庆区县双创发展指数报告为例，分别呈现国内对全国双创评价的研究和对地区性区域双创情况的评价研究。

1. 中国科学技术协会双创监测指标研究

中国科学技术协会创新战略研究院罗晖、李慷、邓大胜等对中国双创情况进行评价研究，构建了"中国双创活跃程度评估指标体系"。该指标体系参考全球创新指数、考夫曼创业活动指数、硅谷指数、欧盟创新指数中的部分指标，结合中国实际，构建双创活力指标体系；参考全球创业指数、营商便利度中的全员早期创业活动、全球创新指数中的部分指标，结合双创实践，构成双创信心指标体系；结合全球创业观察、营商便利度中的部分指标，结合中国实际，构建双创环境指标体系，最终以评估"大众创业、万众创新"活跃程度为目标，构建了由双创活力、双创信心和双创环境 3 个一级指标、8 个二级指标及 17 个三级指标构成的"中国双创活跃程度评估指标体系"（表 5-2）。

表 5-2　中国双创活跃程度评估指标体系①

	一级指标	二级指标	三级指标
双创活跃程度	双创活力	就业活力	新增就业数
			新增就业同比增幅
		市场活力	每万人新增市场主体
			新增市场主体同比增幅

① 罗晖，李慷，邓大胜. 中国"大众创业、万众创新"监测指标研究[J]. 全球科技经济瞭望，2016，31（1）：17-30.

续表

	一级指标	二级指标	三级指标
双创活跃程度	双创活力	创新活力	每万人国内发明专利受理量
			R&D 经费投入强度
	双创信心	科技工作者双创信心	政策知晓率
			创业意愿
			创业氛围
		大学生双创信心	政策知晓率
			创业意愿
			创业氛围
		专家双创信心	政策落实进展
	双创环境	经济基础	人均 GDP
		社会关注	创新类词汇搜索量
			创业类词汇搜索量
			政策类词汇搜索量

2. 重庆区县双创发展指数报告

重庆科技发展战略研究院区县双创发展指数报告研究小组以重庆各区县开展"大众创业、万众创新"活动的实际效果为主题,构建"双创活跃度评价指标体系",并对全市各区县的双创发展指数进行测算,按季度发布双创发展指数报告。重庆区县双创发展指数报告以引导全社会营造"大众创业、万众创新"的环境和氛围为导向,以评价各区县推进双创的基础及潜力为目标,在借鉴国内外有关创业创新评估指标体系基础上,构建指标体系。该指标体系包括双创活力、双创环境、双创成效 3 个一级指标、8 个二级指标和 15 个三级指标(表 5-3)。

表 5-3　重庆区县双创发展指数报告评价体系

一级指标	二级指标	三级指标
双创活力	企业活力	新注册企业数
		新注册企业数环比增长率
	新型双创载体	众创空间数量
	人才活力	地区 18 岁以上经济活动人口占总人口比例
		城镇新增就业人数
双创环境	经济基础	人均 GDP
		R&D 经费占 GDP 比重
	社会关注度	创新类词汇搜索量

续表

一级指标	二级指标	三级指标
双创环境	社会关注度	创业类词汇搜索量
		政策类词汇搜索量
	政策环境	知识产权侵权保护程度
双创成效	创新成果	万人发明专利拥有量
		科技成果登记数
	就业潜力	新增招聘岗位数
		新增招聘岗位环比增幅

以上两种评价的指标体系都考虑了社会关注度指标，通过大数据手段，采用关联规则和聚类等挖掘和建模方法筛选海量数据，对民众创新、创业、政策类词汇搜索量进行收集分析，得出社会对双创的关注程度，以此判断区域的双创氛围。中国科学技术协会的双创监测指标中还采用了双创信心一级指标，分别对大学生、科技工作者、专家的双创信心进行分析，其三级指标为政策知晓率、创业意愿、创业氛围。社会关注度和双创信心指标为定性指标，与来自统计局的定量数据相结合，既体现了数据来源的广泛性和全面性，又使评价结果更具客观性。就双创两个维度而言，以上两种评价的指标体系构建都更倾向于创业维度，创新维度的权重较低，对创新活动的关注略有不足。

三、评价方法

目前针对双创的评价指标体系及方法并未形成统一的意见，围绕双创评价，目前国内外学者及实际工作者探索出多种评价方法。山东省科技发展战略研究所徐立平等学者，对企业创新能力评价指标体系进行了研究，对现有评价方法进行总结梳理发现，将 90% 以上的中文文献采用的方法归纳为 8 类，并对每种方法的优势和不足进行了分析，具体如表 5-4 所示。

表 5-4 评价方法比较[1]

方法	优势	不足
层次分析法	由于影响技术创新的因素有很多，所以使用该方法容易根据过程能力模型将诸多因素分出层次，逐层进行分析，并最终综合成一个综合结果，处理上直观简单，结果逻辑清晰	需要专家打分来确定各指标权重，对打分者的专业素养及实际经验要求较高，主观性较强

---

[1] 徐立平，姜向荣，尹翀. 企业创新能力评价指标体系研究[J]. 科研管理，2015，（S1）：122-126.

续表

方法	优势	不足
回归分析	在各种创新影响因素和创新绩效之间进行回归分析，论证各因素的影响作用	适合经济学分析，对数据的时间序列性要求较高
灰色关联分析	对样本数量要求不高，数据分布类型不限，因素之间变化关系是否呈直线关系均可	分别系数的选取主观性较大，比较序列曲线空间位置不同以及因素权重归一化而影响关联度，取平均值关联度又影响评价准确性
模糊综合	可以依据各类评价因素的特征，确定评价值与评价因素值之间的函数关系	需要通过专家打分的方式构成评价组，主观因素影响大
主成分分析	根据数据分析得出指标之间的内在结构关系，避免了指标权重的主观性	依赖于原始变量，当原始数据本质上都独立时，难以用少数综合的变量进行概括
BP 神经网络	实现了从输入到输出的映射，且数学理论已经证明它具有实现任何复杂非线性映射的功能，特别适合于求解内部机制复杂的问题	受选取学习样本的数量和质量的影响，该方法的学习能力和学习效率难以保证
数据包络分析	解决多输出类问题的能力强，且直观、可比性强	要求被评价单元的数目尽量地多，投入和产出指标尽可能地少
因子分析法	每个主因子将原来可能相关的各原始变量进行数学变换，使之成为相互独立的分量，然后再对主因子计算综合评价，从而消除了指标间的相关影响	由于原始变量不同，因子的选取不同，排序可能很不一样

第三节　山东省双创发展指数评价的思路与方法

对双创活动的评价具有一定的特殊性。就山东省 17 市而言，各个市之间存在经济基础、人口、区位、资源等多方面的不平衡，因而双创活动的评价结果也呈现较大的区域差异。本书的侧重点不在于对 17 市评价结果进行排名，而是通过综合评价挖掘各个市双创活动的不足，用指标评价结果反映各市双创政策的制定、实施情况及政策落实效果，以利于双创工作的进一步推进。

本书借鉴了国内外关于双创指数、国家竞争力、《国家创新指数报告》、《全国双创发展指数报告》、创新型城市、重庆区县双创发展指数报告、城市诚信指数等创新评价理论与方法，基于评价目的、评价思路和指标选择原则，从双创活力、双创成效、双创支撑、双创环境四个方面构建山东省双创发展指数的指标体系，形成一套比较系统完整的评价思路和方法。

一、评价目的与思路

1. 评价目的

"大众创业、万众创新"是全国范围内开展的经济活动，旨在通过双创培育和催生经济社会发展新动力，提高地区经济活力和实力，提升创新发展能力，构建综合创新生态体系，进而促进地区经济转型升级，推动山东省新旧动能转换工程的进行。山东省双创发展指数报告通过构建指标体系对山东省 17 市双创情况进行综合评价，力求全面、客观、准确地反映山东省双创活力、双创环境、双创支撑以及双创成效的情况，挖掘 17 市双创的短板和薄弱环节，为全面提升创新能力、激发创业活力提出有效的对策建议，为政府科学决策提供重要参考。

2. 评价思路

双创涵盖创新活动、创业活动，其主要体现为创业企业的开办、创新、发展等情况，同时，基于山东省的实际情况，个体和农合是创业活动的重要主体，其活跃程度也是双创活力的重要反映。双创的进行离不开政府政策、政府投入的支持，离不开合理开放、竞争有序的金融环境，需要支撑服务平台的专门化服务，也需要更好的知识产权司法保护。双创的成果一方面体现为创新活动的直接产出，另一方面体现为双创活动提供的新的就业机会。本书从与双创活动直接相关的双创活力、双创成效、双创支撑、双创环境四个环节选取指标，构建指标体系，对山东省双创情况进行评价。

本书参考《中国区域创新能力评价报告》《国家创新指数报告》创新绩效评价的方法，采用综合指数评价方法，从双创活动过程选择 4 个一级指标；通过选择二、三级指标构建指标体系；再利用综合指标体系对山东省 17 市双创活动总体情况进行分析、比较与判断。

二、指标体系

1. 指标选取原则

（1）权威性原则。本书采用的指标数据基本来自《山东统计年鉴》、《中国科技统计年鉴》、山东省工商数据云平台，以及山东省知识产权局公开的知识产权统计情况等公开数据，确保数据的权威性、准确性、持续性和及时性。

（2）科学性原则。指标的选取在最大程度上反映各市双创情况，并且可以从指标数值判断其发展趋势。同时，指标的设计能够反映政府双创工作的思路和措施，各指标之间具有高度相关性，可以消除相互之间的影响。

（3）实用性原则。评价的目的不是单纯评出名次及优劣，更重要的是引导和鼓励各市向提高双创活力与绩效的方向和目标发展，推动山东省创新驱动发展战略的深入实施。指标选取具有较强针对性，通过指标量化体现未来发展的可预测性。

（4）合理性原则。针对 17 市之间发展基础不平衡的情况，本书设置增长率指标，通过绝对指标与相对指标的结合，判断各市双创活动的基本情况。

2. 指标体系构建

按照上述原则，山东省双创发展指数报告的指标体系由双创活力、双创成效、双创支撑、双创环境 4 个一级指标和 23 个三级指标组成。二级指标作为分类只进行定性描述，不做定量分析（表 5-5）。

（1）双创活力。反映一个市各类市场主体、创新活动以及双创人才情况，包括创业主体、创新活动、人才资源 3 个方面。开办新企业、新个体、农合情况体现地区双创的活跃程度，规模以上工业企业 R&D 经费内部支出情况和各市国内三种专利申请数合计反映了各市创新活动情况，人才驱动是双创的重要支撑，也是衡量双创活力的重要指标。包括 9 个三级指标，其中 5 个为创业主体指标，2 个为创新活动指标，2 个为人才资源指标。

（2）双创成效。反映一个市的创新成果产出能力和双创活动拓展就业空间能力，包括创新成果、带动就业 2 个方面。其中，创新成果衡量的是创新成果产出效率和水平，带动就业是以各类市场主体新增就业岗位和新增就业人口数衡量创业带动就业情况。包括 5 个三级指标，其中，3 个为创新成果指标，2 个为带动就业指标。

（3）双创支撑。反映一个市对双创活动的金融、服务、信息等方面的支撑能力和实力，包括 2 个方面。融资情况反映各市创业企业吸引融资的能力、融资环境、融资规模等，服务平台反映各市双创支撑、孵化、服务能力和水平。包括 4 个三级指标，其中，2 个为融资情况指标，2 个为服务平台指标。

（4）双创环境。主要用来反映各市双创活动的软硬件条件，包括 2 个方面。经济基础反映各市开展双创活动的前提和基础，是双创的硬性条件，政策环境反映各市进行双创活动的政府支持情况，是双创的软性条件。包括 5 个三级指标，其中，2 个为经济基础指标，3 个为政策环境指标。

表 5-5　山东省双创发展指数指标体系

	一级指标	二级指标	三级指标
山东省双创发展指数	双创活力	创业主体	新登记企业数
			新登记企业增长率
			新增个体、农合数量
			新增个体、农合同比增长率
			拟上市及新三板挂牌量
		创新活动	规模以上工业企业 R&D 经费内部支出占规模以上工业企业主营业务收入的比重
			每万人国内三种专利申请数合计
		人才资源	规模以上工业企业 R&D 人员折合全时当量
			当年高校毕业生人数（大专以上）
	双创成效	创新成果	每万人发明专利拥有量
			每万人国内三种专利申请授权数合计
			技术合同成交额
		带动就业	私营企业和个体新增就业人口数
			私营企业和个体就业人口增长率
	双创支撑	融资情况	融资的事件数
			融资的总规模
		服务平台	省级以上众创空间数量
			省级以上科技企业孵化器数量
	双创环境	经济基础	人均 GDP
			R&D 经费内部支出占 GDP 比重
		政策环境	政府双创基金指数
			地方财政科技支出占财政总支出的比重
			知识产权侵权保护程度

三、计算方法

山东省双创发展指数采用的是等权重综合评价法，三级指标经无量纲化处理后，用三级指标直接计算得出每个市双创活动的实际得分，根据与平均分值的关系进行不同运算，得出综合得分，给出排序结果。

1. 三级指标数据处理

无量纲化是为了消除多指标综合评价中，计量单位上的差异和指标数值的数量级、相对数形式的差别，解决指标的可综合性问题。

对三级指标采用直线型无量纲化处理，即

$$y_{ij} = \frac{x_{ij} - \min x_{ij}}{\max x_{ij} - \min x_{ij}} \times 100$$

式中，i=1，2，…，17；j=1，2，…，23。

这样处理的三级指标，其效用值的区域是[0，100]，即该指标的效用值最优值是 100，最差值是 0。

2. 一级指标得分

一级指标得分即将各一级指标下的三级指标效用值相加。

3. 综合得分

综合得分采用基础分加实际得分的计算方式，各市通过三级指标的效用值直接计算得出实际得分，然后在实际得分的基础上进行下列计算，得出 17 市的最终分数，进行排序。

被评价各市综合得分计算方法是

$$得分 = \begin{cases} 60 + 40 \times \dfrac{实际值 - 平均值}{最高值 - 平均值} & 当指标实际值大于等于平均值 \\[3mm] 60 \times \dfrac{实际值}{平均值} & 当指标实际值小于平均值 \end{cases}$$

第一节 基 本 情 况

2016 年山东省 17 市双创发展指数综合排名如表 6-1、图 6-1 所示，从表 6-1、图 6-1 中看，全省双创活动综合得分可分为 4 个梯队。

第一梯队：双创发展指数综合得分 90 分以上，有青岛、济南 2 个市，是山东省双创活动的双中心。

第二梯队：双创发展指数综合得分 60～90 分，有烟台、潍坊、淄博、威海 4 个市，代表着山东省创新能力、创业活力的第二阵营。

第三梯队：双创发展指数综合得分 40～60 分，有东营、济宁、滨州、泰安、菏泽 5 个市，其双创活动各项指标基本都在全省中等水平。

第四梯队：双创发展指数综合得分在 40 分以下，有莱芜、德州、聊城、临沂、枣庄、日照 6 个市，这些市基本都有在全省排名靠后的指标，使其总体得分比较靠后。

表 6-1 山东省 17 市双创发展指数综合得分

城市	双创活力	双创成效	双创支撑	双创环境	综合得分	排序
济南	602.62	354.73	246.17	271.27	96.01	2
青岛	526.82	321.21	315.15	398.17	100	1
淄博	380.18	252.66	71.15	215.62	70.42	5
枣庄	103.53	50.43	35.34	35.31	19.43	16
东营	214.07	160.46	51.98	209.34	55.00	7
烟台	497.12	255.65	132.65	292.12	82.31	3
潍坊	428.56	268.69	104.32	244.41	76.24	4
济宁	298.05	130.42	69.93	111.02	52.71	8
泰安	223.70	108.41	63.88	116.12	44.30	10
威海	261.21	168.93	81.87	232.07	62.32	6
日照	98.48	34.86	31.79	54.50	19.00	17
莱芜	155.99	147.84	0	151.62	39.39	12
临沂	196.97	53.70	24.47	99.25	32.38	15
德州	155.99	114.49	45.92	81.98	34.46	13
聊城	201.38	116.47	3.03	72.96	34.07	14
滨州	227.64	151.12	8.13	178.95	48.94	9
菏泽	281.36	175.56	9.09	15.05	41.61	11

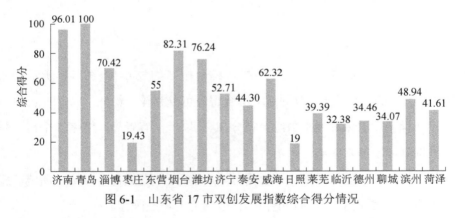

图 6-1 山东省 17 市双创发展指数综合得分情况

从得分排名上看，作为双创中心的青岛市和济南市在双创活力、双创成效、双创支撑和双创环境 4 个一级指标中都得分较高，处于全面领先优势。青岛市 4 个一级指标得分均超过 300 分，三级指标中新增个体、农合数量及其同比增长率指标得分较低。济南市在双创支撑和双创环境指标上得分低于青岛市，体现其双创活动的支撑配套和政策环境仍需要进一步提升。双创发展指数综合得分排名靠后的市基本每个一级指标得分都不高，说明其双创活动从环境、支撑到活力、成效都有待大幅提升。

双创发展指数的得分反映了一个市的创新能力和创业活力，得分较高的市的双创优势是多元的。例如，经济和科技的基础较好，具备丰富的优质教育资源和人才资源；市场经济相对成熟，市场准入门槛合理；对外开放程度较高，金融市场化程度高，风险投资机构多且实力强，融资渠道宽，双创的金融支持更易获得；众创空间、科技企业孵化器等新型双创载体规模大、服务水平高、孵化能力强；产学研合作水平高，知识产权侵权保护意识强、能力高；政府政策扶持有力，双创专项基金发放率高，成效显著。这些要素通过适合当地特点的学习和创新机制，相互促进和加强，共同造就这些市较高的双创发展指数得分。

除青岛市和济南市两个双创中心外，烟台市、潍坊市、淄博市、威海市双创情况各有优势，表现出不同的双创特点。其中烟台市的双创活力、双创环境、双创支撑、双创成效四个一级指标分别为全省的第 3 位、第 2 位、第 3 位、第 4 位，体现了其较强的综合实力。潍坊市双创情况比较稳定，双创成效为全省第 3 位，双创活力、双创支撑和双创环境均为全省第 4 位。淄博市则四个一级指标都在全省第 5 位上下。威海市排名较靠前的是双创环境和双创支撑指标，均为全省第 5 位，体现威海市双创土壤良好，软硬件条件在全省靠前，需要进一步激发双创活力，提高双创成效。4 市在 4 个一级指标中均表现稳定且良好，体现了其双创政策全面且落实效果较好，双创服务能力和水平较高，通过相关软硬件条件和配套保障工作，双创活动取得了良好成效。

东营、济宁、滨州、泰安、菏泽 5 市双创发展指数在全省排名居中，各项一级指标表现相对稳定，三级指标则表现浮动较大。东营市双创活力指标中每万人国内三种专利申请数合计为全省第 4 位，新登记企业数和当年高校毕业生人数（大专以上）两项指标则排名全省靠后，双创支撑指标中融资的两项指标均表现较差，反映了东营市双创情况不均衡，在个别指标方面有较大上升空间。济宁市规模以上工业企业 R&D 经费内部支出占规模以上工业企业主营业务收入的比重在全省排名第 3 位，是其所有指标中表现最佳的，体现了济宁市企业创新活动在研发经费投入方面活力较强。另外，除融资指标表现较差外，济宁市其他指标相对较平衡，在全省处于中等水平，因此，进一步提高双创发展指数的着力点主要应在改善融资环境、提高创业企业吸引外来资金实力上。滨州市的短板在于支撑双创活动的优质服务平台数量过少，省级以上众创空间和省级以上科技企业孵化器均仅有一家，双创的支撑服务能力和孵化能力欠缺，需要进一步加强双创新型载体建设工作。泰安市表现最佳的指标为企业创新活力方面，规模以上工业企业 R&D 经费内部支出占规模以上工业企业主营业务收入的比重在全省排名第 4 位，其他指标则表现平平。菏泽市在 23 项三级指标中有 10 项为全省最低，但其全省排名前三的指标有 5 项，反映菏泽市双创活动总体发展不平衡。

莱芜、德州、聊城、临沂、枣庄、日照六市双创发展指数排名在全省十名以后，其双创发展指数综合得分较低的原因既有集中的因素，又各有短板。莱芜市在 23 项三级指标中有 8 项为全省最低。临沂市排名最后的三级指标虽仅有两项，但 23 项三级指标得分均不高，双创活动总体情况不容乐观，需要全面提升。

第二节　一级指标排名

对山东省各市双创发展指数的排名，本书采用双创活力、双创成效、双创支撑和双创环境 4 个一级指标和 23 个三级指标进行分析。二级指标仅作为定性描述，不进行得分分析。

一、双创活力

双创活力是一个市双创整体情况的直接体现，包括市场主体、创新活动、人才资源 3 个方面，以各市新登记企业数，新登记企业增长率，新增个体、农合数量，新增个体、农合同比增长率，拟上市及新三板挂牌量进行市场主体分析，以规模以上工业企业R&D经费内部支出占规模以上工业企业主营业务收入的比重和每万人国内三种专利申请数合计反映各市创新活动情况，以各市规模以上工业企业 R&D 人员折合全时当量和当年高校毕业生人数（大专以上）进行人才资源情况分析。

从全省总体比较的情况来看，双创活力指标排名中，排名前 4 位的是济南市、青岛市、烟台市、潍坊市，得分超过 400 分，反映这 4 个市双创活动较为活跃。其中，济南市在拟上市及新三板挂牌量、规模以上工业企业 R&D 经费内部支出占规模以上工业企业主营业务收入的比重、当年高校毕业生（大专以上）方面全省表现最好，规模以上工业企业 R&D 人员折合全时当量也仅次于青岛市，位居全省第二，体现了济南市得天独厚的省会城市优势，反映了济南市开展双创活动的优质人力资源充足，研发投入力度较大，创业企业做大做强的意愿和能力较强。青岛市在双创活力指标中体现出其自身特色，在创业市场主体指标中，新登记企业数指标得分全省最高，但新增个体、农合数量指标得分全省最低，反映了青岛市创业活动的主体主要为企业，体现其创业活动一般具有一定的规模，成熟程度较高。同时，青岛市创新活力较强，每万人国内三种专利申请数合计和规模以上工业企业 R&D 人员折合全时当量全省最高。烟台市在新增个体、农合数量及新增个体、农合同比增长率方面明显占据优势，体现烟台市的双创活动以个体和农合最具活力，其优势是创业条件较低，方式灵活，资金要求易满足等，是创业类型的一种典型代表。潍坊市则各项指标均表现良好，在全省排名均比较靠前，体现潍坊市双创活动活力十足，区域经济发展动力持续性良好。

德州、莱芜、枣庄、日照 4 市双创活力则有所不足，与排名靠前的城市之间差距较大。4 市在双创活力的 9 个三级指标中均有排名全省最后的指标。德州市的劣势在于规模以上工业企业 R&D 经费内部支出占规模以上工业企业主营业务收入的比重不高；枣庄市拟上市及新三板挂牌量不理想，反映其创业企业成长性有所欠缺；日照市表现较差的指标有新增个体、农合同比增长率和规模以上工业企业 R&D 人员折合全时当量；莱芜市则有 3 项三级指标排名全省最后，为新登记企业数、新登记企业增长率和当年高校毕业生人数（大专以上），反映其创业市场主体和人力资源在双创活力中表现不佳。

另外，菏泽市尽管新登记企业数排名在全省不靠前，但其增长率为全省第一，且其新增个体、农合数量及新增个体、农合同比增长率均排名靠前，反映其创业活力整体情况较好，双创活动开展得如火如荼（表6-2、图6-2）。

表6-2　山东省17市双创活力指标得分及排序

城市	新登记企业数	新登记企业增长率	新增个体、农合数量	新增个体、农合同比增长率	拟上市及新三板挂牌量	规模以上工业企业R&D经费内部支出占规模以上工业企业主营业务收入的比重	每万人国内三种专利申请数合计	规模以上工业企业R&D人员折合全时当量	当年高校毕业生人数（大专以上）	得分	排序
济南	54.49	44.96	31.84	28.92	100	100	54.47	87.94	100	602.62	1
青岛	100	44.89	0	0.55	69.74	60.40	100	100	51.24	526.82	2
淄博	37.06	88.85	44.07	68.03	30.26	23.49	23.60	45.95	18.87	380.18	5
枣庄	6.27	13.54	22.24	20.60	0	27.52	7.08	3.07	3.21	103.53	16
东营	9.38	40.77	26.38	65.55	9.21	15.44	27.31	16.89	3.14	214.07	11
烟台	44.48	49.54	100	100	57.89	42.95	12.89	65.96	23.41	497.12	3
潍坊	54.47	67.16	75.99	56.20	31.58	43.62	21.41	53.42	24.71	428.56	4
济宁	39.92	66.48	39.38	33.83	11.84	57.72	7.45	27.74	13.69	298.05	6
泰安	10.65	28.54	32.76	39.99	9.21	48.99	7.33	24.28	21.95	223.70	10
威海	12.03	25.64	27.86	47.29	32.89	38.93	42.04	25.87	8.66	261.21	8
日照	9.27	35.07	10.63	0	2.63	28.19	6.65	0	6.04	98.48	17
莱芜	0	0	21.11	64.04	1.32	44.97	22.89	1.66	0	155.99	14
临沂	32.90	48.55	22.63	16.73	9.21	21.48	3.28	33.26	8.93	196.97	13
德州	6.43	12.33	43.85	58.05	18.42	0	3.54	8.17	5.20	155.99	14
聊城	13.17	34.52	46.99	62.76	13.16	14.77	2.92	6.95	6.14	201.38	12
滨州	14.57	52.75	30.59	54.96	10.53	22.82	10.69	23.55	7.18	227.64	9
菏泽	29.36	100	71.73	70.26	0	1.34	0	3.76	4.91	281.36	7

图6-2　山东省17市双创活力指标得分情况

二、双创成效

双创成效是一个市开展双创活动所取得的直接效果，本书以创新成果和带动就业两个方面作为二级指标范围选择三级指标，采用每万人发明专利拥有量、每万人国内三种专利申请授权数合计、技术合同成交额、私营企业和个体新增就业人口数、私营企业和个体就业人口增长率作为三级指标进行衡量。

从全省总体比较的情况来看，双创成效指标排名中，排名前两位的是济南市、青岛市，得分超过 300 分，随后是潍坊市、烟台市、淄博市，得分超过 250 分，这表明这些城市双创活动取得了显著的成效。济南市在创新成果 3 项三级指标和带动就业 2 项三级指标的得分中排名均比较靠前，其中每万人发明专利拥有量和每万人国内三种专利申请授权数合计指标仅次于青岛市，并且差距极小。青岛市创新成果 3 项三级指标均为全省最高，体现了青岛市创新活动成果丰硕，每万人发明专利拥有量比济南略高，但技术合同成交额远高于省内其他城市，达 89.54 亿元，创新成果产出的效率和水平、成果转化能力较强。值得注意的是，青岛市私营企业和个体就业人口增长率指标全省最低，这一方面与青岛市新增个体、农合数量呈负增长有关，另一方面也反映了青岛市私营企业和个体在带动就业方面表现不佳。潍坊市则在私营企业和个体新增就业人口数指标中排名全省第 1，反映了潍坊市双创活动带动就业成效显著。烟台市、淄博市双创成效指标排名靠前是因为其 5 项三级指标表现稳定、均衡，均在全省排名比较靠前，体现了其创新成果产出的效率和质量较高，双创活动提供就业岗位、扩大就业切实有效。其中，烟台市技术合同成交额 49.21 亿元，仅低于青岛市，位居全省第 2。

临沂、枣庄、日照 3 市双创成效排名靠后，双创成效一级指标得分均低于 100 分。3 市在各项三级指标中表现不同，临沂市、枣庄市为 5 项三级指标均表现欠佳，双创成效整体偏低。日照市则在技术合同成交额、私营企业和个体新增就业人口数 2 项指标中排名全省靠后，其技术合同成交额仅比滨州市高 0.85 亿元。另外，菏泽市双创成效指标表现特色明显，其创新成果的 3 项三级指标均排名靠后，每万人发明专利拥有量、每万人国内三种专利申请授权数合计 2 项指标均为全省最低，技术合同成交额仅高于滨州市、日照市和聊城市，反映其创新活动的直接产出数量和质量提升空间较大。值得注意的是，菏泽市带动就业的 2 项三级指标表现良好，分别位居全省第 3、第 1，说明菏泽市创业市场主体比较活跃，双创活动对就业的拉动作用明显，同时也反映其双创活动成效比较简单化，双创活动层次较低，创新活动的直接效果未能充分挖掘和体现出来，双创活动的直接经济效益不理想（表6-3、图6-3）。

表6-3 山东省17市双创成效指标得分及排序

城市	每万人发明专利拥有量	每万人国内三种专利申请授权数合计	技术合同成交额	私营企业和个体新增就业人口数	私营企业和个体就业人口增长率	得分	排序
济南	94.56	96	33.11	68.60	62.46	354.73	1
青岛	100	100	100	21.21	0	321.21	2
淄博	39.22	53.85	25.17	49.31	85.11	252.66	5
枣庄	3.82	14.59	6.53	7.99	17.50	50.43	16
东营	22.26	60.98	12.92	7.44	56.86	160.46	8
烟台	24.22	28.79	53.63	75.76	73.25	255.65	4
潍坊	20.51	42.13	36.97	100	69.08	268.69	3
济宁	6.45	20.30	10.01	46.01	47.65	130.42	11
泰安	5.99	13.04	14.55	23.69	51.14	108.41	14
威海	32.07	53.06	23.09	14.05	46.66	168.93	7
日照	5.77	14.64	0.98	0	13.47	34.86	17
莱芜	24.09	68.84	4.61	0.55	49.75	147.84	10
临沂	5.42	4.85	7.05	20.39	15.99	53.70	15
德州	5.47	10.56	4.51	31.68	62.27	114.49	13
聊城	4.46	6.60	3.06	32.51	69.84	116.47	12
滨州	13.73	24.97	0	32.23	80.19	151.12	9
菏泽	0	0	4.21	71.35	100	175.56	6

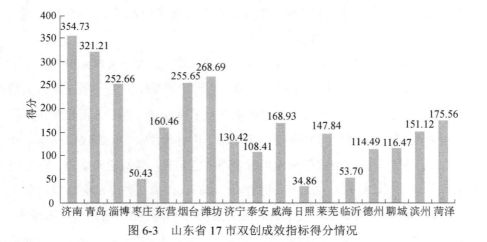

图6-3 山东省17市双创成效指标得分情况

三、双创支撑

双创支撑反映一个市开展双创活动的技术、信息、平台、服务、金融等方面的支撑情况。众创空间和科技企业孵化器作为新型双创载体,基本具备相应的信息、服务、空间、咨询以及政策方面的功能,省级以上众创空间和科技企业孵化器功能更加完善,设施更加齐全,服务能力更高,能够很好地支撑双创活动的开展,因而,本书选择省级以上众创空间数量、省级以上科技企业孵化器数量作为双创服务平台的三级指标,另外加上融资的事件数、融资的总规模2个融资情况指标进行双创支撑的评价和衡量。

从指标评价结果来看,青岛市双创支撑能力最强,其融资的事件数和融资的总规模均为全省最高,省级以上科技企业孵化器数量也全省最多,体现青岛市作为山东省创新中心、金融中心之一的实力和优势。济南市双创支撑指标排名仅次于青岛市,其中省级以上众创空间数量全省最多,达34家,远超省内其他市,省级以上科技企业孵化器数量则有10家,和潍坊市持平,略少于青岛市。烟台市、潍坊市排名紧随其后,是除青岛市、济南市外双创支撑指标得分超过100分的两个市。从各三级指标得分情况看,烟台市、潍坊市各三级指标表现相对均衡,但总的来说融资情况欠佳,烟台市尽管融资的事件数和融资的总规模分别为全省第3名和第5名,但与青岛市差距较大,仅为青岛市融资的事件数的28.57%和融资的总规模的10.84%。潍坊市融资情况更不乐观,但其双创服务平台全省排名较靠前,省级以上众创空间数量和省级以上科技企业孵化器数量分别为全省第5名和第2名,反映了潍坊市在开展双创服务方面强于大多数市,其新型双创载体建设卓有成效。

另外,威海、淄博、泰安、日照4市在双创支撑4个三级指标中均有得分,反映这些市无论融资还是服务平台建设方面都有所成就。枣庄、滨州2市省级以上众创空间数量、省级以上科技企业孵化器数量均为1家,反映2市在双创载体、双创服务能力建设方面仍需加强。东营市、济宁市、莱芜市、临沂市、德州市、聊城市、菏泽市在创业企业融资方面远远不够,2014年8月~2015年7月未发生任何融资事件,说明这些市在融资政策、融资环境、融资服务以及创业企业吸纳资本能力等各个方面十分不足。

从双创支撑指标的各三级指标上看，山东省双创支撑能力的最大不足在于融资情况不容乐观，这是制约山东省创业企业做大做强的普遍掣肘因素，各市融资能力整体不高，融资规模不大，青岛市有 166 289.50 万元融资也得益于海尔创投等入股海尔特种电器 10.53 亿元，除此之外，青岛市创业企业融资情况也不理想。从 36 氪、中国科学院科技战略咨询研究院联合发布的《全国双创发展指数报告》来看，山东省 17 市融资指数均为 7 分（满分 100 分），与山东省经济大省、双创大省省情不符。因而，应加强双创支撑能力，规范金融市场秩序，加快金融市场化步伐，推进科技金融业建设，构建服务专业、合乎规范、竞争有序的金融服务业体系，提升创业企业融资能力和水平，为创投基金、风险投资资本等流入山东省创业企业创造良好环境（表 6-4、图 6-4）。

表 6-4　山东省 17 市双创支撑指标得分及排序

城市	融资的事件数	融资的总规模	省级以上众创空间数量	省级以上科技企业孵化器数量	得分	排序
济南	64.29	12.65	100	69.23	246.17	2
青岛	100	100	15.15	100	315.15	1
淄博	21.43	3.80	15.15	30.77	71.15	6
枣庄	14.29	21.05	0	0	35.34	11
东营	0	0	21.21	30.77	51.98	9
烟台	28.57	10.84	39.39	53.85	132.65	3
潍坊	7.14	3.71	24.24	69.23	104.32	4
济宁	0	0	54.55	15.38	69.93	7
泰安	7.14	10.82	15.15	30.77	63.88	8
威海	21.43	11.73	33.33	15.38	81.87	5
日照	7.14	0.18	9.09	15.38	31.79	12
莱芜	0	0	0	0	0	17
临沂	0	0	9.09	15.38	24.47	13
德州	0	0	15.15	30.77	45.92	10
聊城	0	0	3.03	0	3.03	16
滨州	7.14	0.99	0	0	8.13	15
菏泽	0	0	9.09	0	9.09	14

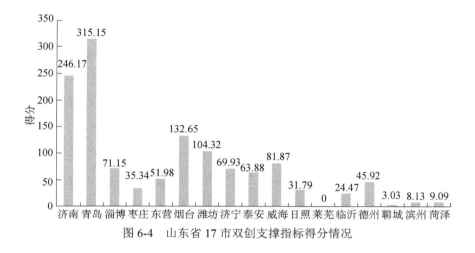

图 6-4 山东省 17 市双创支撑指标得分情况

四、双创环境

双创环境是一个市开展双创活动所需的软硬件条件，与双创支撑有所不同，与各市经济基础、各市政府政策相关性更强。本书以经济基础和政策环境两个二级指标为范围选取三级指标，采用人均 GDP、R&D 经费内部支出占 GDP 比重、政府双创基金指数、地方财政科技支出占财政总支出的比重、知识产权侵权保护程度 5 个三级指标进行评估和衡量。

从一级指标得分来看，双创环境指标排名中，青岛市依然遥遥领先，得分比位列第 2 的烟台市超出 100 多分，烟台、济南、潍坊、威海、淄博、东营 6 市随后，得分都超过 200 分。临沂市、德州市、聊城市、日照市、枣庄市、菏泽市得分则低于 100 分，在全省排名靠后。从得分上看，山东省 17 市双创环境差距较大，排名靠前的市各项指标均表现良好，反映这些市拥有良好的经济基础、较高的政府研发经费投入强度、充分的双创政府基金以及完善的知识产权司法保护制度。而排名靠后的市则基本上各项指标均表现不佳，反映这些市开展双创活动的软硬性条件仍需进一步改善。

从双创环境指标的各三级指标得分来看，青岛市在 5 个三级指标中有 2 个为全省最高，1 个全省第 2 名，1 个全省第 3 名，1 个全省第 4 名。相对来说，排名稍靠后的是地方财政科技支出占财政总支出的比重，低于威海、烟台、淄博 3 市。济南市知识产权侵权保护程度指标得分全省最高，反映济南市在知识产权保护意识、知识产权保护司法介入、知识产权政策等方面走在全省前列。烟台、潍坊 2 市 5 项三级指标表现较佳，反映两市比较重视双创环境的各个方面，政府政策落实情况较好，对双创活动的影响比较积极。值得注意的是，威海、东营 2 市双创环境一级指标排名分别为全省第 5 位、第 7 位，在全省比较靠前，这两个市的特点是都有全省排名第 1 的指标，也有全省排名最后的指标，反映两个市双创环境各方面的营造不均衡。威海市地方财政科技支出占财政总支出的比重达 3.61%，比全省第 2 名的烟台市高 0.54 个百分点，反映威海市地方政府财政支出对科技创新的倾斜。同时，威海市知识产权侵权案件仅 2 例，某种程度上反映了威海市在知识产权保护方面有待加强。东营市人均 GDP 163 938 元，比列第 2 位的威海市多 57 000 多元，说明东营市开展双创活动相较其他市来说具有雄厚的经济基础，但其政府双创基金指数在全省排名靠后，反映其 GDP 未能转换为对双创的政府支持（表 6-5、图 6-5）。

表 6-5　山东省 17 市双创环境指标得分及排序

城市	人均 GDP	R&D 经费内部支出占 GDP 比重	政府双创基金指数	地方财政科技支出占财政总支出的比重	知识产权侵权保护程度	得分	排序
济南	42.46	59.01	28.57	41.23	100	271.27	3
青岛	54.70	100	100	58.77	84.70	398.17	1
淄博	44.90	56.52	9.52	67.53	37.15	215.62	6
枣庄	17.95	16.77	0	0	0.59	35.31	16
东营	100	86.34	0	13.64	9.36	209.34	7
烟台	46.93	81.37	47.62	82.47	33.73	292.12	2
潍坊	20.26	84.47	4.76	56.17	78.75	244.41	4
济宁	14.88	34.16	9.52	33.44	19.02	111.02	11
泰安	20.75	73.29	0	16.88	5.20	116.12	10
威海	57.95	64.60	9.52	100	0	232.07	5
日照	21.95	0	9.52	22.73	0.30	54.50	15
莱芜	15.51	80.12	0	55.84	0.15	151.62	9
临沂	6.13	49.69	23.81	12.34	7.28	99.25	12
德州	14.54	12.42	0	54.87	0.15	81.98	13
聊城	12.09	54.66	4.76	1.30	0.15	72.96	14
滨州	24.22	84.47	19.05	37.99	13.22	178.95	8
菏泽	0	0	0	7.47	7.58	15.05	17

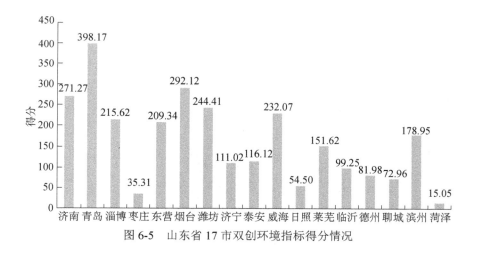

图6-5 山东省17市双创环境指标得分情况

第三节 重要基础指标得分及说明

本书通过 4 个一级指标确定指标取向，通过 8 个具体方面作为二级指标确定指标范围，通过 23 个三级指标进行数据分析，对山东省 17 市的双创情况进行总体评价。下面对 23 个三级指标进行单独分析。

一、新登记企业数

新登记企业数是衡量双创最基本的指标，直接反映双创活动的市场主体情况。从统计数据看，2016 年山东省 17 市新登记企业数最多的是青岛市，达69 022 家，是莱芜市的 39.90 倍，比位列第 2 的济南市多 30 623 家，占全省总数的 19.79%。济南市和潍坊市大致相当，均为 38 300 多家。新登记企业数超过 2 万家的还有烟台市、济宁市、淄博市、临沂市、菏泽市，以上 8 市新登记企业数约为全省的 79.75%（图 6-6、图 6-7）。

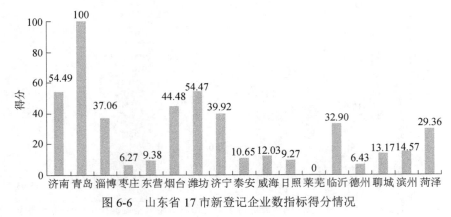

图6-6　山东省17市新登记企业数指标得分情况

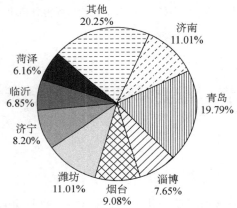

图6-7　山东省全省新登记企业分布情况

二、新登记企业增长率

该指标反映各市新登记企业较上年的增长情况，是与上年新登记企业数的比较，反映各市双创市场主体活跃程度，是排除各市体量等因素后的相对指标。从统计数据上看，2016年菏泽市新登记企业增长率全省最高，达到52.95%，是全省唯一超过50%的城市。淄博市紧随其后，新登记企业增长率为48.13%，潍坊市、济宁市、滨州市、烟台市、临沂市新登记企业增长率超过30%，反映这些市创业企业注册环境较好，政府扶持政策落实比较到位，也反映这些市双创主体活力大大提高（图6-8）。

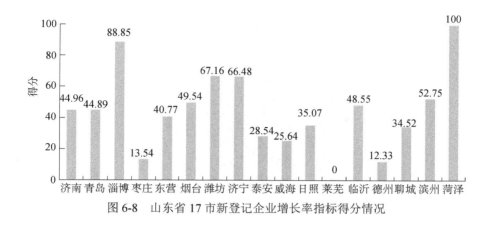

图6-8 山东省17市新登记企业增长率指标得分情况

三、新增个体、农合数量

考虑到山东省经济结构和城乡分布比例总体情况，个体、农合也是山东省双创活动的市场主体重要组成，因而同样应当纳入指标体系加以分析。从统计数据看，2016年烟台市、潍坊市、菏泽市新增个体、农合数量最多，烟台市新增个体、农合数量超过了10万家，潍坊市、菏泽市则超过了8万家，反映了这些市双创活动遍地开花、形式灵活的特点。该项指标全省17市差距较大，青岛市、日照市较上年有所减少，青岛市新登记企业数近7万家，说明青岛市双创市场主体的主要形式为企业，而日照市新登记企业数在全省排名也比较靠后，说明日照市双创的市场主体活力不够（图6-9、图6-10）。

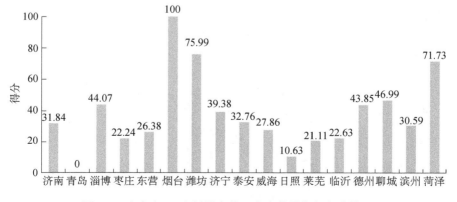

图6-9 山东省17市新增个体、农合数量指标得分情况

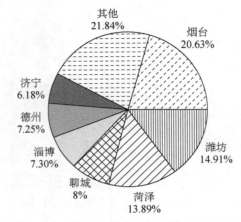

图6-10　山东省全省新增个体、农合数量分布情况

四、新增个体、农合同比增长率

该指标反映各市新增个体、农合较上年的增长情况，是与上年新增个体、农合数量的比较，反映各市双创市场主体活跃程度，是排除各市体量等因素后的相对指标。从统计数据上看，2016年烟台市新增个体、农合同比增长率全省最高，达到38.48%，是全省唯一超过30%的市。菏泽市、淄博市、东营市、莱芜市、聊城市、德州市、潍坊市新增个体、农合同比增长率超过20%，反映这些市2016年个体、农合发展较快，大众创业意识增强。日照市、青岛市新增个体、农合呈现负增长，反映2市在个体、农合方面发展动力不足（图6-11）。

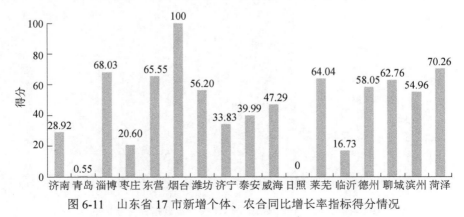

图6-11　山东省17市新增个体、农合同比增长率指标得分情况

五、拟上市及新三板挂牌量

拟上市及新三板挂牌可以反映各市双创企业整体实力、活跃程度、品牌效应、融资渠道等综合运行情况，是对各市企业发展前景和成长性的衡量，拟上市及新三板挂牌量可以反映一个市企业资本运作情况以及该市创业企业活跃程度、双创活力。从统计数据上看，2016 年全省拟上市及新三板挂牌量最多的是济南市，多达 81 家。其次是青岛市、烟台市、威海市，均超过了 30 家。该指标排名相对靠后的是枣庄市、菏泽市、莱芜市、日照市，拟上市及新三板挂牌量不足 10 家（图 6-12）。

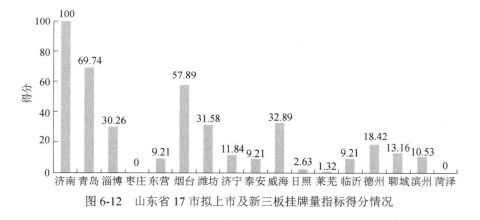

图 6-12　山东省 17 市拟上市及新三板挂牌量指标得分情况

六、规模以上工业企业 R&D 经费内部支出占规模以上工业企业主营业务收入的比重

该指标用来反映各市规模以上工业企业研发经费投入情况，是对各市企业创新活动活跃程度的衡量。R&D 经费内部支出越高，代表该市规模以上工业企业创新活力越强。从统计数据来看，2016 年济南市、青岛市、济宁市、泰安市、莱芜市几个市规模以上工业企业 R&D 经费内部支出占规模以上工业企业主营业务收入的比重较高，该比重超过 1%的市还有潍坊市和烟台市，其中济南市为 1.89%，远高于其他市（图 6-13）。

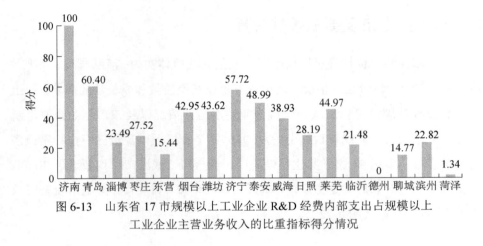

图 6-13　山东省 17 市规模以上工业企业 R&D 经费内部支出占规模以上工业企业主营业务收入的比重指标得分情况

七、每万人国内三种专利申请数合计

该指标用来衡量各市创新活动活跃情况，每万人国内三种专利申请数合计能够更大范围涵盖不同类型和层次的创新活动。2016 年青岛市每万人国内三种专利申请数合计达 81.33 件，为全省最高，是济南市的 1.76 倍。除青岛市、济南市外，威海市、东营市、淄博市位居全省第 3～第 5 位。此外，莱芜市以每万人国内三种专利申请数合计 21.92 件，位列全省第 6，也是该市 23 项三级指标中排名较靠前的指标，反映莱芜市双创活动有其亮点（图 6-14）。

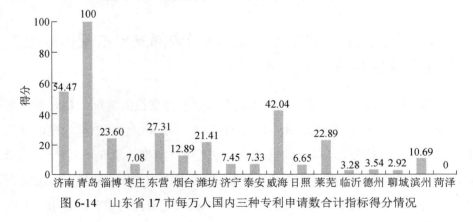

图 6-14　山东省 17 市每万人国内三种专利申请数合计指标得分情况

八、规模以上工业企业 R&D 人员折合全时当量

该指标用来衡量各市创新活动的人力资源情况，反映一个市创新活动的

活力。2016 年，全省 17 市在该项指标上差距极大，排名前两位的青岛市、济南市超过 30 000 人年，分别为 37 412 人年、33 349 人年。超过 20 000 人年的还有烟台市、潍坊市，反映这几个市创新人力资源比较充足。排名最后的日照市则仅 3729 人年，仅为青岛市的 1/10。这一方面反映了山东省研发人员地域分布不均衡，仅集中于有限的几个市，另一方面反映了各市创新活力差距较大。各市应根据本市具体情况采取积极有效的人才政策、企业创新政策推动各自创新人才的集聚、创新活动的开展，提高创新驱动发展能力（图 6-15）。

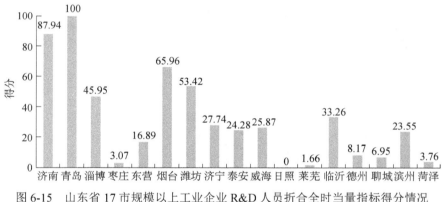

图 6-15　山东省 17 市规模以上工业企业 R&D 人员折合全时当量指标得分情况

九、当年高校毕业生人数（大专以上）

该指标用来反映各市双创活动的人才资源情况，代表了一个市双创活动的人才主体活力。大专以上高校毕业生人数可以直接反映该市当年区域双创人才情况。从统计数据上看，2016 年济南拥有绝对优势，大专以上高校毕业生达 166 248 人，接近青岛市的 2 倍，占全省的 30.32%。青岛市则是潍坊市的 2 倍，占全省的 15.77%。当年大专以上高校毕业生人数超过 3 万人的还有烟台市、泰安市、淄博市，以上 6 市高校毕业生人数（大专以上）是全省的 74.58%，反映这些市高等教育资源丰富，人才储备充足。枣庄市、东营市、莱芜市则在该项指标中不具优势，反映这几个市双创活动的人才资源缺乏，需要出台有吸引力的人才政策，引进外来双创人才，提高双创的活力及效率（图 6-16、图 6-17）。

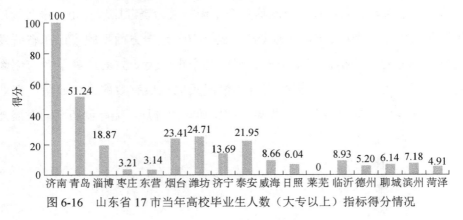

图 6-16　山东省 17 市当年高校毕业生人数（大专以上）指标得分情况

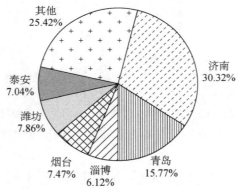

图 6-17　山东省全省当年高校毕业生人数（大专以上）分布情况

十、每万人发明专利拥有量

　　该指标反映创新成果的直接产出，是对一个市创新活动效率和质量的衡量。从统计数据上看，2016 年，山东省 17 市每万人发明专利拥有量分布两极分化明显，青岛市、济南市每万人发明专利拥有量远高于其他市，两市发明专利拥有量占全省的 43.67%，反映山东省创新活动的效率和质量分布不均衡。落后市仍需不断提高创新活动的成果产出水平（图 6-18）。

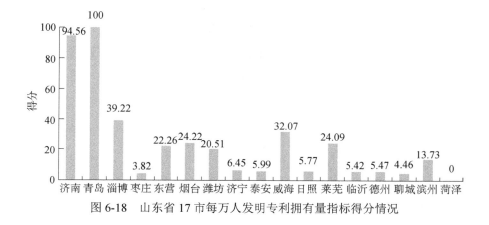

图 6-18 山东省 17 市每万人发明专利拥有量指标得分情况

十一、每万人国内三种专利申请授权数合计

发明专利是创新核心成果的代表,每万人国内三种专利申请授权数合计则兼顾实用新型专利和外观设计专利情况,更能全面反映各市创新成果产出情况。2016 年,山东省每万人国内三种专利申请授权数合计呈现多极分布,青岛市、济南市得分超过 90 分,莱芜市、东营市超过 60 分,淄博市、威海市、潍坊市超过了 40 分,这 7 个市每万人国内三种专利申请授权数合计均超过 10 件(图 6-19)。

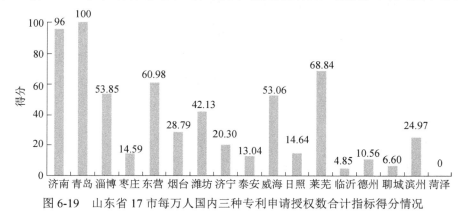

图 6-19 山东省 17 市每万人国内三种专利申请授权数合计指标得分情况

十二、技术合同成交额

技术合同成交额反映技术交易情况,是创新成果的直接交易收益,反映了一个市的创新成果情况。2016 年,全省技术合同成交额最高的是青岛市,达

89.54 亿元，其次是烟台市，49.21 亿元，是仅有的指标得分超过 50 分的两个市（图 6-20），反映了两个市创新成果直接转化为经济收益成效良好。此外，技术合同成交额超过 30 亿元的还有潍坊、济南 2 市。

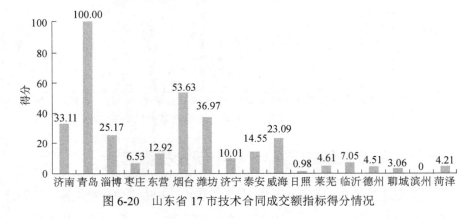

图 6-20　山东省 17 市技术合同成交额指标得分情况

十三、私营企业和个体新增就业人口数

该指标衡量的是以私营企业和个体为代表的创业企业在带动就业方面的成效。从统计数据上看，2016 年，私营企业和个体带动就业人数最多的是潍坊市，为 40.20 万人，其次是烟台市，为 31.40 万人。此外，菏泽市、济南市、淄博市、济宁市私营企业和个体新增就业人口数超过了 20 万人。这 6 个市指标得分超过 45 分，说明这些市双创活动对扩大就业的作用比较明显（图 6-21）。

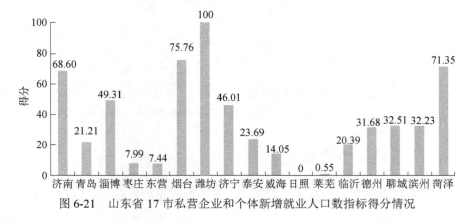

图 6-21　山东省 17 市私营企业和个体新增就业人口数指标得分情况

十四、私营企业和个体就业人口增长率

该指标反映各市私营企业和个体在带动就业方面较上年的增长情况，是相对指标。从统计数据上看，2016年，增长率最高的是菏泽市，为28.33%。增长率超过20%的还有淄博市、滨州市、烟台市、聊城市、潍坊市。滨州市尽管私营企业和个体新增就业人口数在全省排名中等，但其增长率指标排名全省第3，说明其私营企业和个体双创活动在带动就业方面作用逐渐增强（图6-22）。

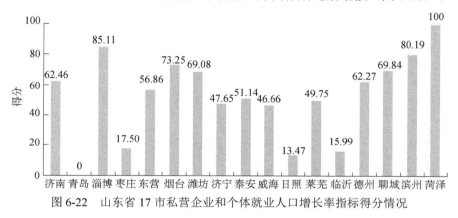

图6-22　山东省17市私营企业和个体就业人口增长率指标得分情况

十五、融资的事件数

融资是创业企业做大做强的关键因素，融资的实现代表创业企业在资本支撑的获得方面具有优势，是进一步提升企业整体实力的必要条件。2016年，山东省17市在融资方面整体不容乐观，除青岛市、济南市融资情况稍好外，其他市融资事件极少或没有，极大地制约着山东省双创企业的发展和成长（图6-23）。

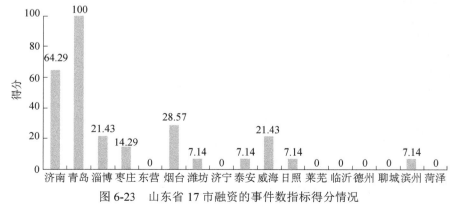

图6-23　山东省17市融资的事件数指标得分情况

十六、融资的总规模

融资是双创的经济支撑，从统计数据上看，2016 年，山东省融资规模最大的是青岛市，融资金额达 166 289.50 万元，远超其他市。其次是枣庄市、济南市、威海市、烟台市、泰安市，融资规模均超过了 1 亿元，说明这几个市创业企业在吸引融资方面情况较好。值得关注的是，山东省有 7 个市未能实现融资，说明山东省融资环境整体较差，需要进一步提高区域融资能力，改善融资市场环境（图 6-24）。

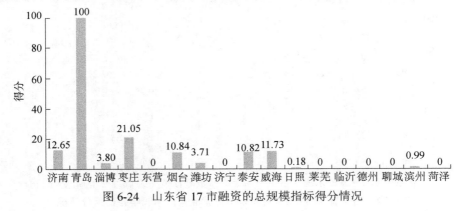

图 6-24　山东省 17 市融资的总规模指标得分情况

十七、省级以上众创空间数量

众创空间是新型双创载体的代表，代表各市双创的支撑服务平台建设情况。2016 年，山东省 17 市中，济南在省级以上众创空间数量上独占优势，多达 34 家，济宁、烟台、威海 3 个市省级以上众创空间数量也均超过了 10 家，这些市指标得分超过 30 分，其双创支撑服务平台建设方面优于其他市（图 6-25）。

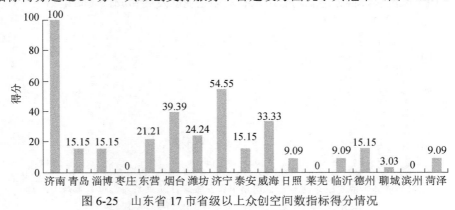

图 6-25　山东省 17 市省级以上众创空间数指标得分情况

十八、省级以上科技企业孵化器数量

科技企业孵化器与众创空间在功能、定位上略有不同，但都是新型双创载体的代表。如图 6-26 所示，2016 年该指标超过 60 分的仅有 3 个市。从统计数据上看，省级以上科技企业孵化器建设方面青岛市独占鳌头，多达 14 家，其次是济南市、潍坊市，均有 10 家。多数市省级以上科技企业孵化器建设有待加强，不足 5 家的有 9 个市，反映这些市科技创新孵化载体建设需要进一步强化。

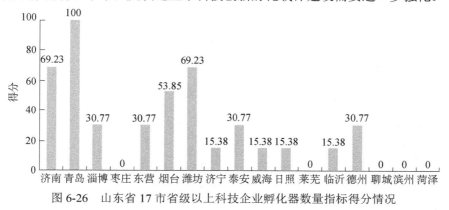

图 6-26　山东省 17 市省级以上科技企业孵化器数量指标得分情况

十九、人均 GDP

该指标是对各市经济发展水平的直接衡量，人均 GDP 的多少在某种程度上代表开展双创活动的基础和前提。从统计数据上看，2016 年，山东省 17 市人均 GDP 最高的是东营市，达 163 938 元，比第 2 位的威海市高出 57 000 多元。人均 GDP 超过 10 万元的还有青岛市，随后是烟台市、淄博市、济南市，超过 8 万元。这 6 个市指标得分超过 40 分，反映其开展双创的经济基础良好（图 6-27）。

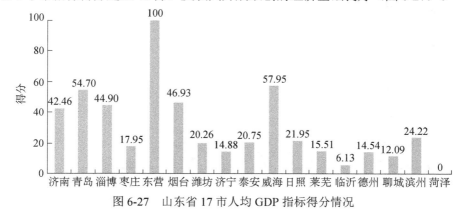

图 6-27　山东省 17 市人均 GDP 指标得分情况

二十、R&D 经费内部支出占 GDP 比重

该指标衡量各市研发投入的强度，是对各市创新活动投入情况的反映。2016年，全省 17 市中，青岛市研发投入强度最大，R&D 经费内部支出占 GDP 比重为 2.84%。除青岛市外，还有 5 个市 R&D 经费内部支出占 GDP 比重超过 2.50%，指标得分超过 80 分，分别是东营市、潍坊市、滨州市、烟台市、莱芜市（图 6-28）。

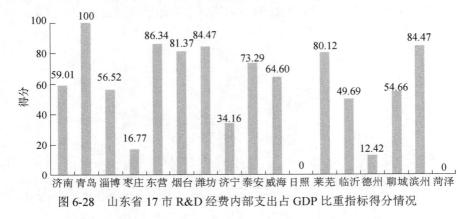

图 6-28　山东省 17 市 R&D 经费内部支出占 GDP 比重指标得分情况

二十一、政府双创基金指数

该指标是对政府在双创基金设立、使用情况方面的评价，本书采用了中国科学院战略咨询研究院和 36 氪联合发布的全国双创发展指数的指标得分，对全省 17 市政府双创基金指数进行评价。从评价结果看，2016 年山东省大部分市情况不乐观，政府基金对双创的鼓励扶持作用未能得到良好体现。除青岛市、烟台市、济南市、临沂市、滨州市外，其他市均比较低迷（图 6-29）。

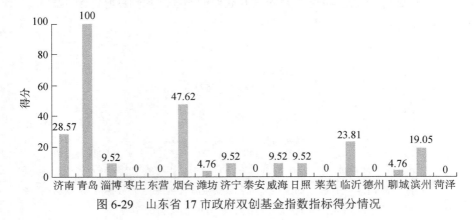

图 6-29　山东省 17 市政府双创基金指数指标得分情况

二十二、地方财政科技支出占财政总支出的比重

该指标反映各市政府在科技方面资金投入的力度和强度,是各市双创政策环境的体现。从统计数据看,2016 年威海市、烟台市地方财政科技支出占财政总支出的比重在全省排名前两位,均超过了 3%,指标得分超过 80 分,反映这两个市政府在科技方面投入资金力度和强度较大,体现政府政策对双创的倾斜。淄博市、青岛市、潍坊市、莱芜市、德州市该比重超过 2.2%,排在全省前列(图 6-30)。

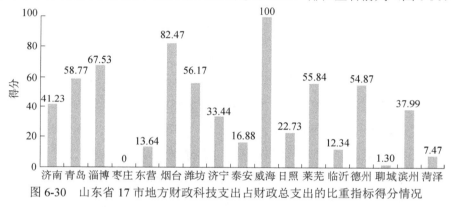

图 6-30　山东省 17 市地方财政科技支出占财政总支出的比重指标得分情况

二十三、知识产权侵权保护程度

知识产权保护是双创的重要保障,该指标用知识产权侵权案件数为分析数据,设定案件数与知识产权侵权保护程度成正相关,以此衡量各市的知识产权侵权保护程度。从评价结果看,2016 年 17 市中济南市知识产权保护情况最好,其次是青岛市、潍坊市。从全省整体情况来说,除排名靠前的几个市外,大多数知识产权保护情况不容乐观,反映山东省双创的知识产权政策环境有待改善(图 6-31)。

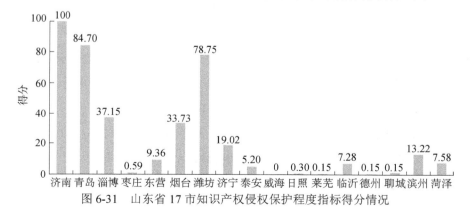

图 6-31　山东省 17 市知识产权侵权保护程度指标得分情况

第四节　各市双创发展指数评价结果

山东省双创发展指数呈现明显的区域差异，17 市之间从三级指标到一级指标分布极为不均，领先各市也表现出不同特征：或各项指标全面领先，或有的指标排名位于全省前列，又有个别指标处于劣势。同样，落后市也表现为两种情况：要么各项指标均不突出，要么在某一项或几项指标中名列前茅。这种区域不平衡以及各市内部指标间的不平衡既有地理区位、经济发展水平等客观因素影响，又有各个市的主观政策、双创投入、双创意识等方面的因素影响。对各市双创发展指数评价结果进行分析，能够直接反映各市在双创的各个层面的优势和不足，从而对各市双创政策落实情况、双创工作着力点和方向、双创主客观环境等进行评价和指导，为各政府部门、双创企业等提供决策参考，并为进一步提出有针对性的政策指导和建议建立基础。

一、济南市

作为山东省的省会，济南是山东省政治中心、文化中心、科技创新中心，具有得天独厚的政策环境、丰富的教育资源和高层次人才资源。济南高等院校和科研院所集中，高新技术企业集聚能力较强，技术吸纳人才、资本能力突出，对外交流合作的经济、文化基础雄厚，同时具备较为宽松的双创环境。2016 年，济南市人均 GDP 为 85 919 元，双创发展指数居全省第 2 位。

其中，双创活力、双创成效指标位列全省第 1，双创支撑指标位列全省第 2，双创环境指标位列全省第 3。这说明济南市双创整体情况较好，各层面表现较均衡：双创活动在创新成果产出的效率和质量、技术交易、扩大就业等方面整体效果在全省靠前；投融资环境较好，新型双创载体建设较完善，双创支撑服务能力强；双创市场主体活跃，人才储备丰富，创业企业成长性良好；双创政策落实情况好，知识产权保护意识强，知识产权侵权司法保护比较到位。

近年来，济南市开展创新型城市建设，济南创新谷、山东硅谷、济南新材料产业园等一批科技新园区全面启动，积极推进重大科技创新平台基地建设，产生了一些创新载体和特色产业园区，省级以上众创空间和省级以上科技企业孵化器数量分别为 34 家和 10 家，极大地带动了双创活动的开展，提高了双创活动的成效。济南市通过优秀的高校资源和一系列完善的人才计划，吸收、集聚了大批研发人员从事科技双创工作。在"大众创业、万众创新"的创新驱动发展引领下，大批中小型创业企业遍地而生，2016 年济南新登记企业数达 38 399 家，新增个体、农合 25 366 家，拟上市及新三板挂牌量达 81 家，反映了济南市双创政策、人才政策对双创活力的激发产生了实际效果。双创活力的提升使得济南创新成果产出效率和质量位居全省前列，每万人发明专利拥有量和每万人国内三种专利申请授权数合计分别为 6.25 件和 24.83 件，均为全省第 2 名。实现技术合同成交额 31.37 亿元，占全省的 9.23%。带动就业效果显著，私营企业和个体新增就业人口数为 28.80 万人。

济南市双创活力的提升和双创成效的取得离不开其优越的双创支撑条件和双创环境。2016 年融资的事件数达 9 次，实现融资 21 043.80 万元，均位于全省前列，为双创企业进一步发展壮大、健康成长提供了资金保障。政府双创基金指数居全省第 3 位，反映济南地区各级政府双创基金的设立、使用在全省靠前。知识产权侵权案件达 675 件，说明济南市知识产权保护意识强，知识产权侵权的司法保护比较到位。值得注意的是，济南市 R&D 经费内部支出占 GDP 比重为 2.18%，地方财政科技支出占财政总支出的比重仅为 1.80%，在全省排名均不靠前，反映济南地区各级政府在研发投入的强度和力度上还需进一步增强。

资源集聚的省会优势同时给济南市带来了诸多不利于发展的因素，比如空气质量差、雾霾严重、人口聚集、交通拥堵、看病难、上学难等社会问题，这些不利因素制约着济南人才的集聚和双创的开展。济南市应进一步实施有竞争力的人才政策和各项人才计划，制定有利于创业企业发展的扶持政策，优化投资融资市场环境，充分发挥各种孵化器的作用，不断进行提质升级，提高科技创新、自主创业的支撑服务能力，引导一部分有技术、有能力的人自主创业，提高创新成果产出绩效，进一步带动就业（表6-6、图6-32）。

表 6-6 济南市双创发展指数综合指标

指标名称	指标数据	指标值	排名
总得分		96.01	2
1. 双创活力		602.62	1
1.1 新登记企业数（家）	38 399	54.49	2
1.2 新登记企业增长率（%）	29.15	44.96	8
1.3 新增个体、农合数量（家）	25 366	31.84	9
1.4 新增个体、农合同比增长率（%）	8.98	28.92	13
1.5 拟上市及新三板挂牌量（家）	81	100	1
1.6 规模以上工业企业R&D经费内部支出占规模以上工业企业主营业务收入的比重（%）	1.89	100	1
1.7 每万人国内三种专利申请数合计（件）	46.26	54.47	2
1.8 规模以上工业企业R&D人员折合全时当量（人年）	33 349	87.94	2
1.9 当年高校毕业生人数（大专以上，人）	166 248	100	1
2. 双创成效		354.73	1
2.1 每万人发明专利拥有量（件）	6.25	94.56	2
2.2 每万人国内三种专利申请授权数合计（件）	24.83	96	2
2.3 技术合同成交额（亿元）	31.37	33.11	4
2.4 私营企业和个体新增就业人口数（万人）	28.80	68.60	4
2.5 私营企业和个体就业人口增长率（%）	19.37	62.46	7
3. 双创支撑		246.17	2
3.1 融资的事件数（件）	9	64.29	2
3.2 融资的总规模（万元）	21 043.80	12.65	3
3.3 省级以上众创空间数量（家）	34	100	1
3.4 省级以上科技企业孵化器数量（家）	10	69.23	2
4. 双创环境		271.27	3
4.1 人均GDP（元）	85 919	42.46	6
4.2 R&D经费内部支出占GDP比重（%）	2.18	59.01	9
4.3 政府双创基金指数	8	28.57	3
4.4 地方财政科技支出占财政总支出的比重（%）	1.80	41.23	8
4.5 知识产权侵权保护程度（侵权案件数，件）	675	100	1

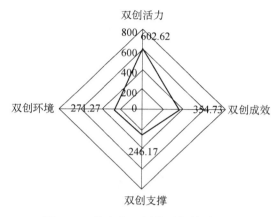

图 6-32　济南市双创发展指数雷达图

二、青岛市

青岛市是山东省另一个双创中心，也是山东省重要的商业中心、对外开放交流合作的重要窗口。青岛市具备优越的海洋环境和区位地理因素，高校和科研院所集聚能力强，科技发展水平比较高，高新技术产业发达，金融市场相对规范，双创环境宽松，有利于各个层面的双创活动开展。2016 年，青岛市人均GDP 为 102 519 元，双创发展指数居全省第 1 位。

其中，双创支撑、双创环境指标位列全省第 1，双创活力、双创成效指标位列全省第 2。这说明青岛市双创整体情况较好，各层面表现较均衡：投融资环境较好，创业企业吸纳金融资本能力强，新型双创载体建设较完善，双创支撑服务能力强；双创政策全面，政府研发投入强度和力度均比较高，知识产权保护意识强，知识产权侵权司法保护到位；创新成果产出效率和质量高，技术直接转化为经济收益绩效高；创业企业创新活力足，成长性好，双创人才资源充足。

近年来，青岛市大力发展战略性新兴产业，新一代信息技术产业、高端装备制造产业、节能环保产业、生物产业、新材料产业、新能源及新能源汽车产业等高新技术产业取得了突飞猛进的发展。同时，积极推进海洋科技的发展，以科技创新支撑蓝色经济发展，建设建成青岛海洋国家实验室，注重引进海洋研发机构,以此带动海洋产业发展水产种苗和水产品加工出口产业、海洋生物医药产业、海洋新材料产业、船舶和海工装备产业、海水淡化产业等一系列围绕海洋生物、海洋运输等方面的产业发展,充分挖掘固有资源的潜力,通过科技创新开创海洋循环经济发展模式,实现可持续发展,是全国重点海洋经济、海洋科技创新城市。依托优势产业和雄厚的经济基础,青岛市积极推进双创载体建设,省级以上众创空间和省级以上科技企业孵化器数量分别为 6 家和 14 家,双创孵化能力和支撑服务能力在全省名列前茅。2016 年,青岛市新登记企业数达 69 022 家,拟上市及新三板挂牌量达 58 家,反映了青岛市双创政策、人才政策对双创活力的激发效果显著。同时,青岛市创新成果产出效率和质量位居全省第 1,每万人发明专利拥有量和每万人国内三种专利申请授权数合计分别为 6.60 件和 25.75 件,均为全省第 1 名。实现技术合同成交额 89.54 亿元,占全省的 26.36%。

2016 年,青岛市融资情况在全省排第 1,融资的事件数达 14 件,实现融资 166 289.5 万元,反映青岛市双创企业吸纳金融资本能力强,融资环境优越。R&D 经费内部支出占 GDP 比重为 2.84%,为全省最高,地方财政科技支出占财政总支出的比重为 2.34%,居全省第 4 位,反映青岛市政府研发投入的强度和力度位居全省前列。政府双创基金指数排全省第 1 位,反映政府双创基金的设立、运行、使用情况良好,对双创促进作用显著。知识产权侵权案达 572 件,仅次于济南市,说明青岛市知识产权侵权保护情况良好。

2016 年,青岛市新增个体、农合数量呈现负增长,新增个体、农合数量较上年少 18 532 家,私营企业和个体新增就业人口数为 11.60 万人,增长率仅 4.46%,私营企业和个体带动就业效果不理想。作为山东半岛的经济、文化中心城市,青岛需要继续发掘其人才吸纳能力,充分发挥高校和科研院所的优质资源,培养优势领域内的顶尖科技人才,带动相关产业的提质升级,进一步提高创新能力,激发创业潜力。大力发掘延伸产业,利用好资本和技术交易带来的知识溢出效应,发挥山东半岛蓝色经济区的核心城市作用,带动全省双创绩效的提高(表 6-7、图 6-33)。

表 6-7　青岛市双创发展指数综合指标

指标名称	指标数据	指标值	排名
总得分		100	1
1. 双创活力		526.82	2
1.1 新登记企业数（家）	69 022	100	1
1.2 新登记企业增长率（%）	29.12	44.89	9
1.3 新增个体、农合数量（家）	−18 532	0	17
1.4 新增个体、农合同比增长率（%）	−2.79	0.55	16
1.5 拟上市及新三板挂牌量（家）	58	69.74	2
1.6 规模以上工业企业 R&D 经费内部支出占规模以上工业企业主营业务收入的比重（%）	1.30	60.40	2
1.7 每万人国内三种专利申请数合计（件）	81.33	100	1
1.8 规模以上工业企业 R&D 人员折合全时当量（人年）	37 412	100	1
1.9 当年高校毕业生人数（大专以上，人）	86 489	51.24	2
2. 双创成效		321.21	2
2.1 每万人发明专利拥有量（件）	6.60	100	1
2.2 每万人国内三种专利申请授权数合计（件）	25.75	100	1
2.3 技术合同成交额（亿元）	89.54	100	1
2.4 私营企业和个体新增就业人口数（万人）	11.60	21.21	11
2.5 私营企业和个体就业人口增长率（%）	4.46	0	17
3. 双创支撑		315.15	1
3.1 融资的事件数（件）	14	100	1
3.2 融资的总规模（万元）	166 289.50	100	1
3.3 省级以上众创空间数量（家）	6	15.15	7
3.4 省级以上科技企业孵化器数量（家）	14	100	1
4. 双创环境		398.17	1
4.1 人均 GDP（元）	102 519	54.70	3
4.2 R&D 经费内部支出占 GDP 比重（%）	2.84	100	1
4.3 政府双创基金指数	23	100	1
4.4 地方财政科技支出占财政总支出的比重（%）	2.34	58.77	4
4.5 知识产权侵权保护程度（侵权案件数，件）	572	84.70	2

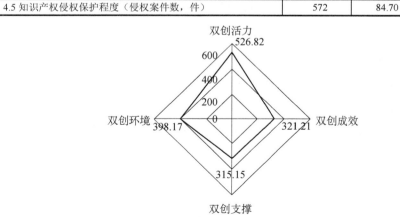

图 6-33　青岛市双创发展指数雷达图

三、淄博市

淄博市位于山东省的中心地带，是国家首批科技兴市试点市和国家级星火技术密集区，淄博国家高新技术产业开发区属山东半岛国家自主创新示范区。2016 年，淄博市人均 GDP 为 89 235 元，双创发展指数居全省第 5 位。

其中，双创活力、双创成效指标位居全省第 5，双创环境、双创支撑两项一级指标位列全省第 6。这反映淄博市双创具有较强的活力，双创活动取得了较好的成效，开展双创活动的软硬件条件、金融、服务支撑等在全省处于中上等水平。

淄博市主导产业以石油、化工、纺织、医药、建材等最具代表性，淄博国家高新技术产业开发区是国家级新材料成果转化及产业化基地、国家火炬计划生物医药产业基地。近年来，淄博市围绕新材料、精细化工、新医药、新能源与节能环保装备、电子信息、汽车及机电装备等战略性新兴产业，培育高新技术企业，打造一系列特色产业园区、基地，开展各种科技计划，建设高新技术产业创新链，双创活动在此带动下取得了一定效果。2016 年，淄博市新登记企业数 26 668 家，新增个体、农合 42 216 家，拟上市及新三板挂牌量 28 家，分别居全省第 6 位、第 5 位、第 6 位。新登记企业增长率高达 48.13%，居全省第 2 位，新增个体、农合同比增长率达 25.21%，居全省第 3 位。私营企业和个体新增就业人口数为 21.8 万人，增长率达 24.77%，分别居全省第 5 位、第 2 位。这些指标反映了淄博市双创活动的各类市场主体均比较活跃，创业企业发展前景较好，双创对带动就业的促进作用显著。淄博市通过制订、开展各种人才计划，吸引一批优秀专家人才进驻研发创业，创新成果的产出效率和质量在全省名列前茅，每万人发明专利拥有量和每万人国内三种专利申请授权数合计分别为 2.71 件和 15.08 件，分别居全省第 3 位、第 5 位。实现技术合同成交额 24.46 亿元，占全省的 7.20%，居全省第 5 位。

淄博市双创支撑和双创环境较省内大多数市具有一定优势。2016 年融资的事件数为 3 件，实现融资 6325.75 万元，融资环境在省内尚可，但从融资情况本身来说仍需进一步改善。省级以上众创空间和省级以上科技企业孵化器数量分别为 6 家和 5 家，双创孵化能力和支撑服务能力较强。地方财政科技支出占财政总支出的比重为 2.61%，居全省第 3 位，反映政策财政支出对科技创新倾斜明显。R&D 经费内部支出占 GDP 比重为 2.14%，在全省排名不占优势，说明淄博地区政府研发投入强度和力度仍需进一步提高。政府双创基金指数居全省第 6 位，知识产权侵权案件 252 件，居全省第 4 位。

整体来说，淄博市双创发展指数在全省排名靠前，双创活力和双创成效表现尚佳，但双创支撑服务能力需要进一步提高。应进一步实施有竞争力的人才政策和各项人才计划，制定有利于创业企业发展的扶持政策，提高政府研发投入的强度和力度，提高创业企业融资能力，优化融资市场环境，增强新型双创载体服务能力，充分发挥各种孵化器的作用，提高科技创新能力，激发自主创业活力和潜力（表 6-8、图 6-34）。

表 6-8　淄博市双创发展指数综合指标

指标名称	指标数据	指标值	排名
总得分		70.42	5
1. 双创活力		380.18	5
1.1 新登记企业数（家）	26 668	37.06	6
1.2 新登记企业增长率（%）	48.13	88.85	2
1.3 新增个体、农合数量（家）	42 216	44.07	5
1.4 新增个体、农合同比增长率（%）	25.21	68.03	3
1.5 拟上市及新三板挂牌量（家）	28	30.26	6
1.6 规模以上工业企业 R&D 经费内部支出占规模以上工业企业主营业务收入的比重（%）	0.75	23.49	11
1.7 每万人国内三种专利申请数合计（件）	22.47	23.60	5
1.8 规模以上工业企业 R&D 人员折合全时当量（人年）	19 207	45.95	5
1.9 当年高校毕业生人数（大专以上，人）	33 555	18.87	6
2. 双创成效		252.66	5
2.1 每万人发明专利拥有量（件）	2.71	39.22	3
2.2 每万人国内三种专利申请授权数合计（件）	15.08	53.85	5
2.3 技术合同成交额（亿元）	24.46	25.17	5
2.4 私营企业和个体新增就业人口数（万人）	21.80	49.31	5
2.5 私营企业和个体就业人口增长率（%）	24.77	85.11	2
3. 双创支撑		71.15	6
3.1 融资的事件数（件）	3	21.43	4
3.2 融资的总规模（万元）	6 325.75	3.80	7
3.3 省级以上众创空间数量（家）	6	15.15	7
3.4 省级以上科技企业孵化器数量（家）	5	30.77	5
4. 双创环境		215.62	6
4.1 人均 GDP（元）	89 235	44.90	5
4.2 R&D 经费内部支出占 GDP 比重（%）	2.14	56.52	10
4.3 政府双创基金指数	4	9.52	6
4.4 地方财政科技支出占财政总支出的比重（%）	2.61	67.53	3
4.5 知识产权侵权保护程度（侵权案件数，件）	252	37.15	4

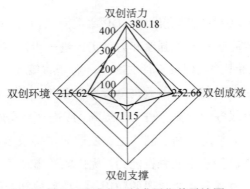

图 6-34　淄博市双创发展指数雷达图

四、枣庄市

枣庄市 2013 年被国务院列为中国老工业城市重点改造城市，面临严峻的产业转型问题，双创对于枣庄市经济转型升级，挖掘经济发展新动力，实现新旧动能转换具有重要意义。2016 年，枣庄市人均 GDP 为 52 692 元，双创发展指数居全省第 16 位。

其中，双创活力、双创成效、双创环境指标均为全省第 16 位，双创支撑指标列全省第 11 位。这反映枣庄市双创各个方面在全省均处于劣势，需要全面提高。在四个一级指标中，双创支撑排名最高，反映枣庄在双创的支撑条件方面相较其他方面有一定优势。

枣庄市近几年不断寻求改善传统产业对经济发展制约的路径，着力发展高新技术及其相关产业，支持发展高新技术产业集群，新医药、新信息、新材料、节能环保等产业规模不断扩大，列入国家科技型中小企业创新基金计划的企业也在增加。2016 年，枣庄市新登记企业数 5950 家，新增个体、农合 12 129 家，拟上市及新三板挂牌量 5 家，新登记企业增长率为 15.57%，新增个体、农合同比增长率为 5.53%。私营企业和个体新增就业人口数为 6.80 万人，增长率为 8.64%。这些指标在全省排名均比较靠后，说明枣庄市双创活动的各类市场主体活力均有不足，双创活动对扩大就业的作用也需要进一步增强。枣庄市不断调整产业结构，逐渐加大各层面的研发投入，积极开展科技创新平台建设，规模以上工业企业 R&D 经费内部支出占规模以上工业企业主营业务收入的比重为 0.81%，在全省排第 10 位，是枣庄市双创活力三级指标中排名最好的指标。每万人国内三种专利申请数合计 9.74 件，全省排第 12 位，反映了枣庄市尽管双创活力整体来说不足，但创新活动活跃程度位于全省中等水平。尽管在全省排名不高，但取得了一定双创成效的指标如下：每万人发明专利拥有量和每万人国内三种专利申请授权数合计分别为 0.44 件和 6 件，实现技术合同成交额 8.25 亿元，其中技术合同成交额指标在全省排第 11 位，是枣庄市排名较高的基础指标之一。另外，枣庄市融资情况在全省排名靠前，2016 年融资的事件数为 2 次，实现融资 35 000 万元，分别在全省排第 6 位、第 2 位，说明枣庄市在投融资方面具有一定的优势。

枣庄市省级以上众创空间和省级以上科技企业孵化器均仅有 1 家，双创载体建设严重不足，双创孵化能力和支撑服务能力亟须加强。R&D 经费内部支出占 GDP 比重为 1.50%，地方财政科技支出占财政总支出的比重仅为 0.53%，反映枣庄市财政科技支出及政府研发投入强度和力度仍需进一步提高。政府双创基金指数排全省第 12 位，知识产权侵权案件 6 件，也排全省第 12 位。

枣庄市低水平重工业比重过高，初级产品过多，附加价值少，企业创新活力严重不足，新产品研发能力低，双创各个层面均需加强。因而，枣庄市需要根据自身情况，寻求适合本市的发展模式，通过制订、实施各种人才计划，引进急需的专业人才，激发全市创新活力，挖掘传统产业的延伸产业潜力，增加其附加值，以创新带动轻工业、高新技术服务业的发展，逐渐摆脱传统发展模式的制约，改变目前创新能力落后、创业活力不足的现状（表 6-9、图 6-35）。

表 6-9　枣庄市双创发展指数综合指标

指标名称	指标数据	指标值	排名
总得分		19.43	16
1. 双创活力		103.53	16
1.1 新登记企业数（家）	5 950	6.27	16
1.2 新登记企业增长率（%）	15.57	13.54	15
1.3 新增个体、农合数量（家）	12 129	22.24	14
1.4 新增个体、农合同比增长率（%）	5.53	20.60	14
1.5 拟上市及新三板挂牌量（家）	5	0	16
1.6 规模以上工业企业 R&D 经费内部支出占规模以上工业企业主营业务收入的比重（%）	0.81	27.52	10

续表

指标名称	指标数据	指标值	排名
1.7 每万人国内三种专利申请数合计（件）	9.74	7.08	12
1.8 规模以上工业企业 R&D 人员折合全时当量（人年）	4 764	3.07	15
1.9 当年高校毕业生人数（大专以上，人）	7 940	3.21	15
2. 双创成效		50.43	16
2.1 每万人发明专利拥有量（件）	0.44	3.82	16
2.2 每万人国内三种专利申请授权数合计（件）	6	14.59	12
2.3 技术合同成交额（亿元）	8.25	6.53	11
2.4 私营企业和个体新增就业人口数（万人）	6.80	7.99	14
2.5 私营企业和个体就业人口增长率（%）	8.64	17.50	14
3. 双创支撑		35.34	11
3.1 融资的事件数（件）	2	14.29	6
3.2 融资的总规模（万元）	35 000	21.05	2
3.3 省级以上众创空间数量（家）	1	0	15
3.4 省级以上科技企业孵化器数量（家）	1	0	13
4. 双创环境		35.31	16
4.1 人均 GDP（元）	52 692	17.95	11
4.2 R&D 经费内部支出占 GDP 比重（%）	1.50	16.77	14
4.3 政府双创基金指数	2	0	12
4.4 地方财政科技支出占财政总支出的比重（%）	0.53	0	17
4.5 知识产权侵权保护程度（侵权案件数，件）	6	0.59	12

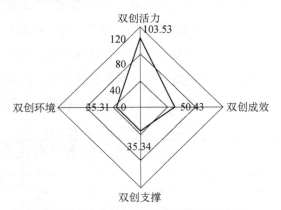

图 6-35　枣庄市双创发展指数雷达图

五、东营市

东营市位处山东省东北部，是黄河三角洲高效生态经济区的中心城市，东临渤海，与日本、韩国隔海相望，北靠京津唐经济区，南连山东半岛蓝色经济区，向西辐射广大内陆地区，是环渤海经济区的重要节点、山东半岛城市群的重要组成部分，处于连接中原经济区与东北经济区、京津唐经济区与胶东半岛经济区的枢纽位置。2016 年，东营市人均 GDP 为 163 938 元，双创发展指数居全省第 7 位。

其中，双创活力指标列全省第 11 位，双创成效指标列全省第 8 位，双创支撑指标列全省第 9 位，双创环境指标列全省第 7 位。这反映东营市双创活动在各个方面存在明显的不平衡。

东营市围绕创新平台建设、高新技术产业发展、创新服务体系建设、创新环境优化等方面开展工作，全市科技创新服务体系建设工作走在全国前列。中国石油大学国家大学科技园及其"生态谷"建设取得良好进展，很好地带动了东营市双创活动的展开。省级以上众创空间和省级以上科技企业孵化器数量分别为 8 家和 5 家，在全省分别排第 6 位、第 5 位，反映东营市具备一定的双创支撑能力。

双创活力指标的 9 个三级指标中，新增个体、农合同比增长率，每万人国内三种专利申请数合计在全省排名最靠前，均为全省第 4 位，分别为 24.18% 和 25.33 件。其他指标均在全省第 10 位以后：新登记企业数 8043 家，新增个体、农合 17 836 家，拟上市及新三板挂牌量 12 家，分别为全省第 13 位、第 12 位、第 11 位；新登记企业增长率 27.34%，居全省第 10 位；规模以上工业企业 R&D 经费内部支出占规模以上工业企业主营业务收入的比重为 0.63%，居全省第 14 位；规模以上工业企业 R&D 人员折合全时当量 9417 人年，居全省第 11 位；当年高校毕业生人数（大专以上）7825 人，居全省第 16 位。这些指标反映东营市双创活动的市场主体、创新活动、人才资源都不具有优势，需要进一步提高。尽管如此，东营市双创活动取得的成效相对明显，每万人发明专利拥有量和每万人国内三种专利申请授权数合计分别为 1.62 件和 16.73 件，分别列全省第 7 位、第 4 位；实现技术合同成交额 13.81 亿元，居全省第 8 位，说明东营市创新成果的产出效率和质量比较高，在全省处于中上等水平。私营企业和个体新增就业人口数为 6.60 万人，增长率为 18.03%，双创对就业的拉动作用尚需加强。

东营市双创支撑指标中，融资情况不乐观，融资的事件数和融资的总规模未能有所突破，是全省 7 个未实现融资的市之一，融资能力和环境亟须改善。东营市双创软硬件环境尚可，其中人均 GDP 高达 163 938 元，远超其他市，代表东营市拥有开展双创的前提和基础，R&D 经费内部支出占 GDP 比重为 2.62%，居全省第 2 位，反映东营地区各级政府研发投入的强度和力度较大。然而，地方财政科技支出占财政总支出的比重仅为 0.95%，居全省第 13 位，政府双创基金指数列全省第 12 位，需要进一步提高政府对科技创新、双创的支持和投入力度。东营市应在改善融资环境、优化融资渠道的同时，抓好双创政策的落实工作，为双创活动的开展提供良好的政策环境、市场环境，激发双创活力，提升双创绩效，拉动就业增长（表 6-10、图 6-36）。

表 6-10　东营市双创发展指数综合指标

指标名称	指标数据	指标值	排名
总得分		55	7
1. 双创活力		214.07	11
1.1 新登记企业数（家）	8 043	9.38	13
1.2 新登记企业增长率（%）	27.34	40.77	10
1.3 新增个体、农合数量（家）	17 836	26.38	12
1.4 新增个体、农合同比增长率（%）	24.18	65.55	4
1.5 拟上市及新三板挂牌量（家）	12	9.21	11
1.6 规模以上工业企业 R&D 经费内部支出占规模以上工业企业主营业务收入的比重（%）	0.63	15.44	14
1.7 每万人国内三种专利申请数合计（件）	25.33	27.31	4
1.8 规模以上工业企业 R&D 人员折合全时当量（人年）	9 417	16.89	11
1.9 当年高校毕业生人数（大专以上，人）	7 825	3.14	16
2. 双创成效		160.46	8
2.1 每万人发明专利拥有量（件）	1.62	22.26	7
2.2 每万人国内三种专利申请授权数合计（件）	16.73	60.98	4
2.3 技术合同成交额（亿元）	13.81	12.92	8
2.4 私营企业和个体新增就业人口数（万人）	6.60	7.44	15
2.5 私营企业和个体就业人口增长率（%）	18.03	56.86	9
3. 双创支撑		51.98	9
3.1 融资的事件数（件）	0	0	11
3.2 融资的总规模（万元）	0	0	11
3.3 省级以上众创空间数量（家）	8	21.21	6

续表

指标名称	指标数据	指标值	排名
3.4 省级以上科技企业孵化器数量（家）	5	30.77	5
4. 双创环境		209.34	7
4.1 人均 GDP（元）	163 938	100	1
4.2 R&D 经费内部支出占 GDP 比重（%）	2.62	86.34	2
4.3 政府双创基金指数	2	0	12
4.4 地方财政科技支出占财政总支出的比重（%）	0.95	13.64	13
4.5 知识产权侵权保护程度（侵权案件数，件）	65	9.36	8

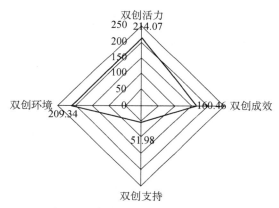

图 6-36　东营市双创发展指数雷达图

六、烟台市

烟台市地处山东半岛东北部，是山东半岛蓝色经济区的骨干城市，"一带一路"倡议重点建设港口城市，是环渤海经济圈内重要节点城市，东连威海市，西接潍坊市、青岛市，南邻黄海，北濒渤海，与辽东半岛隔海相望，区位优势明显。发达的海陆交通条件使烟台市对省内、省外交流合作都方便快捷，聚集了比较优质的高校资源，人才相对比较集中，双创活动活跃。2016 年，烟台市人均 GDP 为 91 979 元，双创发展指数居全省第 3 位。

其中，烟台市双创活力指标居全省第 3 位，双创成效指标居全省第 4 位，双创支撑指标居全省第 3 位，双创环境指标居全省第 2 位。这反映烟台市双创具有较强的活力，双创活动取得了显著成效，创新成果产出和拉动就业增长效果良好，开展双创活动的软硬件条件、金融、服务支撑等在全省均名列前茅。

　　烟台市产业结构相对比较合理，各大产业均衡发展，近年来注重科技创新驱动经济发展，大力发展海洋产业、现代农业、高端酿造、新能源汽车、生物技术与制药等产业，双创活动活跃。2016 年，烟台市新登记企业数 31 664 家，新增个体、农合 119 322 家，拟上市及新三板挂牌量 49 家，分别居全省第 4位、第 1 位、第 3 位。新登记企业增长率 31.13%，居全省第 6 位，新增个体、农合同比增长率达 38.48%，居全省第 1 位。私营企业和个体新增就业人口数为 31.4 万人，增长率达 21.94%，分别居全省第 2 位、第 4 位。这些指标反映烟台市双创活动的各类市场主体均比较活跃，创业企业发展前景较好，双创对带动就业的促进作用显著。尤其是新增个体、农合数量及其同比增长率指标远超其他市，反映烟台市创业主体灵活多样，自主创业发展良好。创新成果的产出效率和质量同样在全省排名靠前，每万人发明专利拥有量和每万人国内三种专利申请授权数合计分别为 1.75 件和 9.28 件，分别居全省第 5 位、第 8 位。实现技术合同成交额 49.21 亿元，占全省的 14.48%，居全省第 2 位。与之形成明显落差的是规模以上工业企业 R&D 经费内部支出占规模以上工业企业主营业务收入的比重和每万人国内三种专利申请授权数合计两项指标，分别居全省第 7 位、第 8 位，是烟台市 23 项三级指标中排名较为靠后的指标。

　　烟台市双创支撑和双创环境同样全省领先。2016 年融资的事件数为 4 次，实现融资 18 024 万元，省级以上众创空间和省级以上科技企业孵化器数量分别为14 家和 8 家，各项指标均居全省前 5 位。地方财政科技支出占财政总支出的比重高达 3.07%，仅次于威海市，R&D 经费内部支出占 GDP 比重为 2.54%，居全省第 5 位，政府双创基金指数居全省第 2 位，知识产权侵权案件 229 件，居全省第 5 位。这反映了烟台市双创整体情况良好，各指标发展均衡，要在保持领先优势的基础上持续开展双创工作，进一步激发双创活力和潜力（表 6-11、图 6-37）。

表 6-11　烟台市双创发展指数综合指标

指标名称	指标数据	指标值	排名
总得分		82.31	3
1. 双创活力		497.12	3
1.1 新登记企业数（家）	31 664	44.48	4

续表

指标名称	指标数据	指标值	排名
1.2 新登记企业增长率（%）	31.13	49.54	6
1.3 新增个体、农合数量（家）	119 322	100	1
1.4 新增个体、农合同比增长率（%）	38.48	100	1
1.5 拟上市及新三板挂牌量（家）	49	57.89	3
1.6 规模以上工业企业 R&D 经费内部支出占规模以上工业企业主营业务收入的比重（%）	1.04	42.95	7
1.7 每万人国内三种专利申请数合计（件）	14.21	12.89	8
1.8 规模以上工业企业 R&D 人员折合全时当量（人年）	25 945	65.96	3
1.9 当年高校毕业生人数（大专以上，人）	40 973	23.41	4
2. 双创成效		255.65	4
2.1 每万人发明专利拥有量（件）	1.75	24.22	5
2.2 每万人国内三种专利申请授权数合计（件）	9.28	28.79	8
2.3 技术合同成交额（亿元）	49.21	53.63	2
2.4 私营企业和个体新增就业人口数（万人）	31.40	75.76	2
2.5 私营企业和个体就业人口增长率（%）	21.94	73.25	4
3. 双创支撑		132.65	3
3.1 融资的事件数（件）	4	28.57	3
3.2 融资的总规模（万元）	18 024	10.84	5
3.3 省级以上众创空间数量（家）	14	39.39	3
3.4 省级以上科技企业孵化器数量（家）	8	53.85	4
4. 双创环境		292.12	2
4.1 人均 GDP（元）	91 979	46.93	4
4.2 R&D 经费内部支出占 GDP 比重（%）	2.54	81.37	5
4.3 政府双创基金指数	12	47.62	2
4.4 地方财政科技支出占财政总支出的比重（%）	3.07	82.47	2
4.5 知识产权侵权保护程度（侵权案件数，件）	229	33.73	5

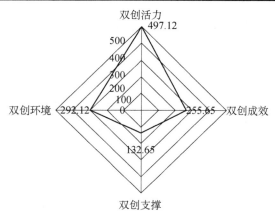

图 6-37　烟台市双创发展指数雷达图

七、潍坊市

潍坊市地处山东半岛中部，地扼山东内陆腹地通往半岛地区的咽喉，胶济铁路横贯市境东西，是半岛城市群地理中心，被认为是中国最具投资潜力和发展活力的新兴经济强市之一。2016 年，潍坊市人均 GDP 为 55 824 元，双创发展指数居全省第 4 位。

其中，潍坊市双创成效指标居全省第 3 位，双创活力、双创支撑、双创环境指标居全省第 4 位。相较烟台市而言，尽管潍坊市总体排名仅落后烟台市 1 位，但各指标表现差异较大，均衡性不如烟台市。

近年来，潍坊市积极开展各项科技计划，潍坊市高新技术产业开发区创建为国家可持续发展实验区，潍坊软件园被科技部认定为国家火炬计划软件产业基地，半导体发光产业集群被科技部认定为第一批创新型产业集群试点。全市各种科技型中小企业遍地开花，2016 年潍坊市新登记企业数 38 384 家，新增个体、农合 86 228 家，拟上市及新三板挂牌量 29 家，分别居全省第 3 位、第 2 位、第 5 位。新登记企业增长率高达 38.75%，居全省第 3 位，新增个体、农合同比增长率 20.30%，居全省第 8 位。这反映潍坊市双创市场主体比较活跃，企业、个体竞相发展，带动潍坊市双创活力的不断增强。规模以上工业企业 R&D 经费内部支出占规模以上工业企业主营业务收入的比重为 1.05%，每万人国内三种专利申请数合计为 20.78 件，反映潍坊市企业研发经费投入力度大，创新活动活跃度较高。规模以上工业企业 R&D 人员折合全时当量 21 722 人年，当年高校毕业生人数（大专以上）为 43 107 人，分别居全省第 4 位、第 3 位，体现潍坊市双创活动人才资源充足，人力资源优势明显。

双创成效方面，潍坊市私营企业和个体新增就业人口数达 40.20 万人，增长率为 20.95%，分别居全省第 1 位、第 6 位，反映私营企业和个体在拉动就业方面起到了极大作用，双创成效显著。相较而言，创新成果产出差强人意，每万人发明专利拥有量和每万人国内三种专利申请授权数合计分别为 1.51 件和 12.37 件，分别居全省第 8 位、第 7 位，仍需进一步提高双创活动的直接成果产出质量和效率。实现技术合同成交额 34.72 亿元，占全省的 10.22%，居全省第 3 位，创新成果直接转化为经济收益效果较好。

潍坊市双创支撑和双创环境良好，2016 年融资 1 次，实现融资 6171.25 万元，省级以上众创空间和省级以上科技企业孵化器数量分别为 9 家和 10 家，双创孵化能力和支撑服务能力较强。地方财政科技支出占财政总支出的比重为 2.26%，居全省第 5 位，R&D 经费内部支出占 GDP 比重为 2.59%，居全省第 3 位，知识产权侵权案件 532 件，居全省第 3 位，反映潍坊市双创的政策环境优越，政策落实情况较好。整体而言，潍坊市尽管双创发展指数整体排名靠前，但与青岛市、济南市差距依然较大，尤其是融资情况相差较大，需要进一步改善融资环境，规范金融市场秩序，提高创业企业吸引资本能力，增强创业企业成长性（表 6-12、图 6-38）。

表 6-12 潍坊市双创发展指数综合指标

指标名称	指标数据	指标值	排名
总得分		76.24	4
1. 双创活力		428.56	4
1.1 新登记企业数（家）	38 384	54.47	3
1.2 新登记企业增长率（%）	38.75	67.16	3
1.3 新增个体、农合数量（家）	86 228	75.99	2
1.4 新增个体、农合同比增长率（%）	20.30	56.20	8
1.5 拟上市及新三板挂牌量（家）	29	31.58	5
1.6 规模以上工业企业 R&D 经费内部支出占规模以上工业企业主营业务收入的比重（%）	1.05	43.62	6
1.7 每万人国内三种专利申请数合计（件）	20.78	21.41	7
1.8 规模以上工业企业 R&D 人员折合全时当量（人年）	21 722	53.42	4
1.9 当年高校毕业生人数（大专以上，人）	43 107	24.71	3
2. 双创成效		268.69	3
2.1 每万人发明专利拥有量（件）	1.51	20.51	8
2.2 每万人国内三种专利申请授权数合计（件）	12.37	42.13	7
2.3 技术合同成交额（亿元）	34.72	36.97	3
2.4 私营企业和个体新增就业人口数（万人）	40.20	100	1
2.5 私营企业和个体就业人口增长率（%）	20.95	69.08	6
3. 双创支撑		104.32	4
3.1 融资的事件数（件）	1	7.14	7
3.2 融资的总规模（万元）	6 171.25	3.71	8
3.3 省级以上众创空间数量（家）	9	24.24	5
3.4 省级以上科技企业孵化器数量（家）	10	69.23	2

续表

指标名称	指标数据	指标值	排名
4. 双创环境		244.41	4
4.1 人均 GDP（元）	55 824	20.26	10
4.2 R&D 经费内部支出占 GDP 比重（%）	2.59	84.47	3
4.3 政府双创基金指数	3	4.76	10
4.4 地方财政科技支出占财政总支出的比重（%）	2.26	56.17	5
4.5 知识产权侵权保护程度（侵权案件数，件）	532	78.75	3

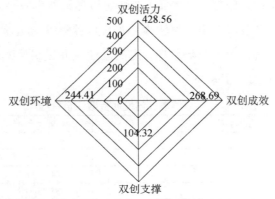

图 6-38　潍坊市双创发展指数雷达图

八、济宁市

济宁市地处山东省西南部，属西部经济隆起带城市。济宁市矿产资源丰富，煤炭储量占山东省的 50%，是全国重点开发的八大煤炭基地之一，以煤炭为核心的传统产业带动了一批延伸产业的发展，同时传统重工业的转型问题成为制约济宁市全面发展的重要因素。2016 年，济宁市人均 GDP 为 48 529 元，双创发展指数居全省第 8 位。

其中，排名较为靠前的是双创活力和双创支撑指标，分别居全省第 6 位、第 7 位，双创成效和双创环境指标均为全省第 11 位。这反映济宁市在双创一级指标方面表现差距较大，双创环境需要进一步改善，以提高双创成效。

针对自身传统产业、重型工业尾大不掉，转型困难的特点，济宁市不断探索科技创新的新模式，重点投入建设鲁南工程技术研究院、鲁南煤化工研究院等公共创新平台，高标准建设中国科学院计算技术研究所济宁分所、山东省科学院济宁分院、中国科学院深圳先进技术研究院济宁分院等双创平台和研究院所，挖掘本市的科技创新资源，推动创新能力建设，提高双创活力。2016 年，济宁市新登记企业数 28 591 家，新增个体、农合 35 757 家，拟上市及新三板挂牌量 14 家，分别居全省第 5 位、第 7 位、第 9 位。新登记企业增长率高达38.46%，居全省第 4 位，新增个体、农合同比增长率 11.02%，居全省第 12 位。这反映济宁市双创市场主体更倾向于企业形式，自主创业注册企业增长势头较猛。私营企业和个体新增就业人口数为 20.60 万人，增长率 15.83%，分别居全省第 6 位、第 12 位，说明济宁市私营企业和个体在带动就业方面表现较好。济宁市创新成果的产出效率和质量在全省处于中下等水平，每万人发明专利拥有量和每万人国内三种专利申请授权数合计分别为 0.61 件和 7.32 件，实现技术合同成交额 11.28 亿元，专利产出和技术交易情况均需进一步改善。

济宁市双创支撑条件尚可，尽管融资情况不容乐观，但新型双创载体建设情况较好，省级以上众创空间和省级以上科技企业孵化器数量分别为 19 家和 3 家，省级以上众创空间数量仅次于济南市，创业孵化能力和支撑服务能力较强。地方财政科技支出占财政总支出的比重为 1.56%，R&D 经费内部支出占 GDP 比重为1.78%，在全省排名不占优势，说明济宁地区政府研发投入强度和力度仍需进一步提高。知识产权侵权案件 130 件，居全省第 6 位，反映济宁市知识产权保护意识不错，对知识产权侵权行为能够进行司法保护，呵护双创成果。整体而言，济宁双创的不利因素在于其经济总量较低，高新技术产业发展水平不高，传统产业高能耗、低产出，双创环境总体不佳，这限制了其人才、资源、资本等的集聚能力，需要进一步寻求合适的途径改善这一格局（表 6-13、图 6-39）。

表 6-13 济宁市双创发展指数综合指标

指标名称	指标数据	指标值	排名
总得分		52.71	8
1. 双创活力		298.05	6
1.1 新登记企业数（家）	28 591	39.92	5
1.2 新登记企业增长率（%）	38.46	66.48	4
1.3 新增个体、农合数量（家）	35 757	39.38	7
1.4 新增个体、农合同比增长率（%）	11.02	33.83	12

续表

指标名称	指标数据	指标值	排名
1.5 拟上市及新三板挂牌量（家）	14	11.84	9
1.6 规模以上工业企业 R&D 经费内部支出占规模以上工业企业主营业务收入的比重（%）	1.26	57.72	3
1.7 每万人国内三种专利申请数合计（件）	10.03	7.45	10
1.8 规模以上工业企业 R&D 人员折合全时当量（人年）	13 073	27.74	7
1.9 当年高校毕业生人数（大专以上，人）	25 082	13.69	7
2. 双创成效		130.42	11
2.1 每万人发明专利拥有量（件）	0.61	6.45	10
2.2 每万人国内三种专利申请授权数合计（件）	7.32	20.30	10
2.3 技术合同成交额（亿元）	11.28	10.01	9
2.4 私营企业和个体新增就业人口数（万人）	20.60	46.01	6
2.5 私营企业和个体就业人口增长率（%）	15.83	47.65	12
3. 双创支撑		69.93	7
3.1 融资的事件数（件）	0	0	11
3.2 融资的总规模（万元）	0	0	11
3.3 省级以上众创空间数量（家）	19	54.55	2
3.4 省级以上科技企业孵化器数量（家）	3	15.38	9
4. 双创环境		111.02	11
4.1 人均 GDP（元）	48 529	14.88	13
4.2 R&D 经费内部支出占 GDP 比重（%）	1.78	34.16	13
4.3 政府双创基金指数	4	9.52	6
4.4 地方财政科技支出占财政总支出的比重（%）	1.56	33.44	10
4.5 知识产权侵权保护程度（侵权案件数，件）	130	19.02	6

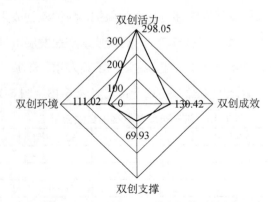

图 6-39　济宁市双创发展指数雷达图

九、泰安市

泰安市位于山东省中部，是省会城市群经济圈城市之一，是华东地区重要的对外开放旅游城市，区域优势明显，教育资源丰富。2016 年，泰安市人均 GDP 为 56 490 元，双创发展指数居全省第 10 位。

其中，双创活力指标居全省第 10 位，双创成效指标居全省第 14 位，双创环境指标居全省第 10 位，双创支撑指标居全省第 8 位。这反映泰安市双创活动的各个层面发展不平衡，尤其是双创成效和双创支撑之间差距较大，需要挖掘其内在原因，进一步改善双创整体情况。

近年来，泰安市大力实施创新驱动发展战略，加快促进科技与经济社会发展紧密结合，输变电设备、汽车、非金属新材料等传统优势产业加快技术改造，装备制造业效益大幅增长，信息产业发展迅速，新能源产业发展势头良好，泰安高新区被列为国家首批分布式光伏发电示范区，国家级高创中心孵化基地等双创平台建设积极推进。2016 年，泰安市规模以上工业企业 R&D 经费内部支出占规模以上工业企业主营业务收入的比重为 1.13%，全省排名第 4 位，企业创新投入力度较大。拥有省级以上众创空间和省级以上科技企业孵化器数量分别为 6 家和 5 家，双创孵化能力和支撑服务能力不断增强。新登记企业为 8899 家，新增个体、农合 26 623 家，拟上市及新三板挂牌量 12 家，新登记企业增长率 22.05%，新增个体、农合同比增长率 13.58%，在全省排名均属中下等水平。私营企业和个体新增就业人口数为 12.50 万人，增长率为 16.67%。这些指标说明泰安市双创活动活力不足，带动就业的效果也不理想。从创新成果的产出来看，每万人发明专利拥有量和每万人国内三种专利申请授权数合计分别为 0.58 件和 5.64 件，技术合同成交额 15.22 亿元，创新成果直接产出和经济效益不高。

值得注意的是，尽管泰安市双创的市场主体活力不足，但其拥有充足的人力资源和人才储备，2016 年，泰安市高校毕业生人数（大专以上）达 38 585 人，居全省第 5 位，这是其双创的直接人才主体。规模以上工业企业 R&D 人员折合全时当量 11 906 人年，研发人员资源在全省也居中等水平。泰安市应通过制订、开展各种人才计划，留住人才、吸引人才、激励人才，促进双创的活力和动力。

泰安市重视科技创新资源的挖掘和创新能力建设，通过不断加强科技合作与交流，带动本市双创活动的开展，着力采取全方位措施改善双创环境，2016 年实现融资的事件数为 1 件，完成融资额 18 000 万元，R&D 经费内部支出占 GDP 比重为 2.41%，地方财政科技支出占财政总支出的比重为 1.05%，政府双创基金指数居全省第 12 位，知识产权侵权案件 37 件，居全省第 11 位。尽管整体排名不高，但泰安市的双创环境和双创支撑条件也存在一定的优势，泰安市应积极寻求济南市省会功能的辐射效应，加强两市之间在人才流动、产学研结合、资本交易等方面的交流与合作，充分带动泰安市双创活动的开展，提高双创绩效（表 6-14、图 6-40）。

表 6-14　泰安市双创发展指数综合指标

指标名称	指标数据	指标值	排名
总得分		44.30	10
1. 双创活力		223.70	10
1.1 新登记企业数（家）	8 899	10.65	12
1.2 新登记企业增长率（%）	22.05	28.54	13
1.3 新增个体、农合数量（家）	26 623	32.76	8
1.4 新增个体、农合同比增长率（%）	13.58	39.99	11
1.5 拟上市及新三板挂牌量（家）	12	9.21	11
1.6 规模以上工业企业 R&D 经费内部支出占规模以上工业企业主营业务收入的比重（%）	1.13	48.99	4
1.7 每万人国内三种专利申请数合计（件）	9.93	7.33	11
1.8 规模以上工业企业 R&D 人员折合全时当量（人年）	11 906	24.28	9
1.9 当年高校毕业生人数（大专以上，人）	38 585	21.95	5
2. 双创成效		108.41	14
2.1 每万人发明专利拥有量（件）	0.58	5.99	11
2.2 每万人国内三种专利申请授权数合计（件）	5.64	13.04	13
2.3 技术合同成交额（亿元）	15.22	14.55	7
2.4 私营企业和个体新增就业人口数（万人）	12.50	23.69	10
2.5 私营企业和个体就业人口增长率（%）	16.67	51.14	10
3. 双创支撑		63.88	8
3.1 融资的事件数（件）	1	7.14	7
3.2 融资的总规模（万元）	18 000	10.82	6
3.3 省级以上众创空间数量（家）	6	15.15	7

续表

指标名称	指标数据	指标值	排名
3.4 省级以上科技企业孵化器数量（家）	5	30.77	5
4. 双创环境		116.12	10
4.1 人均 GDP（元）	56 490	20.75	9
4.2 R&D 经费内部支出占 GDP 比重（%）	2.41	73.29	7
4.3 政府双创基金指数	2	0	12
4.4 地方财政科技支出占财政总支出的比重（%）	1.05	16.88	12
4.5 知识产权侵权保护程度（侵权案件数，件）	37	5.20	11

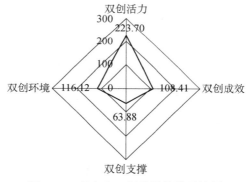

图 6-40　泰安市双创发展指数雷达图

十、威海市

威海市地处山东半岛东端，北、东、南三面濒临黄海，北与辽东半岛相对，东与朝鲜半岛隔海相望，是中韩自贸区先行示范城市，具有得天独厚的先天优势，教育资源丰富，人才储备充足，交通条件便利，自然环境优美，开展双创活动条件优越。2016 年，威海市人均 GDP 为 106 922 元，双创发展指数居全省第 6 位。

其中，威海市双创活力指标居全省第 8 位，双创成效指标居全省第 7 位，双创环境、双创支撑两项一级指标居全省第 5 位。这反映威海市双创活力不足，双创支撑条件和双创环境良好，创新成果产出表现较好。

威海市经济发展水平较高，人均 GDP 仅次于东营市，列全省第 2 位，高校和科研院所集中,科研人力资源集聚,创新资源丰富,创新环境优越,政府对科技创新支持力度大。2016 年,威海市地方财政科技支出占财政总支出的比重为 3.61%,为全省最高,政府双创基金指数列全省第 6 位,R&D 经费内部支出占 GDP 比重为 2.27%,排全省第 8 位。这反映威海市拥有较强的双创经济基础和优越的政策环境。同时,威海市具备优越的双创支撑条件,2016 年融资的事件数为 3 次,实现融资 19 500 万元,均为全省第 4 位,融资环境较好。省级以上众创空间和省级以上科技企业孵化器数量分别为 12 家和 3 家,居全省第 4 位、第 9 位,双创孵化能力和支撑服务能力较强。依托良好的双创支撑和双创环境,威海市积极开展科技创新、自主创业活动,组织、实施各级各类科技计划,双创活动取得了一定成效。每万人发明专利拥有量和每万人国内三种专利申请授权数合计分别 2.25 件和 14.90 件,分别居全省第 4 位、第 6 位,实现技术合同成交额 22.65 亿元,居全省第 6 位,反映威海市创新成果直接产出和经济效益都较好。

威海市在双创活力方面表现稍差,2016 年新登记企业数 9825 家,新增个体、农合 19 880 家,新登记企业增长率 20.80%,新增个体、农合同比增长率 16.61%,均未进入全省前 10 名,反映威海市双创市场主体活力不足,需进一步激发其创新动力、创业活力。私营企业和个体新增就业人口数为 9 万人,增长率 15.60%,双创活动对就业的促进作用在全省排名靠后。尽管如此,威海市拟上市及新三板挂牌量达 30 家,在全省排第 4 位,说明威海市创业企业成长性较好。每万人国内三种专利申请数合计为 36.68 件,居全省第 3 位,反映威海市创新活动比较活跃,创新活力足。

特别注意的是,威海市知识产权侵权案件仅 2 件,为全省最少,反映威海市知识产权保护意识不够,对知识产权的侵权司法保护尚有很长的路要走。总体而言,威海市拥有明显的区位优势、优质的高校资源、丰富的海洋资源,但其陆路交通相对来说有待提升,需要进一步加强山东半岛蓝色经济区的协同发展效应,充分发挥优势领域的带动作用,进一步优化双创政策环境,提高大众自主创业意识,增强双创活力(表 6-15、图 6-41)。

表 6-15　威海市双创发展指数综合指标

指标名称	指标数据	指标值	排名
总得分		62.32	6
1. 双创活力		261.21	8
1.1 新登记企业数（家）	9 825	12.03	11
1.2 新登记企业增长率（%）	20.80	25.64	14
1.3 新增个体、农合数量（家）	19 880	27.86	11
1.4 新增个体、农合同比增长率（%）	16.61	47.29	10
1.5 拟上市及新三板挂牌量（家）	30	32.89	4
1.6 规模以上工业企业 R&D 经费内部支出占规模以上工业企业主营业务收入的比重（%）	0.98	38.93	8
1.7 每万人国内三种专利申请数合计（件）	36.68	42.04	3
1.8 规模以上工业企业 R&D 人员折合全时当量（人年）	12 442	25.87	8
1.9 当年高校毕业生人数（大专以上，人）	16 853	8.66	9
2. 双创成效		168.93	7
2.1 每万人发明专利拥有量（件）	2.25	32.07	4
2.2 每万人国内三种专利申请授权数合计（件）	14.90	53.06	6
2.3 技术合同成交额（亿元）	22.65	23.09	6
2.4 私营企业和个体新增就业人口数（万人）	9	14.05	13
2.5 私营企业和个体就业人口增长率（%）	15.60	46.66	13
3. 双创支撑		81.87	5
3.1 融资的事件数（件）	3	21.43	4
3.2 融资的总规模（万元）	19 500	11.73	4
3.3 省级以上众创空间数量（家）	12	33.33	4
3.4 省级以上科技企业孵化器数量（家）	3	15.38	9
4. 双创环境		232.07	5
4.1 人均 GDP（元）	106 922	57.95	2
4.2 R&D 经费内部支出占 GDP 比重（%）	2.27	64.60	8
4.3 政府双创基金指数	4	9.52	6
4.4 地方财政科技支出占财政总支出的比重（%）	3.61	100	1
4.5 知识产权侵权保护程度（侵权案件数，件）	2	0	17

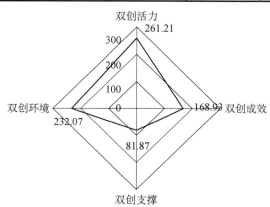

图 6-41　威海市双创发展指数雷达图

十一、日照市

日照市位于山东省东南部黄海之滨，东临黄海，与日本、韩国隔海相望，南与江苏省连云港市毗邻，海陆交通便捷，对外交流充分。日照市蓝色经济、高新技术、现代农业等领域发展良好，同时是北方地区煤炭、化工、矿产品、粮油和原材料进口的重要运输口岸，发展临港经济具备得天独厚的先天优势。2016年，日照市人均 GDP 为 58 110 元，双创发展指数居全省第 17 位。

日照市双创一级指标均在全省 10 名以后，23 个三级指标中仅 5 个在全省前 10 位。其中，双创活力、双创成效指标均为全省最末，双创支撑指标居全省第 12 位，双创环境指标居全省第 15 位。从一级指标排名来看，日照市开展双创活动的支撑条件和软硬件环境并非全省最差，但其双创活力和双创成效却得分最低，反映日照市双创活动主体表现不佳，需要进一步激发人才潜力、企业活力。

日照市地域面积小、人口少、经济总量小。根据自身特点和市情，日照市积极推进高新技术产业的发展，鼓励企业进行自主研发、产学研结合、科技成果转化、招引高新技术项目等，加快集成创新、协同创新步伐，加强关键技术攻关，推动优势高新技术产业集群快速发展，推动双创活动的有序开展。2016年，日照市新登记企业数 7973 家，新登记企业增长率 24.88%，个体、农合数量出现负增长，较上年少 3883 家，仅比青岛市稍好，但新增个体、农合同比增长率-3.02%，比青岛市得分更低，反映日照市无论企业还是个体、农合发展情况在全省都不占优势，市场主体活跃程度不高。拟上市及新三板挂牌量 7 家，在全省排名也比较靠后，优质创业企业数量少。私营企业和个体新增就业人口数仅为 3.90 万人，增长率 7.68%，双创活动拉动就业效果不佳。从创新成果的产出来看，每万人发明专利拥有量和每万人国内三种专利申请授权数合计分别为 0.56 件和 6.01 件，技术合同成交额 3.42 亿元。

日照市不断完善北方茶产业技术创新战略联盟和山东省蜂产业创新战略联盟建设，并以这两个联盟为依托积极推进省级农业高新技术产业示范园区建设。开展各项科技计划，制订和实施一系列人才培养和引进计划，推进双创载体建设，拥有省级以上众创空间 4 家、省级以上科技企业孵化器 3 家，具备一定的科技创新企业孵化能力和双创支撑服务能力。2016 年，日照市实现融资的事件数为 1 次，获得融资 300 万元，说明日照市具备融资的条件，但需要进一步优化融资环境，提高企业融资能力。日照市 R&D 经费内部支出占 GDP 比重为 1.23%，地方财政科技支出占财政总支出的比重为 1.23%，政府双创基金指数居全省第 6 位，知识产权侵权案件数为 4 件，居全省第 13 位。日照市需要依托山东半岛蓝色经济区的整体发展规划，找到自己的定位和优势之处，借助其他市的共享资源和力量发展自身，提高整体创新能力、自主创业能力（表 6-16、图 6-42）。

表 6-16 日照市双创发展指数综合指标

指标名称	指标数据	指标值	排名
总得分		19	17
1. 双创活力		98.48	17
1.1 新登记企业数（家）	7 973	9.27	14
1.2 新登记企业增长率（%）	24.88	35.07	11
1.3 新增个体、农合数量（家）	−3 883	10.63	16
1.4 新增个体、农合同比增长率（%）	−3.02	0	17
1.5 拟上市及新三板挂牌量（家）	7	2.63	14
1.6 规模以上工业企业 R&D 经费内部支出占规模以上工业企业主营业务收入的比重	0.82	28.19	9
1.7 每万人国内三种专利申请数合计（件）	9.41	6.65	13
1.8 规模以上工业企业 R&D 人员折合全时当量（人年）	3 729	0	17
1.9 当年高校毕业生人数（大专以上，人）	12 577	6.04	12
2. 双创成效		34.86	17
2.1 每万人发明专利拥有量（件）	0.56	5.77	12
2.2 每万人国内三种专利申请授权数合计（件）	6.01	14.64	11
2.3 技术合同成交额（亿元）	3.42	0.98	16
2.4 私营企业和个体新增就业人口数（万人）	3.90	0	17
2.5 私营企业和个体就业人口增长率（%）	7.68	13.47	16
3. 双创支撑		31.79	12
3.1 融资的事件数（件）	1	7.14	7
3.2 融资的总规模（万元）	300	0.18	10
3.3 省级以上众创空间数量（家）	4	9.09	11
3.4 省级以上科技企业孵化器数量（家）	3	15.38	9
4. 双创环境		54.50	15
4.1 人均 GDP（元）	58 110	21.95	8

续表

指标名称	指标数据	指标值	排名
4.2 R&D 经费内部支出占 GDP 比重（%）	1.23	0	16
4.3 政府双创基金指数	4	9.52	6
4.4 地方财政科技支出占财政总支出的比重（%）	1.23	22.73	11
4.5 知识产权侵权保护程度（侵权案件数，件）	4	0.30	13

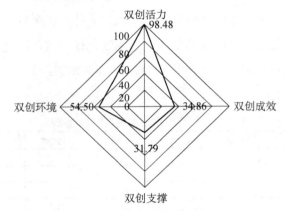

图 6-42　日照市双创发展指数雷达图

十二、莱芜市

莱芜市地处山东省中部，是中国重要的冶铁中心、山东钢铁生产和深加工基地、国家新材料产业化基地。2016 年，莱芜市人均 GDP 为 49 377 元，双创发展指数居全省第 12 位。

其中，莱芜市双创活力指标居全省第 14 位，双创成效指标居全省第 10 位，双创支撑指标居全省第 17 位，双创环境指标居全省第 9 位。莱芜市双创情况极不平衡，既有排名全省前 3 的指标，又有排名最后的指标，反映其影响双创的各方面因素发展不均衡，需找到薄弱环节重点突破，改变双创工作思路和着力点，提高双创整体绩效。

从双创活力来看，莱芜市双创的市场主体和人力资源情况均排在全省后列，创新活动情况较好。2016 年，莱芜市高校毕业生人数（大专以上）仅 2690 人，新登记企业数仅为 1732 家，为全省最少，新增个体、农合 10 564 家，仅比出现负增长的青岛市、日照市多，拟上市及新三板挂牌量 6 家，仅多于枣庄市、菏泽市。新登记企业增长率 9.72%，为全省最低，但新增个体、农合同比增长率达 23.56%，在全省排第 5 位，反映了莱芜市尽管各市场主体活跃程度在全省最差，但其个体、农合增长幅度较大，说明其双创主要市场主体是个体、农合，其活力并不低。规模以上工业企业 R&D 经费内部支出占规模以上工业企业主营业务收入的比重为 1.07%，居全省第 5 位，每万人国内三种专利申请数合计为 21.92 件，居全省第 6 位，反映其创新活动的投入和产出情况均较好，创新活力充足。私营企业和个体新增就业人口数为 4.10 万人，增长率为 16.33%，尽管新增就业人口数在全省排第 16 位，但其增长率在全省排第 11 位，说明较上年而言莱芜市双创对就业的带动作用是明显的。

从创新成果的产出来看，每万人发明专利拥有量和每万人国内三种专利申请授权数合计分别为 1.74 件和 18.55 件，分别为全省第 6 位、第 3 位，反映莱芜市尽管双创活力不足，但其创新成果的产出效率和质量很高，在全省位属前列。实现技术合同成交额 6.58 亿元，居全省第 12 位。整体而言，莱芜市的创新成果是其双创活动的亮点，也是其优势所在。其他排名较靠前的指标还有：R&D 经费内部支出占 GDP 比重为 2.52%，地方财政科技支出占财政总支出的比重为 2.25%，均排在全省第 6 位，反映莱芜地区政府对研发投入的强度和力度较高，政府政策对科技创新的倾斜明显，政府双创政策环境良好。

莱芜市双创最明显的薄弱环节是创新支撑条件较差，位列全省最后。2016 年，未能实现融资零的突破，省级以上众创空间和省级以上科技企业孵化器均只有 1 家，反映莱芜需要在改善融资环境、提高企业科技创新能力和实力、优化双创载体建设方面上多下功夫。莱芜市应借助省会城市群经济圈的带动作用，积极寻求对外交流与合作，引进、吸收、消化外来科技创新成果，提高人才培养能力、应用能力，提高全市的双创意识和双创活力（表 6-17、图 6-43）。

表 6-17　莱芜市双创发展指数综合指标

指标名称	指标数据	指标值	排名
总得分		39.39	12
1. 双创活力		155.99	14
1.1 新登记企业数（家）	1 732	0	17

续表

指标名称	指标数据	指标值	排名
1.2 新登记企业增长率（%）	9.72	0	17
1.3 新增个体、农合数量（家）	10 564	21.11	15
1.4 新增个体、农合同比增长率（%）	23.56	64.04	5
1.5 拟上市及新三板挂牌量（家）	6	1.32	15
1.6 规模以上工业企业 R&D 经费内部支出占规模以上工业企业主营业务收入的比重（%）	1.07	44.97	5
1.7 每万人国内三种专利申请数合计（件）	21.92	22.89	6
1.8 规模以上工业企业 R&D 人员折合全时当量（人年）	4 289	1.66	16
1.9 当年高校毕业生人数（大专以上，人）	2 690	0	17
2. 双创成效		147.84	10
2.1 每万人发明专利拥有量（件）	1.74	24.09	6
2.2 每万人国内三种专利申请授权数合计（件）	18.55	68.84	3
2.3 技术合同成交额（亿元）	6.58	4.61	12
2.4 私营企业和个体新增就业人口数（万人）	4.10	0.55	16
2.5 私营企业和个体就业人口增长率（%）	16.33	49.75	11
3. 双创支撑		0	17
3.1 融资的事件数（件）	0	0	11
3.2 融资的总规模（万元）	0	0	11
3.3 省级以上众创空间数量（家）	1	0	15
3.4 省级以上科技企业孵化器数量（家）	1	0	13
4. 双创环境		151.62	9
4.1 人均 GDP（元）	49 377	15.51	12
4.2 R&D 经费内部支出占 GDP 比重（%）	2.52	80.12	6
4.3 政府双创基金指数	2	0	12
4.4 地方财政科技支出占财政总支出的比重（%）	2.25	55.84	6
4.5 知识产权侵权保护程度（侵权案件数，件）	3	0.15	14

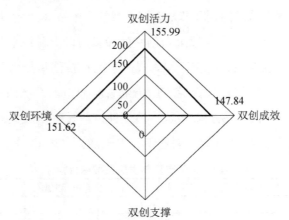

图 6-43　莱芜市双创发展指数雷达图

十三、临沂市

临沂市位于山东省东南部，地处长三角经济圈与环渤海经济圈结合点，位于鲁南临港产业带、海洋产业联动发展示范基地、东陇海国家级重点开发区域和山东西部经济隆起带的重叠区域。2016 年，临沂市人均 GDP 为 36 656 元，双创发展指数居全省第 15 位。

双创发展指数评价一级指标中，双创活力、双创支撑居全省第 13 位，双创成效居全省第 15 位，双创环境居全省第 12 位。23 个三级指标中，有 8 个在全省排前 10 位，分别是新登记企业数、新登记企业增长率、规模以上工业企业 R&D 人员折合全时当量、当年高校毕业生人数（大专以上）、技术合同成交额、省级以上科技企业孵化器数量、政府双创基金指数、知识产权侵权保护程度。

近年来，临沂市积极寻求适合本市具体情况的科技创新模式，实施创新驱动发展战略，加快推进技术创新体系建设，推动"10+6"现代产业发展。临沂市以新材料、机械制造、电子信息、生物医药等领域为重点，鼓励同领域企业集聚发展，发挥集群效应，形成产业链条，推动产业整体提档升级。建成了以软件、电子信息领域中小企业为重点孵化对象的国家级科技企业孵化器，拥有省级以上众创空间 4 家，省级以上科技企业孵化器 3 家，科技创新孵化功能、双创支撑服务功能较完善。

2016 年，临沂市新登记企业数 23 873 家，新增个体、农合 12 661 家，拟上市及新三板挂牌量 12 家，新登记企业增长率 30.70%，新增个体、农合同比增长率 3.93%，反映临沂市双创市场主体主要是各类企业，个体、农合发展相对较慢，活力不足。规模以上工业企业 R&D 人员折合全时当量 14 932 人年、当年高校毕业生人数（大专以上）为 17 299 人，分别在全省排第 6 位、第 8 位，反映临沂市具备一定的双创人才，企业研发人员比较充足，需要进一步制定更加有竞争力的人才政策留住人才，提高人才层次和水平。从双创成效上看，临沂市 2016 年每万人发明专利拥有量和每万人国内三种专利申请授权数合计分别为 0.54 件和 3.75 件，技术合同成交额 8.70 亿元，私营企业和个体新增就业人口数为 11.30 万人，增长率 8.28%。这反映临沂市开展双创活动的成效整体不显著，需要进一步提高创新成果产出的效率和拉动就业的能力。

临沂市双创支撑和双创环境也不具优势，2016 年未能实现企业融资，省级以上众创空间和省级以上科技企业孵化器数量分别为 4 家和 3 家，分别居全省第 11 位、第 9 位，双创孵化能力和支撑服务能力有待加强。临沂市经济基础差，经济发展水平不高，人均 GDP 为 36 656 元，仅比菏泽市略高，R&D 经费内部支出占 GDP 比重为 2.03%，地方财政科技支出占财政总支出的比重为 0.91%，说明临沂市双创的前提和基础较差。但临沂市政府双创基金指数在全省排名第 4，反映其政府双创基金的设立、运行、使用情况良好，双创基金对双创的促进作用明显。临沂市需要进一步鼓励企业积极进行自主研发、产学研结合、科技成果转化、招引高新技术项目等，采取全方面措施推动全市的科技创新、自主创业（表 6-18、图 6-44）。

表 6-18　临沂市双创发展指数综合指标

指标名称	指标数据	指标值	排名
总得分		32.38	15
1. 双创活力		196.97	13
1.1 新登记企业数（家）	23 873	32.90	7
1.2 新登记企业增长率（%）	30.70	48.55	7
1.3 新增个体、农合数量（家）	12 661	22.63	13
1.4 新增个体、农合同比增长率（%）	3.93	16.73	16
1.5 拟上市及新三板挂牌量（家）	12	9.21	11
1.6 规模以上工业企业 R&D 经费内部支出占规模以上工业企业主营业务收入的比重（%）	0.72	21.48	13
1.7 每万人国内三种专利申请数合计（件）	6.81	3.28	15
1.8 规模以上工业企业 R&D 人员折合全时当量（人年）	14 932	33.26	6
1.9 当年高校毕业生人数（大专以上，人）	17 299	8.93	8
2. 双创成效		53.70	15
2.1 每万人发明专利拥有量（件）	0.54	5.42	14
2.2 每万人国内三种专利申请授权数合计（件）	3.75	4.85	16
2.3 技术合同成交额（亿元）	8.70	7.05	10
2.4 私营企业和个体新增就业人口数（万人）	11.30	20.39	12
2.5 私营企业和个体就业人口增长率（%）	8.28	15.99	15
3. 双创支撑		24.47	13
3.1 融资的事件数（件）	0	0	11
3.2 融资的总规模（万元）	0	0	11

续表

指标名称	指标数据	指标值	排名
3.3 省级以上众创空间数量（家）	4	9.09	11
3.4 省级以上科技企业孵化器数量（家）	3	15.38	9
4. 双创环境		99.25	12
4.1 人均 GDP（元）	36 656	6.13	16
4.2 R&D 经费内部支出占 GDP 比重（%）	2.03	49.69	12
4.3 政府双创基金指数	7	23.81	4
4.4 地方财政科技支出占财政总支出的比重（%）	0.91	12.34	14
4.5 知识产权侵权保护程度（侵权案件数，件）	51	7.28	10

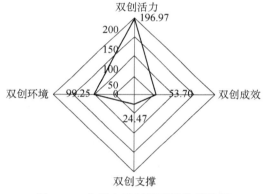

图 6-44　临沂市双创发展指数雷达图

十四、德州市

德州市位于山东省西北部，处于环渤海经济圈、京津冀经济圈、山东半岛蓝色经济区以及黄河三角洲高效生态经济区交汇区域，为京津冀协同发展示范城市，是全国重要的交通枢纽。2016 年，德州市人均 GDP 为 48 062 元，双创发展指数居全省第 13 位。

其中，双创活力指标居全省第 14 位，双创成效、双创环境指标居全省第 13 位，双创支撑指标居全省第 10 位。23 个三级指标中排名最靠前的是省级以上科技企业孵化器数量，排名最靠后的是新登记企业增长率。指标之间差距较大，说明德州市各双创指标表现不均衡。

近年来，德州市着力加快科技创新载体建设，从综合信息服务平台建设、双创平台建设、公共研发平台建设等维度着手，建立健全创新载体和平台，完善科技创新服务功能。2016 年，拥有省级以上众创空间 6 家，省级以上科技企业孵化器 5 家，分别居全省第 7 位、第 5 位，科技创新孵化能力、支撑服务能力显著提高。2016 年，新登记企业 6057 家，新增个体、农合 41 916 家，拟上市及新三板挂牌量 19 家，分别居全省第 15 位、第 6 位、第 7 位。新登记企业增长率 15.05%，居全省第 16 位，新增个体、农合同比增长率达 21.07%，居全省第 7 位。市场主体情况反映德州市双创的市场主体主要形式为个体、农合，无论其增量还是增长率排名均比较靠前，是德州市双创活力的重要体现。私营企业和个体新增就业人口数为 15.40 万人，增长率为 19.32%，分别居全省第 9 位、第 8 位，反映德州市双创活动对就业具有一定的拉动作用。每万人发明专利拥有量和每万人国内三种专利申请授权数合计分别为 0.54 件和 5.07 件，技术合同成交额 6.49 亿元，创新成果产出绩效不理想。

2016 年，德州市未实现融资，地方财政科技支出占财政总支出的比重为 2.22%，居全省第 7 位，反映政策财政支出对科技创新倾斜明显。R&D 经费内部支出占 GDP 比重仅为 1.43%，在全省排名不占优势，说明德州地区政府研发投入强度和力度仍需进一步提高。政府双创基金指数排全省第 12 位，知识产权侵权保护程度排全省第 14 位。这反映德州市双创的支撑能力和软硬件环境尚有极大的进步空间，需要进一步开展科技金融融合创新，推动全市科技创新链与金融资本链有机结合，缓解科技型中小企业融资难的问题。继续鼓励企业加强自主创新，积极开展对外交流合作，引进、吸收、转化外来先进技术，充分调动企业的创新活力和潜力，以此带动全市的创新活动，激发双创活力（表 6-19、图 6-45）。

表 6-19　德州市双创发展指数综合指标

指标名称	指标数据	指标值	排名
总得分		34.46	13
1. 双创活力		155.99	14
1.1 新登记企业数（家）	6 057	6.43	15
1.2 新登记企业增长率（%）	15.05	12.33	16
1.3 新增个体、农合数量（家）	41 916	43.85	6
1.4 新增个体、农合同比增长率（%）	21.07	58.05	7

续表

指标名称	指标数据	指标值	排名
1.5 拟上市及新三板挂牌量（家）	19	18.42	7
1.6 规模以上工业企业 R&D 经费内部支出占规模以上工业企业主营业务收入的比重（%）	0.40	0	17
1.7 每万人国内三种专利申请数合计（件）	7.02	3.54	14
1.8 规模以上工业企业 R&D 人员折合全时当量（人年）	6 482	8.17	12
1.9 当年高校毕业生人数（大专以上，人）	11 191	5.20	13
2. 双创成效		114.49	13
2.1 每万人发明专利拥有量（件）	0.54	5.47	13
2.2 每万人国内三种专利申请授权数合计（件）	5.07	10.56	14
2.3 技术合同成交额（亿元）	6.49	4.51	13
2.4 私营企业和个体新增就业人口数（万人）	15.40	31.68	9
2.5 私营企业和个体就业人口增长率（%）	19.32	62.27	8
3. 双创支撑		45.92	10
3.1 融资的事件数（件）	0	0	11
3.2 融资的总规模（万元）	0	0	11
3.3 省级以上众创空间数量（家）	6	15.15	7
3.4 省级以上科技企业孵化器数量（家）	5	30.77	5
4. 双创环境		81.98	13
4.1 人均 GDP（元）	48 062	14.54	14
4.2 R&D 经费内部支出占 GDP 比重（%）	1.43	12.42	15
4.3 政府双创基金指数	2	0	12
4.4 地方财政科技支出占财政总支出的比重（%）	2.22	54.87	7
4.5 知识产权侵权保护程度（侵权案件数，件）	3	0.15	14

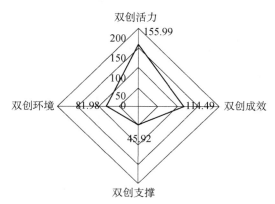

图 6-45 德州市双创发展指数雷达图

十五、聊城市

聊城市地处鲁西平原，是山东省的西大门，位于华东、华中、华北三大区域交界处。聊城城区独具"江北水城"特色，素有"中国北方的威尼斯"之称，黄河与京杭大运河在此交汇。聊城市是山东省西部经济隆起带城市之一。2016 年，聊城市人均 GDP 为 44 743 元，双创发展指数居全省第 14 位。

其中，双创活力、双创成效指标居全省第 12 位，双创支撑指标居全省第 16 位，双创环境指标居全省第 14 位。23 个三级指标中排名较靠前的是新增个体、农合的数量及其同比增长率指标，以及私营企业和个体就业人口增长率指标，是聊城市双创活力的集中体现。

近年来，聊城市深入实施创新驱动发展战略，不断完善区域创新体系，大力培育企业创新主体，推进科技创新平台建设和科技孵化平台建设，2016 年，拥有省级以上众创空间 2 家，省级以上科技企业孵化器 1 家，双创支撑服务能力有所提高。新登记企业 10 592 家，新增个体、农合达 46 250 家，拟上市及新三板挂牌量 15 家，分别居全省第 10 位、第 4 位、第 8 位。新登记企业增长率 24.64%，居全省第 12 位，新增个体、农合同比增长率达 23.02%，居全省第 6 位。这反映聊城市双创市场主体主要是个体、农合，其增量和增长率均在全省排名靠前，说明聊城双创活动形式灵活，参与主体众多。私营企业和个体新增就业人口数为 15.70 万人，增长率达 21.13%，分别居全省第 7 位、第 5 位，说明聊城市双创活动创造就业岗位数量多，对就业的带动作用较上年显著，在全省也更具优势。从创新成果的产出看，每万人发明专利拥有量和每万人国内三种专利申请授权数合计分别为 0.48 件和 4.15 件，技术合同成交额 5.23 亿元，均居全省第 15 位，创新成果产出效率和质量不理想。

聊城市创新环境和创新支撑情况不佳，2016 年未实现融资，地方财政科技支出占财政总支出的比重仅为 0.57%，仅比枣庄市稍高，R&D 经费内部支出占 GDP 比重为 2.11%，政府双创基金指数居全省第 10 位，知识产权侵权保护程度居全省第 14 位。这些指标反映聊城市开展双创必须进一步改善双创支撑能力和软硬件条件，根据本市具体情况进一步加大科技创新的研发经费投入，优化投融资环境，完善双创载体功能，加强政府双创政策的落实力度，激发双创活力，提高双创绩效（表 6-20、图 6-46）。

表 6-20　聊城市双创发展指数综合指标

指标名称	指标数据	指标值	排名
总得分		34.07	14
1. 双创活力		201.38	12
1.1 新登记企业数（家）	10 592	13.17	10
1.2 新登记企业增长率（%）	24.64	34.52	12
1.3 新增个体、农合数量（家）	46 250	46.99	4
1.4 新增个体、农合同比增长率（%）	23.02	62.76	6
1.5 拟上市及新三板挂牌量（家）	15	13.16	8
1.6 规模以上工业企业 R&D 经费内部支出占规模以上工业企业主营业务收入的比重（%）	0.62	14.77	15
1.7 每万人国内三种专利申请数合计（件）	6.54	2.92	16
1.8 规模以上工业企业 R&D 人员折合全时当量（人年）	6 069	6.95	13
1.9 当年高校毕业生人数（大专以上，人）	12 731	6.14	11
2. 双创成效		116.47	12
2.1 每万人发明专利拥有量（件）	0.48	4.46	15
2.2 每万人国内三种专利申请授权数合计（件）	4.15	6.60	15
2.3 技术合同成交额（亿元）	5.23	3.06	15
2.4 私营企业和个体新增就业人口数（万人）	15.70	32.51	7
2.5 私营企业和个体就业人口增长率（%）	21.13	69.84	5
3. 双创支撑		3.03	16
3.1 融资的事件数（件）	0	0	11
3.2 融资的总规模（万元）	0	0	11
3.3 省级以上众创空间数量（家）	2	3.03	14
3.4 省级以上科技企业孵化器数量（家）	1	0	13
4. 双创环境		72.96	14
4.1 人均 GDP（元）	44 743	12.09	15
4.2 R&D 经费内部支出占 GDP 比重（%）	2.11	54.66	11
4.3 政府双创基金指数	3	4.76	10
4.4 地方财政科技支出占财政总支出的比重（%）	0.57	1.30	16
4.5 知识产权侵权保护程度（侵权案件数，件）	3	0.15	14

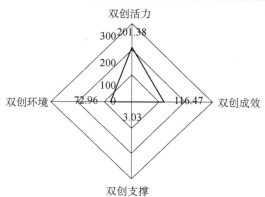

图 6-46　聊城市双创发展指数雷达图

十六、滨州市

滨州市位于山东省北部、鲁北平原、黄河三角洲腹地，地处黄河三角洲高效生态经济区、山东半岛蓝色经济区和环渤海经济圈、济南市省会城市群经济圈"两区两圈"重叠地带，区位交通优势明显，是连接江苏省、山东省、北京市、天津市的重要通道、鲁北到河北省的必经之地，是国家级交通运输主枢纽城市。2016 年，滨州市人均 GDP 为 61 189 元，双创发展指数居全省第 9 位。

其中，双创活力、双创成效指标居全省第 9 位，双创支撑指标居全省第 15 位，双创环境指标居全省第 8 位。23 个三级指标中，4 项在全省排前 5 位，分别是新登记企业增长率、私营企业和个体就业人口增长率、R&D 经费内部支出占 GDP 比重、政府双创基金指数。4 项在全省排名第 10 位以后，分别是规模以上工业企业 R&D 经费内部支出占规模以上工业企业主营业务收入的比重、技术合同成交额、省级以上众创空间数量、省级以上科技企业孵化器数量。

近年来，滨州市根据自身区位特点、经济产业结构和自然资源等因素，积极推进现代农业建设，推动农业产业化体系建设，加强对外科技交流与合作，以国家农业科技园区为载体打造国际农业科技合作大平台，集中引进和集成国外先进农业生产技术装备和先进经营管理模式落户园区试验、示范与转化，同时带动企业创新能力提升，促进全市创业活跃度。2016 年，新登记企业数为 11 538 家，新增个体、农合 23 639 家，拟上市及新三板挂牌量 13 家，新登记企业增长率高达 32.52%，居全省第 5 位，新增个体、农合同比增长率 19.79%，私营企业和个体新增就业人口数为 15.60 万人，增长率达 23.60%，在全省排第 3 位。这些指标反映滨州市创业企业发展势头良好，无论是登记注册增长率还是带动就业增长率均表现良好，体现滨州市双创活动较上年取得良好进展，双创市场主体活力十足，并在扩大就业方面取得了良好的成效。

从创新成果上看，每万人发明专利拥有量和每万人国内三种专利申请授权数合计分别为 1.07 件和 8.40 件，均居全省第 9 位，技术合同成交额 2.57 亿元，为全省最低。这说明滨州市在技术交易市场上表现欠佳，创新成果层次较低，转化为直接经济效益的能力差。滨州市双创支撑条件不足，省级以上众创空间和省级以上科技企业孵化器均只有 1 家，2016 年实现融资 1 次，融资金额 1650 万元，双创的服务平台和融资条件均有待改善。

相较而言，滨州市双创环境尚好，其中政府双创基金指数居全省第 5 位，R&D 经费内部支出占 GDP 比重居全省第 3 位，高达 2.59%，仅低于青岛市、东营市，人均 GDP 居全省第 7 位，知识产权侵权保护程度居全省第 7 位，反映滨州市开展双创活动的经济基础和政策环境良好。因而，滨州市应将双创工作着力点集中于改善双创支撑能力，不断推进新型双创载体建设，提高双创载体支撑服务能力，优化投融资环境，提高创业企业创新能力、吸纳资本能力（表 6-21、图 6-47）。

表 6-21　滨州市双创发展指数综合指标

指标名称	指标数据	指标值	排名
总得分		48.94	9
1. 双创活力		227.64	9
1.1 新登记企业数（家）	11 538	14.57	9
1.2 新登记企业增长率（%）	32.52	52.75	5
1.3 新增个体、农合数量（家）	23 639	30.59	10
1.4 新增个体、农合同比增长率（%）	19.79	54.96	9
1.5 拟上市及新三板挂牌量（家）	13	10.53	10
1.6 规模以上工业企业 R&D 经费内部支出占规模以上工业企业主营业务收入的比重（%）	0.74	22.82	12
1.7 每万人国内三种专利申请数合计（件）	12.52	10.69	9
1.8 规模以上工业企业 R&D 人员折合全时当量（人年）	11 661	23.55	10
1.9 当年高校毕业生人数（大专以上，人）	14 435	7.18	10
2. 双创成效		151.12	9
2.1 每万人发明专利拥有量（件）	1.07	13.73	9
2.2 每万人国内三种专利申请授权数合计（件）	8.40	24.97	9
2.3 技术合同成交额（亿元）	2.57	0	17
2.4 私营企业和个体新增就业人口数（万人）	15.60	32.23	8
2.5 私营企业和个体就业人口增长率（%）	23.60	80.19	3
3. 双创支撑		8.13	15
3.1 融资的事件数（件）	1	7.14	7
3.2 融资的总规模（万元）	1 650	0.99	9
3.3 省级以上众创空间数量（家）	1	0	15
3.4 省级以上科技企业孵化器数量（家）	1	0	13
4. 双创环境		178.95	8
4.1 人均 GDP（元）	61 189	24.22	7
4.2 R&D 经费内部支出占 GDP 比重（%）	2.59	84.47	3
4.3 政府双创基金指数	6	19.05	5
4.4 地方财政科技支出占财政总支出的比重（%）	1.70	37.99	9
4.5 知识产权侵权保护程度（侵权案件数，件）	91	13.22	7

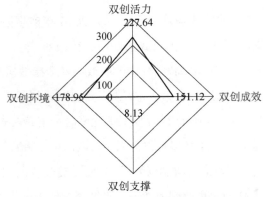

图 6-47 滨州市双创发展指数雷达图

十七、菏泽市

菏泽市地处山东省西南部,是山东、江苏、河南、安徽 4 省交界地带,是山东省西部经济隆起带城市之一。2016 年,菏泽市人均 GDP 28 350 元,双创发展指数居全省第 11 位。

其中,双创活力指标居全省第 7 位,双创成效指标居全省第 6 位,双创支撑指标居全省第 14 位,双创环境指标居全省第 17 位。23 个三级指标中既有排名全省第 1 位的指标,又有排名全省最后的指标,反映菏泽市双创各个层面表现不均衡,指标间差距极大。

近年来,菏泽市深入实施创新驱动发展战略,结合自身市情,开展农业现代化建设,通过农业科技开发与成果转化、科技富民强县专项行动计划、科技特派员农村科技创业行动、生物医药产业、科技惠民行动等一系列手段和措施,提高农业现代化水平和农业产值,取得了良好的成效。新增个体、农合数量多达 80 357 家,新增个体、农合同比增长率 26.14%,分别在全省排名第 3 位、第 2 位,体现菏泽市个体、农合在政策引导下取得显著发展。2016 年,菏泽市新登记企业 21 485 家,新登记企业增长率高达 52.95%,居全省第 1 位,也是唯一一个超过 50%的市。市场主体的情况反映了菏泽市不论企业还是个体、农合都比较活跃,发展势头良好。排名比较靠后的是拟上市及新三板挂牌量,排名全省最后,说明菏泽市创业企业的成长性不足。与市场主体活跃度相

应的私营企业和个体新增就业人口数为 29.80 万人，增长率为 28.33%，分别
居全省第 3 位和第 1 位，体现了其充分的双创活力对拉动就业产生了推动作
用。不足的是，规模以上工业企业 R&D 经费内部支出占规模以上工业企业主
营业务收入的比重仅为 0.42%，每万人国内三种专利申请数合计为 4.28 件，
远低于其他市，反映菏泽市创新活动情况不佳，创新投入和产出均有待提高。

从双创成效上看，菏泽市创新成果的产出情况也不理想，每万人发明专利
拥有量和每万人国内三种专利申请授权数合计分别为 0.19 件和 2.62 件，排名均
为全省最后。实现技术合同成交额 6.23 亿元，排名全省第 14，说明菏泽市双创
活动并未带来相应的创新成果产出效率和质量，双创活动层次较低。从双创支
撑和双创环境来看，菏泽市仍需进一步提升。2016 年未实现融资，省级以上众
创空间和省级以上科技企业孵化器数量分别为 4 家和 1 家，双创孵化能力和支
撑服务能力不强。地方财政科技支出占财政总支出的比重仅为 0.76%，比枣庄
市、聊城市略高，R&D 经费内部支出占 GDP 比重为 1.23%，和日照市并列最
低。政府双创基金指数全省最低，知识产权侵权案件 53 件，排全省第 9 位。

菏泽市推动双创活动，提升创新能力建设，激发创业活力，重点在于改善
双创环境，提升双创支撑服务能力。持续加强科技金融服务业发展水平，优化
投资融资市场环境，加强新型双创载体建设，改善双创政策环境，增强知识产
权保护意识和能力，提升双创的层次和水平，进而提高创新成果产出绩效，提
高双创整体效果（表 6-22、图 6-48）。

表 6-22　菏泽市双创发展指数综合指标

指标名称	指标数据	指标值	排名
总得分		41.61	11
1. 双创活力		281.36	7
1.1 新登记企业数（家）	21 485	29.36	8
1.2 新登记企业增长率（%）	52.95	100	1
1.3 新增个体、农合数量（家）	80 357	71.73	3
1.4 新增个体、农合同比增长率（%）	26.14	70.26	2
1.5 拟上市及新三板挂牌量（家）	5	0	16
1.6 规模以上工业企业 R&D 经费内部支出占规模以上工业企业主营业务收入的比重（%）	0.42	1.34	16
1.7 每万人国内三种专利申请数合计（件）	4.28	0	17
1.8 规模以上工业企业 R&D 人员折合全时当量（人年）	4 996	3.76	14

续表

指标名称	指标数据	指标值	排名
1.9 当年高校毕业生人数（大专以上，人）	10 717	4.91	14
2. 双创成效		175.56	6
2.1 每万人发明专利拥有量（件）	0.19	0	17
2.2 每万人国内三种专利申请授权数合计（件）	2.62	0	17
2.3 技术合同成交额（亿元）	6.23	4.21	14
2.4 私营企业和个体新增就业人口数（万人）	29.80	71.35	3
2.5 私营企业和个体就业人口增长率（%）	28.33	100	1
3. 双创支撑		9.09	14
3.1 融资的事件数（件）	0	0	11
3.2 融资的总规模（万元）	0	0	11
3.3 省级以上众创空间数量（家）	4	9.09	11
3.4 省级以上科技企业孵化器数量（家）	1	0	13
4. 双创环境		15.05	17
4.1 人均 GDP（元）	28 350	0	17
4.2 R&D 经费内部支出占 GDP 比重（%）	1.23	0	16
4.3 政府双创基金指数	2	0	12
4.4 地方财政科技支出占财政总支出的比重（%）	0.76	7.47	15
4.5 知识产权侵权保护程度（侵权案件数，件）	53	7.58	9

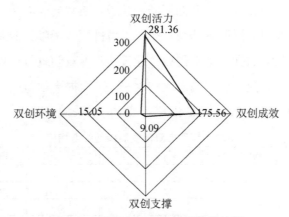

图 6-48　菏泽市双创发展指数雷达图

第七章

山东省支撑新旧动能转换的双创政策研究——以济南市新旧动能转换先行区为例

为深入贯彻《中共山东省委山东省人民政府关于推进新旧动能转换重大工程的实施意见》（鲁发〔2018〕9号）精神，充分发挥科技创新支持新旧动能转换的重要作用，推进济南市新旧动能转换先行区建设，打造山东省城市经济发展新高地和黄河下游新的经济增长极，推动济南市由赶超型城市向引领型城市转变提供支撑，为山东全省、全国新旧动能转换提供可复制、能推广的经验，笔者通过实地调研、座谈等方式，对国内外先进地区科技创新政策进行深入研究，结合先行区发展规划目标及济南市现行科技创新政策分析评价，提出支持先行区新旧动能转换的双创政策建议。

第一节　形势与定位

一、全国新旧动能转换的总体形势

实施新旧动能转换是当前国内外经济形势下的必然选择。自国务院办公厅印发《关于创新管理优化服务培育壮大经济发展新动能加快新旧动能接续转换的意见》以来，全国各地把新旧动能转换作为重要任务加以推进。

从全国经济发展的总体情况来看，经济动能的结构正在发生改变。随着技术水平的不断提高和社会资本的不断积累，资本要素对中国经济的增长贡献越来越大，新技术、新产业、新业态、新模式层出不穷，消费对经济增长贡献持续上升，与消费关联度更大的服务业快速增长，经济增长的动能结构变化；需求结构和水平的变化导致对供给结构和水平要求的提高，即结构优化调整和提质升级；世界重大技术革命和第四次工业革命的到来深刻影响世界工业的格局和各国发展成果；生态文明建设倒逼经济增长模式及经济增长动能的改变；过度依赖投资驱动、要素驱动所形成的金融高杠杆威胁到经济未来发展，依赖大规模扩张性投资推动中国经济发展的方法已不再适用。在此背景下，新技术的联合攻关、经济增长动能的转换成为必然。

从各省（自治区、直辖市）的经济增长情况来看，产业分工发生重大调整，地区竞争格局也进一步重塑。例如，贵州省以大数据为引领，加快电子信息制造业发展，带动经济实现了弯道超车；杭州市信息经济增加值增速超过 GDP 增速两倍以上，对 GDP 的贡献率超过 50%。从数据上看，2016 年，山东省高新技术产业产值占规模以上工业产值的比重为 33.80%，分别比江苏省、浙江省低 7.70 个和 6.30 个百分点，比河南省低 1.10 个百分点；全社会科技 R&D 经费支出占比 2.30%，分别比广东省、江苏省、浙江省低 0.22 个、0.32 个和 0.09 个百分点；在 PCT 国际专利申请量方面，广东省 2.40 万件，山东省 1399 件，山东省仅为广东省的 5.80%；在经济总量方面，山东省与广东省的差距由 2008 年的约 5860 亿元增加到 2017 年的 1.72 万亿元，与江苏省的差距由 50 亿元增加到 1.32 万亿元；在一般公共预算收入方面，山东省与广东省的差距由 2008 年的约 1350 亿元增加到 2017 年的约 5200 亿元，与江苏省的差距由约 770 亿元增加到约 2100 亿元。同时，山东省是传统产业大省，产业层次低、质量效益差、污染排放重，严重制约着全省的发展。从产业结构看，山东省主营业务收入排前列的轻工、化工、机械、纺织、冶金多为资源型产业，能源原材料产业占 40% 以上；从能耗水平看，山东省能耗总量、主要污染物排放总量均居全国前列，能源消耗占全国的 9%，其中煤炭消费量占全国的 10.60%；二氧化硫、氮氧化物、化学需氧量排放总量排名全国第 1 位。从发展质效看，2017 年山东省单位生产总值财政贡献率只有 8.39%，分别比江苏省、浙江省、广东省低 1.12 个、2.82 个和 4.20 个百分点。山东省经济社会发展急需新血液、新动能，急需在重要科技领域实现重大跨越，不断提高经济创新力。

与此同时，山东省受周边相邻区域发展的挤压也越来越重。京津冀协同发展势头强劲，北京市加快"瘦身提质"，天津市加快"强身聚核"，河北省加快"健身增效"，雄安新区横空出世，定位"千年大计、国家大事"，未来发展不可限量；长江经济带生机勃勃，上海市建立了中国首个自由贸易试验区，正全力申建自由贸易港；中原经济区异军突起，随着粮食生产核心区、郑州航空港经济综合实验区、郑洛新国家自主创新示范区、中原城市群、米字形高铁网等重大建设蓬勃展开，区域发展地位猛升。而山东省一向的国际合作区位比较优势正在"一带一路"的对外开放格局中迅速下降。

无论从全国的整体经济形势来看，还是从各省的经济格局来看，山东省面临严峻的发展形势和逼人的竞争压力。建设新旧动能转换综合试验区是山东省实现经济、产业结构提质升级，解决长期制约山东省发展的重大瓶颈和现实难题的契机，有利于山东省实现走在前列、由大到强、全面求强的奋斗目标。

二、济南市新旧动能转换先行区的战略定位

根据《山东新旧动能转换综合试验区建设总体方案》规划和要求，在布局上进一步细化为"三核引领、多点突破、融合互动"。依据"三核引领"的建设方案，充分发挥省会"龙头、领跑、带动、示范、辐射"作用，利用经济实力雄厚、创新资源富集等综合优势，济南市设立新旧动能转换先行区，打造山东省新旧动能转换主引擎，为全省新旧动能转换工作树立标杆。济南市委、市政府明确提出按照"世界眼光、国际标准、山东优势、泉城特色"高标准规划建设，实施北跨东延、携河发展，集聚集约创新要素资源，发展高端高效新兴产业，打造开放合作新平台，创新城市管理模式，综合提升基础设施和公共服

务水平，建设现代绿色智慧新城，打造山东省城市经济发展新高地和黄河下游新的经济增长极。

先行区的战略定位为：通过体制创新、机制创新，注入动力，构筑新旧动能转化内生动力机制，培育新旧动能转化制度创新的试验田。通过产业升级，构建实体经济、科技创新、现代金融、人力资源协同发展的产业体系，成为现代产业体系建设的排头兵。夯实济南市中心城市辐射带动功能，构建多元组团、集约紧凑、开放联动的城市空间格局，打造省会城市群经济圈的引领区。探索市场化、弹性化异地合作新模式，构筑开放型经济发展新优势，提高全球产业链、创新链、资金链的吸引力和参与度，构建京沪之间开放合作的新高地。

济南市新旧动能转换先行区是全国新旧动能转换的先行区、贯彻落实新时代发展理念的标杆，是提升省会城市首位度，带动全省更平衡、更充分发展的新增长极，承载济南市携河北省跨从大明湖时代迈向黄河时代的百年梦想，肩负全省新旧动能转换先行先试、探索可推广和可复制经验借鉴的时代重任。

三、济南市新旧动能转换先行区的产业规划

依据规划，先行区聚焦布局引爆性技术领域，着眼十大千亿级产业集群、四大生产型服务领域，紧随消费升级转换动能，推动产业融合创新发展，抢占产业发展制高点，促进智慧产业化、产业智慧化、品牌高端化、跨界融合化，推动新旧动能持续转换。结合信息产业、装备制造、医学医药等优势产业，超前谋划，以重大技术突破引爆更加广泛的产业变革，重点部署五大产业：一是继续集聚大数据资源。立足济南市大数据资源优势，大力实施大数据战略，加快建设支撑大数据技术研发与应用平台，构建形成大数据自组织系统和自动力机制，重塑大数据产业链、供应链和价值链，争创全国一流、世界知名的大数据综合试验区。二是继续深化量子科技研发。在量子通信加密技术先发优势基础上，以量子通信和量子计算机为重点，加快量子科技研发储备，大力推进量子技术工程转化和产业化，形成富有竞争力的应用产品，建立网络运营模式、运维服务体系和标准，形成以济南市为中心的量子科技集群。三是战略布

局新能源科技。结合济南市装备制造动力革新和太阳能产业转型升级的现实需要，战略布局氢能、可再生能源等领域的前沿科技，建设全国具有强大带动力和影响力的新能源科技研发重要基地。四是战略布局生物科技。以国家重大新药创制平台、国家创新药物孵化基地、国家人类遗产基因资源库山东子库等国家级平台为依托，加快构建完善生物技术与医药科技创新体系，支持医学医药、医疗器械、现代农业、健康服务等产业发展。五是前瞻布局人工智能。结合济南市大数据、云计算等相关科技发展，前瞻布局人工智能核心技术开发，规划实施人工智能创新工程。

产业规划实现必须依靠科技创新，加强科技创新对经济产业发展的支撑引领作用，因而，加快构建促进新旧动能转换的制度环境和政策体系，充分释放科技体制改革红利，构建符合创新规律的新机制和双创生态环境，激发各类主体创新动力和发展活力至关重要。本书结合对山东省、济南市现有科技创新、双创政策的分类、分析和评价，通过与其他国家级新区、自主创新示范区、高新区等进行政策对比，挖掘现行双创政策的问题及不足。

第二节　现行科技创新政策的分析与评价

一、现行科技创新政策分类

推动新旧动能转换关键在于创新，要以体制机制创新为切入点，不断优化市场主体发展机制，改革创新社会治理体制，形成能够促进新动能源源不断涌现的发展环境，增强经济社会发展的内生动力。无论新动能的培育还是旧动能的升级，科技创新都是其根本驱动力。从整体上来看，山东省科技创新能力不强，领先科技和高端人才远远落后于广东、江苏等省。近来，山东省、济南市出台一系列有利于推动科技创新的政策,加大对科技创新的支持力度,改善科技创新环境,以更好地发挥科技创新对经济社会发展的支撑引领作用。

体制机制方面,出台《中共山东省委山东省人民政府关于深化科技体制改革加快创新发展的实施意见》《山东省院士工作站备案暂行办法》《山东省科研院所法人治理结构建设实施方案》《济南市科研院所法人治理结构建设实施方案》等文件,从构建改革管理新体制、激发创新活力、完善人才支持、加强科技服务等方面推动科技管理机制、科技金融体制、成果转化机制、科研院所管理体制等改革,激发科技创新活力。

创新人才方面,制定《支持科技领军人才创新创业的实施意见》、《关于深化人才发展体制机制改革的实施意见》(鲁发〔2016〕22号),印发《关于进一步完善提升泰山学者工程的意见》《关于实施泰山产业领军人才工程的意见》《泰山产业领军人才工程科技创业类实施细则(试行)》,发布《加强科技特派员队伍建设的实施意见》(国办发〔2016〕32号),济南市出台《中共济南市委济南市人民政府关于深化人才发展体制机制改革促进人才创新创业的实施意见》,建立人才分类目录,实施一系列人才计划,深化科技人才发展体制机制改革,最大限度释放科技人才创新活力。

财政税收方面,制定《关于贯彻中办发〔2016〕50号文件完善财政科研项目资金管理政策的实施意见》,出台《关于改进和加强科技计划管理 提高财政科技资金使用效益的意见(试行)》《山东省支持培育科技成果转移转化服务机构补助资金管理暂行办法》《山东省高新技术企业科技保险补偿财政扶持办法》《山东省小微企业升级高新技术企业财政补助资金管理办法》《济南市高新技术企业认定财政补助资金管理办法》《山东省企业研究开发财政补助资金管理暂行办法》《济南市企业研究开发财政补助资金管理暂行办法》等一系列财政补助资金管理方法,加大财政对科技成果转化、高新技术企业以及企业研发投入的支持力度,推进技术转移,激发企业自主创新的积极性。

科技金融方面,制定《山东省科技成果转化引导基金管理实施细则》《山东省重点产业知识产权运营引导基金管理实施细则》等引导基金设立的文件,出台《山东省小微企业知识产权质押融资项目管理办法》《山东省知识产权质押融资风险补偿基金管理办法》《山东省科技成果转化贷款风险补偿资金管理暂行办法》《济南市科技金融风险补偿金管理办法》等风险补偿资金管理办法，在实现科技和金融深度融合、搭建科技投融资信息对接平台、建立科技信贷补偿机制、共建科技金融智库等方面全方位工作联动，完善科技金融综合服务体系。

知识产权方面，印发《山东省知识产权强省建设实施方案》《山东省知识产权战略纲要》《山东省深入实施知识产权战略行动计划（2015—2020 年）》《山东省推进重点产业知识产权保护联盟工作办法》《山东省举报假冒专利行为奖励办法（试行）》，出台《山东省知识产权运营试点实施方案》，制定《山东省知识产权服务业转型升级实施方案》，实施知识产权战略，着力加强知识产权运用和保护，以促进技术创新和成果保护。

二、现行科技创新政策评价

科技创新是系统工程，科技创新政策涉及企业培育与服务、科技人才、科技成果转移转化、知识产权保护、科技金融、科技创新平台建设与管理等，下文将从这六个方面对济南市及其他地区科技创新政策进行分析和评价。

（一）企业培育与服务政策

济南市已有政策涵盖引导企业建立研发准备金制度，对已建立研发准备金、研发投入持续增长的企业给予研发经费后补助；落实企业研发费用税前加计扣除、高新技术企业税收优惠；实施"小升高"培育计划，给予首次通过高新技术企业认定的小微企业补助；实施"创新券"政策，提高"创新券"资助标准，扩大资助范围；加大对小微企业知识产权质押融资的扶持；等等。在政策激励下，2017 年济南市 167 家企业符合补助标准的企业获得省级研究开发财政补助经费 5099.19 万元，同时获得市级及以下应承担的补助金额 5099.91 万元；共推荐高新技术企业 677 家，高新技术产业产值占规模以上工业总产值比重达到 44.93%。这些政策受到企业的欢迎，激发了企业的创新动力，降低了企业创新的风险和成本，取得了一定的成效。

各地对企业培育的支持政策主要有税收优惠、奖励补助、对中介机构的奖励、设立专项基金等。例如，上海市浦东新区企业获得高新技术企业资格后，自高新技术企业证书颁发之日所在年度起，减按 15%税率征收企业所得税；广州市南沙新区对本区新认定和新迁入的高新技术企业分别奖励 30 万元和 50 万元；西安市高新技术产业开发区对每年帮助区内企业通过国家级高新技术企业认定 10 家以上的中介机构，给予中介机构 2000 元/家的奖励，认定 20 家及以上的中介机构，给予中介机构 3000 元/家的奖励，每家中介机构每年最高奖励 50 万元；武汉东湖新技术开发区设立 10 亿元光谷瞪羚成长基金，每年遴选 300 家"光谷瞪羚企业"，在国际交流、并购融资、管理优化等方面给予支持，成立光谷瞪羚企业俱乐部，对"光谷准独角兽企业"，按其上年度对市区两级财力贡献总和给予研发及运营经费补贴。

（二）科技人才政策

近年来，山东省出台一系列科技人才政策，如《山东省"十三五"人才发展规划》《中共山东省委 山东省政府关于深入实施创新驱动发展战略的意见》《关于支持省级人才改革试验区建设的若干政策》《关于深化人才发展体制机制改革的实施意见》等，激发和释放人才创新创造创业活力，为实施创新驱动发展战略提供坚强有力的人才保障和智力支撑。在此基础上，济南市实行更加灵活的人才政策，例如，建立引才激励制度，对为济南市引进落户高层次人才的个人和中介组织给予奖励；建立人才创业贷款担保专项资金，推行"人才贷"等扶持方式，对在济创新创业人才的企业贷款，可给予每家企业最高贷款额度 500 万元的担保费用补贴或部分贴息；设立人力资源服务业发展专项资金 500 万元，鼓励知名人力资源服务企业来济发展；等等。这些人才政策取得了较好的成效，促进了济南市科技人才队伍建设。

各地引才用才政策大多集中于专项资金设立、引才补助和奖励、高端人才生活补助、双创团队经费资助等，例如，重庆市两江新区提出高层次人才在两江新区科技型企业或研发机构取得股权分红或股权转让收益的，按其股权分红或股权转让收益所得对两江新区地方经济发展贡献的 50% 给予奖励。浙江省舟山群岛新区提出对新认定的浙江省领军型创新团队和浙江省领军型创业团队，给予不低于 500 万元的补助，对经批准企业新建的院士专家工作站，一次性给予 30 万~50 万元的补助。北京市中关村自主创新示范区支持海外人才创业园、高端人才创业基地、雏鹰人才企业发展，实行相应的支持政策。相较而言，济南市人才政策具备一定的吸引力，但政策落实情况并不理想，应在继续推行现行政策基础上加强政策落实。

（三）科技成果转移转化政策

在贯彻落实《中华人民共和国促进科技成果转化法》、《实施〈中华人民共和国促进科技成果转化法〉若干规定》（国发〔2016〕16 号）和《促进科技成果转移转化行动方案》（国办发〔2016〕28 号）基础上，山东省、济南市从科技成果转化服务机构奖补制度、科研人员转化职务科技成果股权奖励、科技成果转化贷款风险补偿机制、培育科技成果转移转化服务机构和平台等方面出台了一系列促进科技成果转移转化的政策措施。例如，鼓励高校、科研院所、企业以各种形式建立或引进服务机构，开展科技成果转移转化，对驻济高校、科研院所、技术转移转化服务机构及中小微企业开展的技术转移转化活动给予补助；实行技术转移转化服务机构备案制度，对年度技术合同交易额超过 3000 万元的给予补助；新增国家级技术转移转化机构一次性最高 100 万元补助；缓解科技型中小企业的"融资难、融资贵"问题，加速科技成果资本化、产业化等。在政策导向下，通过设立"山东省科技成果转化先导资金"，集成国家、省、市三级联动的创业投资资金，2014 年投入 2.60 亿元财政资金，带动相关创投机构约 20 亿元投向科技创新领域；2016 年，山东省科技成果转化服务平台发展会员 2197 个，发布技术供给和需求 6077 项，登记技术合同交易额 410 亿元，较 2015 年增长 21%。

从各地成果转化政策看，济南市科技成果转移转化政策仍有待完善。例如，兰州新区对产学研合作科技成果转化基地建设的公共技术服务平台，按照不超过平台建设总费用 30%的比例，最高不超过 30 万元给予一次性资助；陕西西咸新区对民营企业自主研发生产并投向市场的省内首套产品，按其销价的 5%、最高不超过 50 万元给予奖励；大连金普新区吸引知名大学和科研机构在新区建设"技术转移+创业孵化"新兴技术研究院，设立新区专项转化资金，五年累计配套 5 亿元转化资金；成都高新技术产业开发区对以许可方式使用高校院所科技成果的，给予双创企业承租方最高 100 万元补贴，给予高校院所认定的职务科技成果发明人出租方最高 50 万元补贴，帮助高校院所向双创企业转移技术成果的技术转移机构，每年将获最高 100 万元补贴。

（四）知识产权保护政策

济南市知识产权工作稳步推进，出台《济南市深入实施知识产权战略行动计划（2016—2020 年）》《关于促进知识产权质押融资工作的指导意见》《济南市知识产权（专利）专项资金管理暂行办法》等，完善知识产权专项资金管理使用，实行"管评分离"，强化资金绩效评价与监督管理；打击假冒专利违法行为，鼓励单位和个人举报假冒专利行为；设立"小微企业双创基金专利专项资金"，加大对全市小微企业发明专利、专利导航、贯标等工作的支持；支持企业创造知识产权，开展专利奖评选，对获得中国专利金奖或中国外观设计金奖的企业，分别给予最高 100 万元、20 万元扶持，对当年确定的国家知识产权示范企业给予 30 万元/家资助，对当年确定的国家知识产权优势企业给予 15 万元/家资助。2017 年，全市发明专利申请量 11 720 件，发明专利授权量 5043 件，有效发明专利拥有量 18 242 件；九阳股份有限公司、山东电力研究院专利技术荣获中国专利奖金奖、中国外观设计金奖；济南全市专利质押登记贷款额 9.56 亿元；全年办理专利执法案件 1008 件，其中查处假冒专利案件 833 件，调处专利纠纷案件 175 件，案件结案率 100%；济南市知识产权法庭挂牌成立，建立全市首家海外知识产权维权援助工作站；全市专利代理机构 31 家，各类知识产权中介服务机构 80 家，知识产权服务从业人员 1500 余人；成立"济南市知识产权服务联盟"。

除专利奖励外，有的地区还对专利维权援助机构、社会组织等进行扶持和补助，例如，广州南沙新区对区内经国家、省、市批准挂牌的专利维权援助运营机构，每年给予 30 万元维权援助服务费用资助，对依法在区内注册成立以推动知识产权发展为目的的协会、促进会、联盟等社会组织，经区知识产权行政主管部门审核后，一次性给予 10 万元扶持。此外，四川天府新区探索知识产权证券化，建设市场化的知识产权交易机构，对新获批的国家级、省级知识产权交易机构，给予 100 万元、50 万元一次性建设经费补贴；哈尔滨新区提出对科技企业以专利权质押方式从银行获得相应贷款的，按实际支付银行相应利息的 50% 给予最高 20 万元贴息补助。济南新旧动能转换先行区知识产权保护政策的完善可以探索加强对知识产权保护、维权机构的支持、知识产权证券化试点、知识产权质押贷款贴息补助等方面的支持力度。

（五）科技金融政策

济南市是全国第二批促进科技和金融结合试点城市，为推动科技与金融深度融合，为本市科技型中小企业解决转化难和融资难的问题，2017 年修订出台《济南市科技金融风险补偿金管理办法》（济科发〔2017〕55 号），配合《山东省科技成果转化贷款风险补偿资金管理暂行办法》（鲁科字〔2016〕173 号）省、市联动，共同开展科技金融风险补偿金贷款业务，推动科技合作银行为科技型中小微企业贷款。建设科技金融大厦，面向全省为科技型企业提供服务，构建"评-保-贷-投-易"五位一体的科技金融创新服务体系。在齐鲁股权交易中心设立"科技板"，重点支持创新能力强、发展潜力大、成长前景好的科技型中小微企业挂牌融资。在相关政策引导下，设立科技创投基金，截至 2017 年底母基金已发起 20 支股权投资基金，基金总规模 23.95 亿元，完成投资额 11.99 亿元；通过投资平台济南金融控股集团有限公司开展产业引导资金股权直投工作，已完成对 31 家企业的股权投资，投资金额 4.91 亿元，其中对 20 家科技创新型企业进行股权投资 2.03 亿元；在"科技板"挂牌企业 26 家。开展创业投资风险补助，2017 年对三家被投资企业投资保障奖励共 300 万元。

值得借鉴的是，重庆市两江新区鼓励开展科技履约保证保险、产业链融资等科技金融服务，对企业知识产权质押贷款提供担保或保险的，给予担保或保险公司不超过每笔贷款金额 2%的担保费和保险费补助；贵州省贵安新区创业企业申请创业担保贷款，购买贷款保证保险的给予保险年费 50%的补助，保险公司承保创业企业创业担保贷款，因未偿还或逾期偿还本金及利息造成损失的，每年按实际净损失额的 10%给予补偿，创投机构首轮投资创业企业失败的，每年按投资项目实际净损失 10%给予补助；青岛市西海岸新区鼓励各类金融机构设立科技支行、科技金融事业部或区域分部，设立投贷联动引导资金，推动创投机构与商业银行合作开展投贷联动试点，围绕新区科技创新中心建设，组建智库基金、天使投资基金、成果转化基金、孵化基金、产业投资基金等科技创新基金池；等等。这对先行区继续推进科技与金融深度融合，完善科技金融体系具有较大的启发性。

（六）科技创新平台建设与管理政策

为落实《深化科技体制改革实施方案》《"十三五"国家科技创新规划》关于新型研发机构建设的指导意见，加快新型研发机构建设，山东省 2016 年出台《山东省人民政府关于印发山东省"十三五"科技创新规划的通知》，提出开展省级新型研发机构认定工作，围绕区域性、行业性重大技术需求，积极发展投资主体多元化、运行机制市场化、管理制度现代化、产学研紧密结合，以研发、技术服务、科技型企业孵化为主要业务的独立法人新型研发机构，形成跨区域跨行业的研发和创新服务网络。发布《关于深化科技体制改革加快创新发展的实施意见》，要求完善重点实验室、工程实验室、工程（技术）研究中心、企业技术中心及新型研发机构等创新平台建设布局，提升支持区域经济创新发展的能力。截至 2017 年 7 月，山东省已建有国家重点实验室和国家工程技术研究中心 20 家和 36 家，省级重点实验室和工程技术研究中心 244 家和 1187 家，与中国科学院共建了 124 个科技创新平台，推动 1500 多项科技成果在山东省转化实施。

科技创新平台作为科研项目、科技人才的载体，其水平和层次关乎科技创新成果的产出和质量，影响科技创新要素资源的集聚，因而各地纷纷出台一系列支持政策，促进各类科技创新平台建设。浙江省舟山群岛新区积极鼓励各县（区）、功能区引进高校、科研院所建设各类创新载体，对于国家重点院校、国家级科研机构、海外知名大学在本市设立独立研发机构并正常运作的，根据规模和层次给予 500 万元以内的补助。广州市南沙新区对新型研发机构购买的科研仪器设备，经具有资质的会计师事务所审计后，按照实际支出金额的 40%给予补贴，累计补贴金额最高 1000 万元。四川省天府新区鼓励高等院校、科研机构、企业以产学研合作形式建立集科学发现、技术发明、产业发展为一体的，具有独立法人资格的新型产业技术研究院，对纳入成都市新型产业技术研究院建设范围的，按市级拨付的运营经费和项目经费给予 1:1 配套资金支持，配套资金累计最高不超过 5000 万元。

总体来看，围绕实施创新驱动发展战略，激发科技创新潜能与活力，营造有利于科技创新的创新生态，济南市制定了一系列相关的科技创新政策，形成了较为完备的科技创新政策体系，这些政策的出台极大地推动了科技创新和经济社会发展。但是，与国内其他省市、国家级新区比较而言，各项政策的完善程度和支持力度均有不足，与先行区战略定位和规划目标的实现存在差距，需要继续补充完善。

第三节　先行区推进双创的政策建议

建设济南市新旧动能转换先行区，加强科技创新对经济产业发展的支撑引领作用，要以问题和需求为导向，加快构建促进新旧动能转换的制度环境和政策体系，充分释放科技体制改革红利，构建符合创新规律的新机制和双创生态环境，激发各类主体创新动力和发展活力。

一、实施重大创新专项，提升科技供给侧支撑能力

以实施重大科技创新专项为抓手，培育产业重点技术领域领跑优势。推动大数据与新一代信息技术、智能制造与高端装备、量子科技、生物医药、新能源新材料等技术领域承担国家重大科技创新项目，以重大技术突破引爆更加广泛的产业变革，进一步加快重大关键技术突破及成果转化应用，促进实现产业重点技术领域领跑目标。以省市联合实施科技创新项目为载体，强化产业重大关键共性技术支撑。深入实施信息安全、脑科学与人工智能、新能源汽车、高性能特种新材料、精准医疗、精准农业等重大科技创新工程，强化以企业为主导的产学研协同攻关，突破一批关键共性技术。以国家、省自然科学基金为导向，加强产业高端发展前瞻性技术储备。密切跟踪生物、信息、材料、医药、能源等领域科技发展最新态势，组织实施应用基础研究和前瞻性技术研究项目，储备一批具有产业发展引领作用的前瞻性原创技术。主动承接国家自然科学基金项目研究成果在山东省转化，支撑先行区产业持续快速发展。建立新旧动能转换重大创新项目定向委托机制，提高科技创新支持力度。对新旧动能转换重大项目创新需求，按照"一事一议"原则，在专家论证的基础上，委托有实力的创新主体牵头组织实施。加大对新旧动能转换重大研发项目的支持力度，设立科技奖励专项资金，提高省科技进步奖奖励额度，对国家科学技术奖等奖项获奖个人和组织配套相应奖励金额。

二、加快科技企业培育，全力提升创新主体能力

结构化推进科技型企业培育。建立科技型企业分类管理目录，发挥科技领军企业的创新引领作用，壮大高新技术企业队伍，培育科技型中小微企业。开展企业创新竞赛活动，遴选创新能力强、成长性好、税收贡献大的高新技术企业命名为创新百强企业，引领和示范企业创新发展；继续实施"小升高"培育行动计划和中小微企业创新竞技（2017～2021 年）五年行动计划，为高新技术企业规模化发展营造环境；推动科技企业孵化器和众创空间提质增效专业化发展，实现创新孵化载体量质双升，增强科技型中小微企业源头培育能力；

以高新技术企业、科技型中小企业等为重点，加快培育一批掌握核心技术、专利密集度指数高于行业平均水平的知识产权密集型企业，形成一批能够实现跳跃式发展的科技小巨人企业。实施培育"四新"项目专项行动。聚焦新一代信息技术、新能源、生物医药、高端装备制造产业、新材料、节能环保、新能源汽车等重点领域，实施培育"四新"项目专项行动，全面对接新旧动能转换"项目库"，每年培育一批"四新"企业；设立"瞪羚"企业成长基金，对新评选认定的"瞪羚"企业，在国际交流、并购融资、管理优化等方面给予支持。加强企业家队伍建设。保护和培育企业家精神，推进企业、企业家之间的创新联盟建设，加强企业间创新合作与资源共享，凝聚创新合力，降低企业创新投入风险，减少内部同质竞争，提高产业集聚能力和产业发展动力。

三、释放人才创新活力，构建动能转换智力支撑体系

1. 打造高端创新人才队伍

将高端人才引进与培育作为先行区工作破题的突破口，推动科技资源向高端人才聚焦。充分利用"千人计划"、国家杰出青年科学基金和泰山学者、泰山产业领军人才工程等重大人才工程，快速集聚一批对济南市新旧动能转换先行区产业转型升级具有带动作用的首席科学家、产业领军人才、科技创新人才和高技能人才。鼓励先行区企业建设院士专家、国家博士后工作站，大力引进培养高层次创新人才和团队，逐步建立起院士专家、博士后与设站企业协作的长效服务机制，为先行区建设提供人才支撑。深入实施专业技术人才知识更新工程，加快创新型人才培养。

2. 持续培养青年科技人才

实施青年科技人才培养计划，持续加大山东省自然科学基金对青年科技人员支持力度。鼓励青年科技人才双创，探索将省级以上科技企业孵化器、众创空间、大学科技园内创客团队使用省大型科学仪器设备协作共用网入网仪器设备发生的费用纳入"创新券"补助范围，享受小微企业补助标准。完善科

技人才荣誉制度，在省科技进步奖中增设青年科技创新奖。

3. 释放科研人员创新活力

继续深入实施科研院所法人治理结构改革，减少对科研事业单位的微观管理，从编制人事管理自主权、收入分配自主权、科研经费管理自主权、科技成果转化收益、处置和使用自主权、科研仪器设备采购自主权、基本建设项目管理自主权等方面继续扩大政策范围和力度，给科研院所、科研人员"松绑"。探索实行以增加知识价值为导向的分配政策，鼓励科研人员在事业单位和科技型企业之间流动兼职，激发科研人员科技创新、服务企业的主动性和积极性。打造一批具有现代治理理念的高水平特色科研院所，充分释放科研人员活力，并在全省乃至全国形成示范引领作用。

4. 提高科技人才服务水平

加快建立健全科技人才评价体系，强化突出创新能力、质量、贡献、绩效的评价导向，对从事基础研究的人才、从事应用研究和技术开发的人才和从事社会公益研究、科技管理服务和实验技术的人才实行分类评价。继续完善补充人才分类目录，推广高层次人才认定工作，并配套相应的人才优惠政策。建设人才公共服务体系，在"人才新政30条"基础上，增加人才"金卡"含金量，确保人才服务金卡效用，保障各类人才在创业投资、子女入学、保健医疗、交通社保、出入境管理等方面享受到及时、高效的专项服务，切实提高科技人才服务水平。

四、完善科技金融体系，推动科技与金融深度融合

1. 建设省级科技金融综合服务平台

在先行区设立科技金融服务中心，构建"评-保-贷-投-易"五位一体的科技金融创新服务体系，打造知识产权及企业投资价值评估、知识产权融资担保增信、企业贷款融资、股权投资、科技企业权益类和非权益类交易多环节联动

的融资链条。在先行区内组建部门协同、产业互助的科技金融服务联盟，开展中小企业投融资培训、创业辅导、上市路演、项目对接、论坛沙龙等综合增值服务。

2. 打造多层次的科技投融资体系

创新财政产业引导资金使用方式，放大财政资金引导效应；加大股权投资引导基金投入力度，拓宽科技型中小微企业融资渠道；加大直接融资财政支持，推动科技型中小微企业资本市场融资。探索建立统借统还平台贷款、政策性贷款产品、融资担保、小额贷款等债权融资服务体系，天使投资、创业投资、私募股权投资等股权融资体系。鼓励各类金融机构设立科技支行、科技金融事业部或科技贷款专业机构，创新金融产品，设立双创、科技成果转化专项贷款，助推企业科技创新及成果转化。设立投贷联动引导资金，推动创投机构与商业银行合作开展投贷联动试点。

3. 打造全链条、全覆盖的科技创投保障体系

围绕先行区建设，设立智库基金、天使投资基金、成果转化基金、孵化基金、产业投资基金等科技创新基金池。鼓励和引导保险行业支持双创，推出创业担保贷款等险种，并给予企业一定的保费补助，探索对创投机构首轮投资创业企业失败的，按投资项目实际净损失给予一定比例的补助。

五、系统布局创新基地，打造高水平双创平台

1. 加强科研创新平台的梯队建设

布局国家级重大科研平台。建立与科技部、省科技厅创新协同机制，推动省市联合实施国家重点研发计划重点专项，吸引国家重大科技成果在先行区转化落地，推动新旧动能加速转换。对接国家科技创新重大战略部署，聚焦先行区主要建设项目，实施济南重大科技创新工程。加快省级科技创新平台建设。支持企业与高校、科研院所共建一批在产学研合作和科技成果工程化、产

业化中发挥支撑作用的省级工程技术研究中心。支持科技领军企业牵头建设开放共享的双创平台、大学科技园和专业化众创空间，以众创、众包等方式带动上下游中小企业集聚发展。完善创新平台系统布局。立足优势产业，在重点领域布局建设一批综合性强、集成性好、开放协同度高的产业创新中心、制造业创新中心、技术创新中心和一批新的省级工程研究中心和工程技术研究中心，与现有的国家级、省级创新平台形成优势互补、梯次连续升级的系统布局。完善工程实验室、企业技术中心、产业创新中心、制造业创新中心、检验检测中心及新型研发机构等创新平台建设布局，提升支持区域经济创新发展的能力。

2. 大力发展新型产业技术研发机构

发展面向市场的新型研发机构，积极推广众包、用户参与设计、云设计等新型研发组织模式，积极培育市场化新型研发组织、研发中介和研发服务外包新业态，围绕区域性、行业性重大技术需求，积极发展投资主体多元化、运行机制市场化、管理制度现代化、产学研紧密结合，以研发、技术服务、科技型企业孵化为主要业务的独立法人新型研发机构，形成跨区域、跨行业的研发和创新服务网络。建议实施新型研发机构备案制度，开展重点新型研发机构评定工作，在科技金融支持、进口设备免税、人才引进等方面有针对性地出台推动新型研发机构发展的政策措施。同时强化对新型研发机构的宣传力度，营造有利于新型研发机构发展的环境。

六、推动科技成果转移转化，打造创新成果产业化集聚地

推进科技成果转化核心载体建设。建立专业化、集中化的成果转移转化机构，建立科技科技成果评价的标准化、规范化和专业化流程，加强科技成果评价、转移转化的专业化人才队伍建设。实施面向重大需求的科技成果转移转化服务计划，着力促进科技成果转化为现实生产力，将先行区建设成为全国性科技成果转移转化辐射源和集聚地。建立先行区技术产权交易市场。建立贴近市场、决策快捷、调控灵活、线上线下同步的先行区技术产权交易市场，开展技术合同认定权下放试点，开通技术合同网上认定登记系统。建立网络化电子商

务和信息平台，建立信息发布、查询、报告和统计运行机制和管理模式，建立和完备以会员管理、交易登记、信息披露等为主，科技成果评估机构、产权交易经纪机构、会计师事务所、律师事务所、风险（创业）投资公司等相配套的技术产权交易服务体系。加强科技成果转移转化的金融支持。支持先行区建设山东省技术成果交易与科技金融中心，加速先进科技成果与产业的精准对接。设立科技成果转化专项贷款，完善科技成果转化贷款风险补偿机制。加大科技成果转移转化服务机构补助政策实施力度，对促成科技成果在区内转化，以及承担省重大科技成果转化任务、进入示范性国家技术转移机构范围的服务机构，给予高额奖励。

七、实施知识产权战略，建设区域性知识产权高地

完善知识产权保护机制。在先行区创建集快速审查、快速确权、快速维权于一体的知识产权保护中心，建立专利申请保护的"绿色通道"，对新旧动能转化重点产业、知识产权密集型产业加大支持和保护力度。加快建立审查确权、行政执法、维权援助、仲裁调解、司法衔接相联动的产业知识产权快速协同保护机制。对区内经国家、省、市批准挂牌的专利维权援助运营机构，以及依法在区内注册成立以推动知识产权发展为目的的协会、促进会、联盟等社会组织，给予政策扶持。提升知识产权服务水平。在先行区内打造集专利申请受理、运营、交易、金融服务等于一体的"一站式"综合服务平台。推动各部门建立密切协作、运转顺畅的知识产权工作联动机制，提升和增强知识产权管理和服务效能，规范知识产权评估市场，提高知识产权评估机构准入门槛，提高知识产权评估的质量和可信度。探索知识产权证券化。构建新旧动能转换专利库，支持省内企业通过转让、许可、作价投资等方式引进产业发展急需的发明专利技术。加大知识产权质押融资力度，推广"政银保"融资模式，探索知识产权证券化。

八、完善开放合作机制，提升创新开放合作推动力

1. 完善科技创新开放合作机制

坚持以全球视野谋划和推动创新，积极融入和主动布局全球创新网络，探

索科技开放合作新模式、新路径、新体制，全方位提升科技创新的国际化水平，推动济南市科技型中小微企业融入全球创新体系。围绕先行区发展重大科技需求，鼓励在相关领域具有创新优势的国外跨国公司、研发机构、研究型大学来济设立或合作设立高水平研发机构和技术转移中心。实施更加积极的人才引进政策，加快推进海外人才引才用才政策完善，面向全球引进首席科学家等高层次科技创新人才。鼓励有实力的企业采取多种方式开展国际科技创新合作，鼓励外商投资战略性新兴产业、高新技术产业、现代服务业。重点面向智能制造、生物制药及医疗设备、信息技术、半导体及新材料等领域，拓宽对外科技合作新渠道。继续推行海外"孵化器"建设政策，积极构建海外孵化器和研发中心。

2. 积极融入"一带一路"建设

积极对接"一带一路"建设，建立"一带一路"战略推进机制，着力构建与沿线国家和地区的战略合作关系，将先行区打造成全省"一带一路"倡议中的重要节点。发挥区内中德产业园等发展载体先发优势，推动与国际知名企业在资本、品牌经营、跨国技术转移与交易、项目开发等方面开展全方位合作。搭建中乌科技合作大平台，充分利用中国-乌克兰高科技合作园、中国-乌克兰国际技术转移中心等科技平台，积极推进金刚石、氮化铝、氧化镓等新材料领域合作。鼓励科技型企业在沿线国家双创，推动移动互联网、云计算、大数据、物联网等行业企业与沿线国家传统产业结合，促进新技术、新业态和新商业模式合作。大力开展创新合作，加快引进海外研发基地，支持"一带一路"沿线国家科研机构、跨国公司在济南设立研发中心，联合开展产业链核心技术攻关。

3. 对接京津冀协同发展战略

支持对接雄安新区建设，探索市场化、弹性化异地合作新模式，推动与雄安新区城市规划、交通基础设施建设、创新要素集聚、高校资源对接等方面合作，构建京沪之间开放合作的新高地。以北京市、上海市打造全球科创中心为契机，依托济南市京沪区域中心地理优势，积极承接京沪区域高新技术产业创新链条拓展，围绕开放、融合、聚焦，打造双创的人才、资金、环境新优势，努力将济南市打造成为国内重要的科技成果策源地和京沪之间科技创新新高地。坚持走市场化开放合作道路，加强济南市创新龙头企业、高校与北京市、上海市同行业企业、上下游企业及高校和科研院所等外部资源的有机联系，交流合作、优势互补。积极对接京津冀协同发展战略，打造"津石济三角"中心城市链，带动河北省与山东省互动发展，落实国家区域发展总体战略，强化区域枢纽作用，率先推进构建区域间协调发展机制。

九、深化科技体制机制创新，凝聚新旧动能转换合力

1. 建立统筹协调推进机制

加强科技、财政、投资、税收、人才、产业、金融等部门的政策协同，完善全市推进新旧动能转换工作会商机制，集成省市创新资源共同支持新旧动能转换重大创新项目。定期开展科技部门推进新旧动能转换绩效评估，开展新旧动能转换考核工作，强化真抓实干激励导向，对发挥科技创新支撑新旧动能转换作用成效显著的企业、创新平台、区县等，在科技资源配置方面给予重点支持。建立创新政策协调审查机制，组织开展创新政策清理，及时废止有违创新规律、阻碍新兴产业和新兴业态发展的政策条款，对新制定政策是否制约创新进行审查。

2. 建立现代创新治理机制

全面实行科技报告制度，建立科技报告共享服务机制。完善科研信用管理制度，建立覆盖项目决策、管理、实施主体的逐级考核问责机制。推进创新调查制度建设，定期发布创新能力监测评价报告。建立技术预测长效机制，加强对我国技术发展水平的动态评价和国家关键技术选择。建立科技创新决策咨询制度，定期报告国内外科技创新动向，就重大科技创新问题提出咨询意见。建设高水平、专业化科技创新智库，发挥好院士群体、高等学校和科研院所高水平专家在战略规划、咨询评议和宏观决策中的作用。增强企业家在创新决策

体系中的话语权，发挥各类行业协会、基金会、科技社团等在推动科技创新中的作用，健全社会公众参与决策机制。

3. 建立科技资源开放共享机制

完善科研机构和科技创新平台绩效评估体系，将开放共享、服务科技型中小微企业和创客团队情况作为评价的重要内容，引导科研机构和创新平台科技资源对外开放共享。在实施中小微企业创新券制度基础上继续加大政策实施力度，扩大创新券受惠群体，增加创新券种类和使用范围，尤其是增加科技资源共享服务创新券额度，推动大型科学仪器设备开放率不断提升，受惠中小微企业数量不断增加。

第八章

山东省科技成果转化推动双创对策研究

山东省是全国的经济大省、科技大省，但"大而不强"问题比较突出。科技成果数量和质量较先进省市差距较大，企业等创新主体活力不足，科技成果转移转化成功率不高，影响了全省经济运行质量和效益。科技成果转移转化与双创密切相关，研究以科技成果转化为视角，通过对山东省科技成果转移转化基本状况的分析，把握全省双创活跃度、双创软环境等方面的情况，同时，找出成果转移转化存在的主要问题和制约因素，了解科技成果转移转化工作中的实际困难，从科研机构、地方政府、企业等不同角度分析问题的原因，构建符合科技创新规律和市场经济规律的科技成果转移转化体系，提出相应对策建议，推动全省双创。

第一节　山东省科技成果转化现状

近年来，为促进科技成果转化，国家和地方出台了一系列有关科技成果转化的政策文件，2015 年 8 月 29 日第十二届全国人民代表大会常务委员会第十六次会议修订了《中华人民共和国促进科技成果转化法》，国务院于 2016 年 2 月 26 日印发了《实施〈中华人民共和国促进科技成果转化法〉若干规定》，国务院办公厅于 2016 年 4 月 21 日印发了《促进科技成果转移转化行动方案》。以上三个文件的先后出台被称为"科技成果转化三部曲"。在此基础上，2017 年 9 月 26 日，国务院印发《国家技术转移体系建设方案》，通过设计体系框架，将促进科技成果转移转化的现有工作和各个环节勾连起来，并明确进一步促进科技成果转移转化的改革突破方向。为贯彻落实国家关于科技成果转移转化的三部曲，结合《促进科技成果转移转化行动方案》的具体要求，山东省相继出台《关于深化科技体制改革加快创新发展的实施意见》等促进科技成果转移转化的一系列相关政策，体制、政策环境得到极大优化，科技创新能力不断提升，区域创新实力和潜力位于全国前列，重要科技成果数量逐年增加，技术市场发展良好，各项指标均有稳定增长，科技成果转化政策效果逐渐显现。

一、科技成果数量

从统计数据来看，近年来，山东省重要科技成果及国内三种专利授权数大致呈现逐年增加的趋势，受政策密集出台推动，2015 年以后国内三种专利申请授权数较 2014 年有大幅上涨，其中发明专利申请授权数自 2011 年开始呈现逐年增长的态势（表 8-1）。

从与江苏、浙江、广东三省的对比来看，山东省国内三种专利申请受理数和授权数均远低于其他三省。2016 年，山东省三种专利申请受理数合计不及江苏省和广东省 1/2，仅略高于浙江省的 1/2，说明山东省创新活力不足，创新主体开展创新活动的积极性和活跃度远远不够。从国内三种专利申请授权数来看，仅有发明专利授权数四省差距稍小，实用新型专利和外观设计专利山东省远低于其他三省，国内三种专利申请授权数合计均不及其他三省的 1/2。科技成果数量的极大差距反映了山东省创新活力和创新能力不足，成果转移转化源头力量较弱（表 8-2）。

表 8-1　2011～2016 年山东省重要科技成果及国内三种专利申请授权数（单位：项）

年份	国家级科技成果	省级重要科技成果	国内三种专利申请授权数			
			合计	发明	实用新型	外观设计
2011	39	2 379	58 843	5 856		
2012	26	2 393	75 522	7 454	59 120	8 948
2013	21	2 332	76 976	8 913	58 938	9 125
2014	28	2 955	72 818	10 538	53 555	8 725
2015	33	3 011	98 101	16 881	68 776	12 444
2016	31	3 016	98 093	19 404	66 068	12 621

表 8-2　2016 年 4 省国内三种专利申请授权数对比（单位：项）

省份	国内三种专利申请受理数				国内三种专利申请授权数			
	发明专利授权数	实用新型专利	外观设计专利	合计	发明专利授权数	实用新型专利	外观设计专利	合计
江苏	184 632	192 636	135 161	512 429	40 952	117 827	72 254	231 033
浙江	93 254	199 244	100 649	393 147	26 576	123 744	71 136	221 456
广东	155 581	203 609	146 477	505 667	38 626	118 157	102 249	259 032
山东	88 359	106 100	18 452	212 911	19 404	66 068	12 621	98 093

二、技术合同成交额

因为科技成果转化指标的量化困难，通常采用技术合同成交额作为科技成果转化的重要核心指标，以衡量地区成果转化的实际情况。从统计数据来看，2016 年山东省技术合同成交额为 395.95 亿元，居全国第 8 位，远远低于北京、湖北、陕西、上海、广东、江苏、天津等省（直辖市），技术合同成交额占全国的比重仅为 3.47%，技术交易市场发展空间很大（图 8-1、图 8-2）。

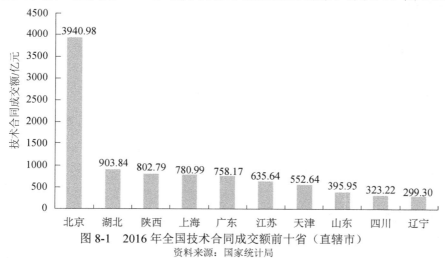

图 8-1　2016 年全国技术合同成交额前十省（直辖市）

资料来源：国家统计局

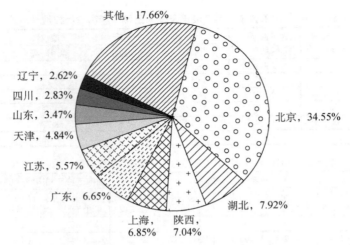

图 8-2　2016 年全国各省（直辖市）技术合同成交额占全国比重

资料来源：国家统计局

三、科技成果转化主体

科技成果转化是一个复杂的社会、经济、技术系统，需要政府部门、科研部门、产业部门、技术市场等诸方面的协作配合，在成果转化的具体实践中，高等院校、科研院所等科研单位是科技成果的主要供给方，而企业是科技成果的主要转化和推广方。2015～2016 年，山东省企业、高等院校、科研机构三大主体技术交易合同数和成交额均实现不同程度的增长，其中高等院校和科研机构技术合同成交额增长率超过 120%。这反映近年来山东省科研单位科技体制改革取得突破性进展，科技创新成效显著，正逐渐发展成为创新体系的重要组成部分，成为山东省科技创新的重要推动力。

四、技术合同类别

技术交易分为技术开发、技术转让、技术咨询和技术服务四类。2015～2016 年，山东省技术交易额总体涨幅较大，增长幅度达到 23.69%。在四类合同中，2015 年技术开发合同共登记 11 717 项，2016 年登记 11 052 项，交易额分别达到 200.68 亿元和 234.78 亿元，均超过当年全省技术合同交易额的 55%，2016 年实现同比增长 16.99%。技术咨询合同尽管总量最少，但增长迅速，登记合同项数由 2015 年的 1981 项增长到 2016 年的 3709 项，成交额由 12.68 亿元增长到

53.28 亿元，实现涨幅 320.19%，成为四类合同中增长势头最猛的合同类型。技术转让合同出现小幅下降，2016 年登记合同数由 2015 年的 1798 项下降到 1634 项，成交额则由 2015 年的 57.24 亿元下降到 54.49 亿元，下降 4.80%（图 8-3）。

　　从技术交易的结构总体来看，2015 年山东省技术交易成交额中技术咨询合同占比最少，仅占 3.73%，而 2016 年技术咨询合同占比已经达到 12.68%，相应地，其他三类合同在技术合同成交额中占比均比 2015 年有所下降。从图 8-4 到图 8-5 的变化可见，除技术开发合同依然占据半壁江山外，技术服务、技术咨询、技术转让三类合同之间的差距缩小，反映山东省技术交易结构趋向合理。

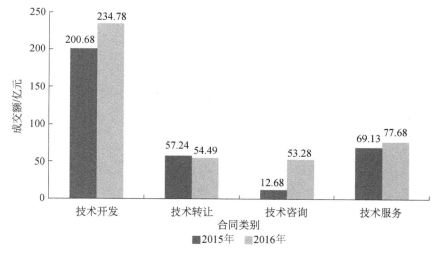

图 8-3　2015～2016 年山东省 4 类技术合同交易情况
资料来源：山东省技术市场统计分析报告

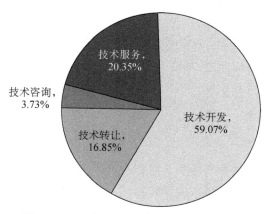

图 8-4　2015 年山东省技术合同成交额构成

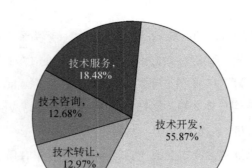

图 8-5　2016 年山东省技术合同成交额构成

五、科技成果转化效益

科技成果转化对地区经济发展至关重要，技术合同成交额占地区 GDP 的比重则是科技对经济促进作用的直接表现，图 8-6 反映了 2007～2016 年山东省技术合同成交额及占地区 GDP 比重情况，由图可见，山东省技术合同成交额呈持续增长态势，2016 年山东省技术合同成交额达到 395.95 亿元，较2007 年的 45.03 亿元增幅达 779%。成交金额占地区 GDP 的比重也不断提高，2012 年以后呈现快速增长趋势，2016 年山东省技术合同成交额在地区 GDP 中的占比已达到 0.58%，反映山东省技术交易在支撑经济发展中作用越来越显著，科技成果转移转化对区域创新驱动发展的效益日益凸显。

图 8-7 反映了 2007～2016 年山东省技术合同成交额及 GDP 增长趋势，由图可见，近 10 年山东省技术合同成交额与 GDP 呈现并行增长态势，并且技术合同成交额的增长幅度在 2012 年后明显高于 GDP 增长幅度，反映山东省科技成果转化经济效益显著。

表 8-3 是 2015 年、2016 年江苏、浙江、广东、山东 4 省技术合同成交额及 GDP 占比情况对比，由表可见，2015 年、2016 年山东省技术合同成交额在GDP 的占比仅比浙江省高，远低于江苏省和广东省，但从同比增长速度来看，山东省最低，反映山东省科技成果转移转化的经济效益仍有待提高。

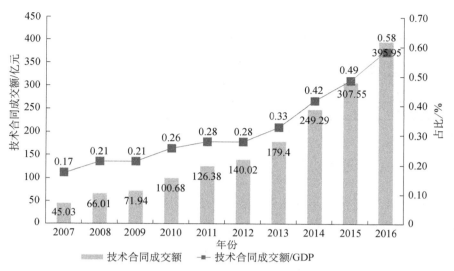

图 8-6　2007～2016 年山东省技术合同成交额及占地区 GDP 比重
资料来源：国家统计局、山东省技术市场统计分析报告

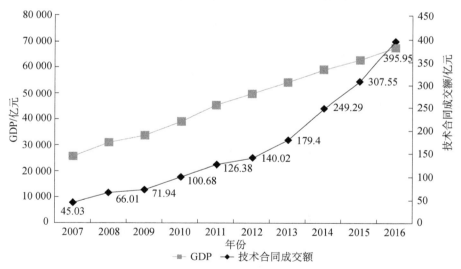

图 8-7　2007～2016 年山东省技术合同成交额及 GDP 增长趋势折线图
资料来源：国家统计局、山东省技术市场统计分析报告

表 8-3　2015 年、2016 年四省技术合同成交额及 GDP 占比情况对比

省份	2015 年			2016 年		
	技术合同成交额/亿元	GDP/亿元	技术交易额占GDP 比重/%	技术合同成交额/亿元	GDP/亿元	技术交易额占GDP 比重/%
江苏	572.92	70 116.38	0.82	635.64	77 388.28	0.82
浙江	98.10	42 886.49	0.23	198.37	47 251.36	0.42

续表

省份	2015 年			2016 年		
	技术合同成交额/亿元	GDP/亿元	技术交易额占GDP 比重/%	技术合同成交额/亿元	GDP/亿元	技术交易额占GDP 比重/%
广东	662.58	72 812.55	0.91	758.17	80 854.91	0.94
山东	307.55	63 002.33	0.49	395.95	68 024.49	0.58

六、技术交易机构

2015 年、2016 年山东省各类法人机构技术交易中，企业法人和事业法人实现了 90%以上的合同数和成交额。2015 年企业法人完成技术交易合同 13 555 项，成交额达 249.07 亿元，分别占总数的 66.40%和 81%，2016 年完成技术交易合同 14 782 项，同比增长 9.10%，实现成交额 323.28 亿元，同比增长 29.80%，技术交易合同数和成交额分别占总数的 67%和 81.60%，均较上年有所增长。

2015 年，事业法人完成技术交易合同 5086 项，占总数的 24.90%，实现成交额 27.14 亿元，占总数的 8.80%，2016 年完成技术交易合同 5989 项，同比增长 17.80%，实现交易额 53.75 亿元，同比增长 98%，技术交易合同数和成交金额分别占总数的 27.10%和 13.60%，均实现大幅增长，反映山东省事业法人，尤其是高校和科研院所自主创新能力和科技成果转化能力不断提升（表 8-4）。

表 8-4 2015 年、2016 年山东省各类法人机构技术交易成交额情况

法人机构	2015 年		2016 年	
	合同数/项	成交额/亿元	合同数/项	成交额/亿元
机关法人	905	28.31	302	11.30
其他组织	723	1.84	715	6.39
企业法人	13 555	249.07	14 782	323.28
社团法人	88	0.27	184	0.87
事业法人	5 086	27.14	5 989	53.75
自然人	65	0.93	96	0.36
合计	20 422	307.56	22 068	395.95

七、知识产权司法保护

2016 年，山东省 17 市国内三种专利申请授权数中青岛市、济南市、潍坊

市超过 10 000 件，与之相应，知识产权侵权案件数济南市、青岛市、潍坊市数量最多。以知识产权侵权案件数与国内三种专利申请授权数之间的比例作为知识产权侵权率①，对全省各市知识产权侵权的司法保护情况进行分析，从数据上看，潍坊市知识产权侵权率5.24%，淄博市4.73%，济南市4.37%，而聊城市和威海市不足0.10%，反映山东省各市在知识产权司法保护方面差距较大，知识产权保护意识和行动尚有待提高（表8-5）。

表8-5 2016年各市知识产权司法保护情况列表

城市	国内三种专利申请授权数/件	知识产权侵权案件数/件	知识产权侵权率/%	城市	国内三种专利申请授权数/件	知识产权侵权案件数/件	知识产权侵权率/%
济南	15 454	675	4.37	威海	4 609	2	0.04
青岛	22 046	572	2.59	日照	1 636	4	0.24
淄博	5 326	252	4.73	莱芜	2 106	3	0.14
枣庄	2 531	6	0.24	临沂	4 217	51	1.21
东营	3 243	65	2	德州	3 073	3	0.10
烟台	5 497	229	4.17	聊城	3 229	3	0.09
潍坊	10 150	532	5.24	滨州	2 761	91	3.30
济宁	6 392	130	2.03	菏泽	2 792	53	1.90
泰安	3 031	37	1.22				

统计数据显示，山东省近年来科技成果转化成效显著，政策对成果转化的推动效果逐渐显现，各类成果转化主体创新能力和成果转化能力不断增强，技术交易机构及技术交易服务体系日趋完善，反映山东省科技成果转移转化的基础和能力日渐提升。然而，总体而言，目前山东省科技成果转化的现状仍然差强人意，科技成果研发能力、转移能力和成果转化的经济社会效益仍落后于江苏等省份，与山东省经济大省的定位相差甚远，科技对经济的贡献率远远未能发掘。科技成果的产出和产业化与区域双创情况息息相关，对山东省科技成果转化情况进行分析评价，对双创相关政策制定有重要的参考意义。

---

① 知识产权侵权案件除专利侵权外，还包括商标、版权等侵权案件，因研究数据来源受限，在不影响对结果的分析基础上，本书采用知识产权侵权案件数/国内三种专利申请授权数来计算知识产权侵权率。出于研究目的，设定该比率越高，知识产权保护意识越强，知识产权司法保护程度越高。

第二节 总体评价及存在的问题

通过量化分析发现，山东省科技成果转移转化现状并不乐观，从科技成果总量到成果转化效率均存在较大不足。

一、对现状的总体评价

1. 科技成果研发能力区域差距大

近年来，山东省实施创新驱动战略，连续出台有利于科技创新及科技成果转移转化的政策，有效促进了创新成果产出，科技成果研发能力稳重有进，但与江苏、浙江、广东等省差距极大。科技成果研发能力是科技成果转化的基础，反映了可供转化的科技成果的数量和水平。通过对江苏、浙江、广东、山东4省重要科技成果数量以及国内三种专利申请受理数和申请授权数的对比研究，发现山东省较其他3省在科技成果的数量和质量上都有很大差距，反映山东省自主创新能力有待提升，应从创新环境、创新资源、创新投入、对外合作、创新人才队伍建设等多方面着手全面提高山东省创新活跃度和创新成果产出。

同时，就山东省内而言，各市科技研发能力也存在较大差距。从国内三种专利申请受理数和授权数来看，青岛、济南、潍坊3市稳居前三，且与其他市的差距较大，莱芜、日照、枣庄等市创新成果产出效率有所欠缺，反映了山东省在科技创新方面存在较大的地域不平衡（表8-6）。

表 8-6　2016 年山东省各市国内三种专利情况　　　　（单位：件）

城市	国内三种专利申请受理数合计	国内三种专利申请授权数合计	城市	国内三种专利申请受理数合计	国内三种专利申请授权数合计
济南	31 789	15 454	威海	14 593	4 609
青岛	59 549	22 046	日照	3 558	1 636

续表

城市	国内三种专利申请受理数合计	国内三种专利申请授权数合计	城市	国内三种专利申请受理数合计	国内三种专利申请授权数合计
淄博	10 500	5 326	莱芜	2 940	2 106
枣庄	4 642	2 531	临沂	8 210	4 217
东营	5 203	3 243	德州	5 093	3 073
烟台	12 649	5 497	聊城	6 357	3 229
潍坊	20 895	10 150	滨州	4 997	2 761
济宁	11 392	6 392	菏泽	4 757	2 792
泰安	5 787	3 031			

2. 科技成果转化能力有待加强

科技成果转化能力反映技术供方和受方之间通过市场中介所进行的科技成果活动状况，主要反映为技术交易市场综合情况。山东省技术合同登记数和成交额逐年增长，但在全国排名仅为第8，技术合同成交额占全国比重仅为3.47%，与山东省经济大省的总体状况不符，同时反映了山东省技术交易市场发展空间较大，技术交易推动双创尚有潜力可挖。从科技成果转移转化主体来看，企业在山东省科技成果转化中发挥重要作用，是主要的技术输出方和吸纳方，高校和科研机构科技成果转化能力不断提高，但仍需进一步出台各项政策措施，释放科研主体创新活力，提高市场主体成果转化动力。

3. 科技成果转化效益不理想

科技成果转化效益反映科技成果转化活动所带来的社会效果、经济效果，反映科技进步对经济发展的作用以及技术进步在经济增长中的作用。从技术交易额占地区生产总值的比重看，山东省近十年技术合同成交额迅猛增长，成交额占 GDP 的比重也呈现快速增长，自 2012 年后技术交易额增长幅度明显超过 GDP 增长幅度，反映山东省技术交易促进经济发展效果良好，科技对经济贡献率不断提升，但和江苏、广东省相比仍有较大差距，技术合同成交额和GDP 占比仅为广东省的 1/2 左右。

4. 科技成果转化服务体系有待完善

技术交易机构在科技成果转移转化中扮演重要角色，山东省当前科技创新平台建设成效显著，国家级科技企业孵化器和省级众创空间数量和质量不断提升，科技成果转移转化服务机构补助政策相继出台，反映山东省科技成果转化服务体系日趋完善。然而科技成果转化能力提高仍存在薄弱环节，如科技成果转化服务机构的专业性不足，成果转化专门人才缺乏，科技成果转化产业化导向不强等，制约山东省科技成果转化服务机构成果推广和转化能力的提升。

5. 知识产权司法保护任重道远

知识产权保护是科技成果转移转化的保障，也是开展双创活动的软环境，近年来，山东省实施知识产权战略，出台一系列知识产权激励和保护政策措施，有效促进了全省知识产权申请和保护，双创主体知识产权保护意识不断增强，但知识产权的司法保护仍然任重道远。从数据上，一方面，知识产权占有量全省分布极不均衡，各市之间差距较大，专利申请和授权主要集中于有限的几个市；另一方面，知识产权侵权的司法保护情况并不乐观，个别市几乎没有知识产权司法保护。

二、存在的问题

科技成果转化是一项系统工程，山东省当前在"最后一公里"出现成果转化不畅的问题，其原因错综复杂，成果信息共享、专业化机构、人才队伍、区域转化、资金支持等关键环节均存在不同程度的制约因素。

（一）科技成果转化的市场机制不完善

科技成果转化最终体现为市场行为，建立健全市场机制对于促进科技成果转化至关重要，目前山东省科技成果转化的市场体制机制存在不足。

1. 科技成果转化的产业化导向不强

我国科技成果转化率仅为 10%左右，远低于发达国家 40%的水平，一方面是因为我国自主创新能力相较美国等发达国家而言仍有不小的差距，更重要的原因在于我国科技成果转化的产业化导向不强，山东省更是如此。由于科研单位的事业法人性质及教学、科研定位等多方面原因，高校、科研机构所从事的科研活动往往不注重市场需求，不关注其研究成果的商业化转化问题。研发活动和产品开发之间的空白在于大学和企业在技术发展和推销阶段信息、动机的不对称以及科学、技术和商业企业之间存在的制度距离，使得科研单位的研究成果走向市场面临很大障碍。

2. 缺乏充分市场化的专业成果转化机构

科技成果转化的复杂性决定了成果转化对从事研发活动的科研机构和从事产品开发的企业要求很高，对于两者来说，科技成果转化要"过五关斩六将"，目前山东省无论企业还是科研机构基本没有专门的市场化的成果转移转化机构，大多是成立一个隶属于本单位的部门来开展这项工作，一方面机构本身不能与市场接轨，另一方面不论从体制上还是从人员上都缺乏专业性，无法顺利打通科技成果与产业之间的障碍，无法有效获得金融支持，极易产生信息不对称等问题。

（二）科技成果转化配套服务不健全

科技成果转化是政产学研金服用全方位、一体化的系统工程，除了提高自主创新能力，提高应用性科技成果产出的数量和水平，提升企业吸纳、消化技术的能力之外，需要建立健全科技成果转移转化体系，完善成果转化链条的各配套环节。当前山东省科技成果转化配套政策、机制、平台仍需进一步完善和加强。

1. 成果转化支撑孵化平台能力不强

作为促进科技成果转化、培养高新技术企业的科技创业服务机构，科技企业孵化器是创新体系的重要组成部分，也是区域创新、科技成果转化的重要载体。近年来，山东省科技企业孵化器和众创空间数量呈现持续增长态势，涌现出一批规模大、体系全、能力强、管理规范的孵化器，但从全省层面来说，单靠几个实力强的孵化器是远远不够的，要切实推动全省科技成果转化工作，就要"遍地开花",全面提高成果转化支撑平台、科技企业孵化器的功能和服务水平。

2. 科技金融对成果转化支撑能力不足

科技成果转化需要强大、持续的资金支持,科技金融机构在促进成果转化中起到重要作用。山东省目前科技金融行业不发达,管理规范不健全,科技金融机构的信息通道不通畅,金融机构缺乏科技成果相关信息的搜集渠道。科技成果与资本之间的信息不对称导致资本投入的随意性,好的科技成果转化项目融资困难,影响成果转化成效。

3. 合同等契约执行力不够

山东省科技成果转移转化总体规模不大,仅占全国的 3.47%,技术合同交易额占地区生产总值的比重也仅为 0.58%,技术市场不成熟,规则尚不健全,合同等契约在执行过程中存在种种不规范现象,部分成果转化项目、合同并非依照市场规则确立,整体而言合同契约规范化程度不高、市场化程度不够。

(三)产学研深度融合有待进一步加强

1. 自主创新能力不够,技术成熟度不高

从重要科技成果登记数和国内三种专利的申请数、授权数来看,山东省创新成果的产出数量和质量均与江苏、浙江、广东等省有较大差距,体现山东省科研能力和水平在创新驱动发展,推动新旧动能转换中后劲不足,创新能力和潜力有待进一步提高。企业在成果转化方面投入不足,研发经费、科技活动经费内部支出、科技成果转化基金、研发人员数和科技成果推广人数都有所欠缺,产业化承载能力不强。

2. 产学研合作模式保守、被动

产学研结合是区域创新协同体系的核心内容,当前山东省现有的产学研

合作模式保守、简单，各主体主观意愿不强，主动性不高，造成科技成果转化的信息不对称和资源浪费，科技成果的产出—研发—商业化转化—产业化链条不顺畅，大量科技成果难以商业化应用，无法产生商业价值，科技促进经济发展受阻。

第三节　山东省成果转移转化推动双创的对策建议

科技成果转移转化与双创的活力和成效密切相关，也是实施新旧动能转换的必要推动。促进科技成果转移转化，提高成果转化率，切实实现科技对经济的推动作用，应强化科技成果转移转化链条的有效衔接，从法律保障机制、转化机制、组织实施机制、动力机制等多个方面着手，建设功能完善、运行高效、全链条、市场化的科技成果转移转化体系。

一、优化成果转化政策环境

1. 建立科技成果转化政策协调机制

强化政策供给的协调性。政府相关部门要强化政策供给之间的协调性，避免出现政策"撞车"和政策之间的"抵消"现象，理顺不同政策之间的差异，并尝试设立专门的科技成果转化政策咨询服务平台对企业、科研单位、科技中介机构、金融机构、保险机构等进行政策普及、培训和咨询。加强科技、财政、投资、税收、人才、产业、金融等政策协同，探索设立跨部门的科技成果转化政策协调服务机构，设立科技成果转化政策"一门式"服务窗口，并指定专门的机构承担具体的协调服务工作，协调解决科技成果转化中的政策落实问题。

2. 建立成果转化政策监测与评估机制

对科技成果转化政策落实情况进行监测，总结典型经验和政策措施并加以推广，分析失败原因并进行解决。采取第三方评估等方式对科技成果转化政策进行评估，找出政策设计以及高校、科研院所、企业集团、科技企业等在政策落实中存在的问题，有针对性地加以完善，优化政策环境，从而推动科技成果转化。

二、完善成果转化评价体系

1. 构建科技成果评价体系

科技成果是成果转化的基础，对科技成果的恰当评价是进行科技成果转化的前提，直接关系到科技成果转化的可能性和经济社会效益。通过构建科技成果评价体系，建立科技成果评价的标准化、规范化和专业化流程，探索多角度、全方位的科技成果评价方式，在科技成果评价中引入第三方评价机构，客观地把握、评估科技成果的成熟度、应用价值和商业化前景，规避科技成果自我陈述、模糊定位、可比性差等问题。加快推进科技成果评价的人才队伍建设，培养、引进具备科技成果转化专业知识和技能的人才，改善科技成果转化人才结构，通过自主培养、专业培训、人才引进等提高人才专业化水平。

2. 完善科技成果转化绩效评价体系

探索对科技成果转化的绩效评价机制，结合山东省科技创新和技术交易的实际情况，探索适合山东省的科技成果转化绩效评价体系。改善科技成果转化人员激励机制，加大对科研成果的激励力度，比如，切实落实对科研人员成果转化收益的分配制度改革，探索对科研人员的工资税收优惠调整，对所有企业科研人员工资实行税前据实列支扣除的政策，鼓励企业雇佣、培养科研人员，积极开展研发活动，提高自主创新能力和技术吸纳能力。优化高校、科研机构考核评价机制，将成果转化纳入考核评价体系，改善科技成果转化环境。

三、健全成果转化市场机制

1. 强化企业成果转化主体地位

针对山东省科技成果转化现状，加强企业的主体地位势在必行，通过深化科技体制改革，优化科技资源配置，打破企业与科研单位之间的体制藩篱，充分发挥市场的导向作用，跨越研发活动、产品开发之间的空白地带，构建符合科技创新规律和市场经济规律，以企业为主体、市场为导向、科技金融紧密结合的技术创新和成果转移转化体系，明确转出方和接受方以及各个创新主体的责任义务、转化路径、适宜模式、协同和保障机制等，明确各个创新主体在促进科技成果转化方面负有的责任和主要工作任务。

2. 建立市场化成果转化投入机制

科技成果转化投入是衡量科技成果转化能力的核心指标，也是目前山东省的关键薄弱环节。科技成果转化投入主要包含研发经费、科技活动经费内部支出、科技成果转化基金等，资金投入来源包括政府基金、政府优惠政策减免、政府扶持资金、企业研发投入、风险投资、种子资金、商业性创业基金等。建立多元化科技成果转化投入机制，充分调动各项资源，合理利用社会资本，有助于降低企业成本和风险，激发企业、各主体的成果转化积极性。多元化科技成果转化投入机制要明确资本、技术、信息、人才投入各方的责任与义务，明确成果转化权益分配方式，明确合同契约的规范性和严肃性，减少不必要的纠纷。

3. 规范科技金融行业规则

金融资本投入是创新活动及科技成果转化的重要一环，某种程度上关系到科技创新及成果转化能否顺利进行。目前，山东省科技金融行业乱象丛生，行业规范不健全，融资体系不完善。因此，应推进科技金融改革，借鉴先进省市成功经验，打造全链条全覆盖科技创投保障体系，提高天使投资、风险投资的融资成功率，尝试组建部门协同、产业互助的科技金融服务联盟，助推企业科技创新及成果转化。

四、建设成果转化服务平台

1. 推进科技成果转化核心载体建设

鼓励高校、科研院所设立专门化、市场化的独立成果转移转化机构，实行备案制度，通过第三方评估机构进行评审和考核，并进行政策扶持。允许高校、科研院所对科技成果转移转化收益进行绩效奖励，扩大该项奖励比例自主权。推行成果转化服务社会化，在在科技成果转移转化主体、服务平台载体、人才队伍和金融支撑体系建设方面加大支持力度。实施面向重大需求的科技成果转移转化服务计划，着力促进科技成果转化为现实生产力，建设全国重要科技成果转移转化辐射源和集聚地，推动全省双创。

2. 培育科技成果转移转化服务机构

着眼于提升科技成果转移转化专业化水平，通过培育科技成果转移转化服务机构，加快以技术成果转移转化为代表的科技服务业发展，搭建技术成果转移转化桥梁。探索加大科技成果转移转化服务机构补助政策实施力度，优化现有政策，提高奖补范围和力度，推动科技成果转化服务机构发展，提高成果转化专业化服务水平。

五、推动产学研深度融合

1. 探索更加灵活的产学研合作模式

山东省产学研合作模式单一，协同效应不明显，使得科技成果转化的信息不对称，造成资源浪费，科技成果的产出—研发—商业化转化—产业化链条不顺畅，大量科技成果难以商业化应用，无法产生商业价值，应探索更加灵活、主动的产学研协同合作方式。①以企业为主导的产学研合作模式。企业处于市场经济的最前沿，从自身从事行业、领域的市场需求出发，结合自身的实践经验和设备、资金优势，与高校、科研院所合作，通过建立联合研究机构或者联合开发产品的方式开展产学研合作，科技成果可以直接实现商业化和市场化。②以科研单位为主导的产学研合作模式。为规避科技成果转化过程中的风险，降低成果转化成本，企业与高校、科研院所通过责任和风险共担的合作方式共建联合实验室，开展长期合作，共同进行研发活动和产品开发，同时进行专业化人才培养。③政府主导推进的产学研合作模式。对前瞻性技术领域和科研领域，政府引导企业进行超前布局，发现和抢占新兴产业先机，通常以某个产业为载体，在政府主导下企业、科研院所等进行联合攻关，构建产学研联盟，最终形成完整产业链。

2. 构建以企业技术中心为载体的产学研联盟

结合山东省经济发展的产业集群特征，鼓励企业发挥自身影响力和吸引力，与高校、科研院所建立产学研联盟，形成企业技术中心，开展前沿技术、核心技术和产业共性技术的攻关，加快开发拥有自主知识产权的产品和技术，并培养、引进专业人才，形成科技成果研发与转化、产业发展与人才集聚的良性循环，让企业技术中心成为企业自主知识产权发展的助推器和企业自主创新人才的集聚地。

六、强化知识产权保护

1. 建设知识产权保护中心

知识产权保护是进行科技成果转化的保证，是科研单位和企业进行自主创新的土壤。知识产权保护因其特性涉及审查授权、注册登记、行政执法、司法保护、仲裁调解以及行业自律等方面，维权周期长、成本高。改善科技成果转化环境，推动双创，要创建集快速审查、快速确权、快速维权于一体的知识产权保护中心，加快形成审查确权、行政执法、维权援助、仲裁调解、司法衔接相联动的产业知识产权快速协同保护机制，改善知识产权维权困境。

2. 规范知识产权服务市场

加快发展专业化知识产权评估服务，规范知识产权评估市场，提高知识产权评估机构准入门槛，规范评估行为和收费标准，推动政府部门、金融机构、中介机构等在知识产权评估工作中，选取具有专业资质的、业务能力较强的知识产权评估机构进行合作，提高知识产权评估的质量和可信度，促进知识产权的转移转化。提升和增强知识产权管理和服务效能，加快知识产权公共服务平台建设，打造集专利申请受理、运营、交易、金融服务等于一体的"一站式"综合服务平台。

　　数据质量是创新指数评价的"生命线"，作为一项复杂的工作，在数据搜集过程中，笔者选取和使用质量可靠、来源清楚、标准规范的数据和指标，基本数据来源于《山东统计年鉴》《山东科技统计年鉴》《中国火炬统计年鉴》《中国科技统计年鉴》，以及"山东省知识产权统计"等公开数据，指标选取考虑绝对指标和相对指标相结合，以降低指标对各市规模的敏感程度，增强指标的可比性。附录包含了对山东省科技创新发展指数和双创发展指数评价的指标含义和数据来源的解释以及相关评价指标的基本数据。

附录一　指标含义与数据来源

一、山东省科技创新发展指数评价指标含义与数据来源

1. 科技进步贡献率

该指标指广义技术进步对经济增长的贡献份额，它反映在经济增长中投

资、劳动和科技三大要素作用的相对关系。其基本含义是扣除了资本和劳动后，科技等因素对经济增长的贡献份额。科技进步贡献率能够反映经济结构调整的变化情况，是反映科技进步对经济社会发展贡献的一项综合性指标。

2. R&D 经费支出占地区 GDP 的比重

该指标是国际上通用的衡量一个国家或地区科技投入强度和科技发展水平的评价指标。其中，全社会 R&D 经费支出是指调查单位在报告年度内用于内部开展 R&D 活动的实际支出。包括用于 R&D 项目（课题）活动的直接支出，以及间接用于 R&D 活动的管理费和服务费、与 R&D 有关的基本建设支出以及外协加工费等（数据来源于《山东统计年鉴》）。GDP 是指按市场价格计算的一个国家或地区所有常住单位在一定时期内生产活动的最终成果。对于一个地区来说，称为地区生产总值（数据来源于《山东统计年鉴》）。

计算公式：（全社会 R&D 经费支出/地区 GDP）×100%

3. 科技公共财政支出占公共财政支出的比重

该指标是衡量地方政府财政科技投入力度的重要指标。其中，科技公共财政支出是指用于科学技术方面的公共财政支出，包括科学术管理事务、基础研究、应用研究、技术研究与开发、科技条件与服务、社会科学、科学技术普及、科技交流与合作等（数据来源于《山东统计年鉴》）。

公共财政支出是指地方财政将筹集起来的资金进行分配使用，以满足经济建设和各项事业的需要（数据来源于《山东统计年鉴》）。

计算公式：（科技公共财政支出/公共财政支出）×100%

4. 高新技术企业数量

该指标是衡量地方创业水平的指标。高新技术企业是指按照《高新技术企业认定管理办法》获得认定的，在《国家重点支持的高新技术领域》内，持续进行研究开发与技术成果转化，形成企业核心自主知识产权，并以此为基础开展经营活动，在中国（不包括港澳台地区）注册的居民企业（数据来源于《中国火炬统计年鉴》）。

5. 规模以上工业企业 R&D 经费支出占主营业务收入的比重

该指标是衡量规模以上工业企业创新能力和创新投入水平的重要指标。其中，规模以上工业企业 R&D 经费是指规模以上工业企业在报告年度内用于内部开展研发活动的实际支出。主营业务收入是指企业确认的销售商品、提供劳务等主营业务的收入（数据来源于《山东统计年鉴》）。

计算公式：（规模以上工业企业 R&D 经费支出/主营业务收入）×100%

6. 有研发机构的规模以上工业企业占规模以上工业企业的比重

该指标是反映工业企业整体创新水平的指标。其中，研发机构是指在区内设立的独立或非独立的具有自主研发能力的技术创新组织载体（数据来源于《山东科技统计年鉴》）。规模以上工业企业是指年主营业务收入在 2000 万元以上的工业企业（数据来源于《山东科技统计年鉴》）。

计算公式：（有研发机构的规模以上工业企业数/规模以上工业企业）×100%

7. 高新技术产业产值占规模以上工业总产值比重

该指标是衡量高新技术企业创新产出的重要指标，反映科技创新对产业结构的优化程度。其中，高新技术产业产值是指属于山东省高新技术产业统计范围的行业的企业产值。规模以上工业总产值是指以货币形式表现的，规模以上工业企业在一定时期内生产的工业最终产品或提供工业性劳务活动的总价值量，它反映一定时间内规模以上工业生产的总规模和总水平（数据来源于《山东统计年鉴》）。

计算公式：（高新技术产业产值/规模以上工业总产值）×100%

8. 高新技术产业开发区规模以上工业总产值

该指标是衡量地方高新技术产业开发区创新能力的指标。高新技术产业开发区规模以上工业总产值是指高新技术产业开发区内规模以上工业企业产值之和（数据来源于《山东统计年鉴》）。

9. 每万名就业人员中研发人员数

该指标是反映科技人力资源和研发活动人力投入强度的重要指标。其中，研发人员指调查单位内部从事基础研究、应用研究和试验发展三类活动的全时人员加非全时人员按工作量折算为全时人员数的总和。就业人员指在 16 周岁及以上，从事一定社会劳动并取得劳动报酬或经营收入的人员（数据来源于《山东统计年鉴》）。

计算公式：（研发人员/就业人员数）×10 000

10. 国家重大人才工程累计入选人数

该指标统计范围包括入选千人计划、国家高层次人才特殊支持计划（简称"万人计划"）、科技部创新人才推进计划的人才总数。其中，"千人计划"，重点引进节能环保、新一代信息技术、生物技术、高端装备制造、新能源、新材料等高新技术产业领域人才和急需紧缺人才。"万人计划"是准备用 10 年时间，面向国内分批次遴选 1 万名左右自然科学、工程技术和哲学社会科学领域的杰出人才、领军人才和青年拔尖人才给予特殊支持，包括杰出人才、领军人才、青年拔尖人才。创新人才推进计划旨在通过创新体制机制、优化政策环境、强化保障措施，培养和造就一批具有世界水平的科学家、高水平的科技领军人才和工程师、优秀创新团队和创业人才，打造一批创新人才培养示范基地，加强高层次创新型科技人才队伍建设，引领和带动各类科技人才的发展，为提高自主创新能力、建设创新型国家提供有力的人才支撑。

11. 省级人才工程累计入选人数

该指标统计范围包括入选泰山学者、泰山产业领军人才的人才总数。其中，泰山学者包括入选泰山学者攀登计划、泰山学者青年专家计划、泰山学者特聘专家计划的人才。泰山产业领军人才包括高效生态农业创新类人才、传统产业创新类人才、战略性新兴产业创新类人才、现代服务业及社会民生产业创新类人才、科技创业类人才、产业技能类人才和蓝色产业人才。

12. 年登记技术合同成交额

技术市场成交合同金额是指技术市场管理办公室认定登记的、技术转让方为当地企业或机构的技术合同的合同标的金额的总和。按《山东科技统计年鉴》统计口径填报。

13. 每万人发明专利拥有量

该指标反映相对于人口规模发明专利的存量水平。其中，发明专利拥有量是指调查单位作为专利权人在报告年度拥有的、经国内外知识产权行政部门授权且在有效期内的发明专利件数（数据来源于《山东科技统计年鉴》）。常住人口包括：居住在本乡镇街道且户口在本乡镇街道或户口待定的人；居住在本乡镇街道且离开户口登记地所在的乡镇街道半年以上的人；户口在本乡镇街道且外出不满半年或在境外工作学习的人（数据来源于《山东科技统计年鉴》）。

计算公式：（发明专利拥有量/常住人口数）×10 000

14. 省级以上重点实验室数量

该指标指在一定时间内地区拥有的国家级和省级重点实验室的总数。重点实验室是组织高水平基础研究和应用基础研究、聚集和培养优秀科技人才、开展高水平学术交流、科研装备先进的重要基地。

15. 省级以上工程技术研究中心数量

该指标指在一定时间内地区拥有的国家级和省级工程技术研究中心的总数。工程技术研究中心是指依托于行业、领域科技实力雄厚的重点科研机构、科技型企业或高等院校，具有较完备的工程技术综合配套试验条件，能够提供多种综合性服务，与相关企业紧密联系，同时具有自我良性循环发展机制的科研开发实体。

16. 省级以上科技企业孵化器数量

该指标是指在一定时间内地区拥有的国家级和省级的科技企业孵化器的

总量，体现了国家级科技企业孵化器的规模和服务能力。

17. 省级以上众创空间数量

该指标是指在一定时间内地区拥有的国家级和省级众创空间（含星创天地）的总量。众创空间是针对早期创业的重要服务载体，为创业者提供低成本的工作空间、网络空间、社交空间和资源共享空间，与科技企业孵化器、加速器、产业园区等共同组成创业孵化链条。

18. 国家级技术转移示范机构数量

该指标是指在一定时间内地区拥有的国家级技术转移示范机构的总量。技术转移机构是指为实现和加速上述过程提供各类服务的机构，包括技术经纪、技术集成与经营和技术投融资服务机构等，但单纯提供信息、法律、咨询、金融等服务的除外。

19. 研发费用加计扣除占企业研发经费的比重

该指标是反映政府对企业科技活动的重视程度的指标。根据《关于完善研究开发费用税前加计扣除政策的通知》（财税〔2015〕119 号），企业开展研发活动中实际发生的研发费用，未形成无形资产计入当期损益的，在按规定据实扣除的基础上，按照本年度实际发生额的 50%，从本年度应纳税所得额中扣除；形成无形资产的，按照无形资产成本的 150%在税前摊销。研发经费加计扣除所得税减免额是指企业按有关政策和税法规定税前加计扣除的研发活动费用所产生的所得税减免额。

企业研发经费是指规模以上工业企业在报告年度内用于内部开展研发活动的实际支出（数据来源于《山东科技统计年鉴》）。

计算公式：（研发经费加计扣除所得税减免额/企业研发经费）×100%

20. 高新技术企业减免税占企业研发经费比重

该指标是反映政府对高新技术企业的扶持力度的指标。其中，高新技术企业减免税指对国家需要重点扶持的高新技术企业，减按 15%的税率征收企业所得税。

计算公式：（高新技术企业减免额/企业研发经费）×100%

21. 互联网普及率

该指标指互联网用户数占全市常住人口总数的比例，衡量一个国家或地区的信息化发达程度。

计算公式：（互联网用户数/地区常住人口总数）×100%

22. 党委政府出台实施创新驱动发展战略的决定或意见及配套政策

该指标反映党委、政府是否出台关于创新驱动发展的顶层设计文件及配套政策，体现党委、政府对创新驱动发展的统筹部署，把创新作为城市发展的第一动力。

23. 拥有能抓创新、会抓创新、抓好创新的科技管理队伍

该指标反映党委、政府在科技管理队伍方面的配备情况、保障能力和管理水平。

24. 特色工作

如形成一批高端人才、引领型企业、优势产业和较强竞争力的品牌，形成富有活力的政策环境和尊重知识、尊重人才、尊重创新的社会氛围，创新发展水平和创新特色优势获得普遍认可。

二、山东省双创发展指数评价指标含义与数据来源

1. 新登记企业数

该指标衡量各市市场主体情况，市场主体的多少直接反映双创的活跃程度。新登记企业的数量是反映地区创新发展水平和双创活力的重要标志（数据来自原山东省工商行政管理局网站数据平台）。

2. 新登记企业增长率

该指标反映各市新登记企业与上年相比的增长情况，用相对指标反映各市双创活力的变化趋势（数据来自原山东省工商行政管理局网站数据平台）。

3. 新增个体、农合数量

该指标衡量各市市场主体情况，山东省个体、农合数量相当庞大，是国民经济一支重要力量，也是山东农村城市化、农业现代化的重要促进力量。作为市场主体的组成部分，新增个体、农合数量同样是对区域双创活力的体现（数据来自原山东省工商行政管理局网站数据平台）。

4. 新增个体、农合同比增长率

该指标反映各市个体、农合增量与去年相比的增长情况，反映各市个体、农合活力的变化趋势（数据来自原山东省工商行政管理局网站数据平台）。

5. 拟上市及新三板挂牌量

该指标反映各市企业、地方政府对产业资本的利用程度以及资本与企业互动的活跃度，是对创业企业活力和成长性的衡量（数据来自山东省证监局网站、青岛市证监局网站）。

6. 规模以上工业企业 R&D 经费内部支出占规模以上工业企业主营业务收入的比重

该指标是对各市企业创新活动投入情况的衡量，用来反映各市创新活力情况（数据来自《山东统计年鉴》）。

7. 每万人国内三种专利申请数合计

该指标用来衡量各市创新活动的产出情况，用专利的申请情况反映创新的活跃度和活力（数据来自《山东统计年鉴》）。

8. 规模以上工业企业 R&D 人员折合全时当量

该指标反映各市企业研发人员情况，用来反映各市从事创新活动的人才资源情况，是对创新活力的衡量（数据来自《山东统计年鉴》）。

9. 当年高校毕业生人数（大专以上）

该指标衡量各市双创的直接参与主体情况，反映双创的人才活力（数据来自《山东高校毕业生就业质量年度报告》）。

10. 每万人发明专利拥有量

该指标衡量各市创新核心成果的产出效率和质量，按人均产出计算（数据来自《山东统计年鉴》）。

11. 每万人国内三种专利申请授权数合计

该指标衡量各市创新成果的产出情况，国内三种专利即发明专利、实用新型专利、外观设计专利，三种专利合计反映各市双创的成果产出，按人均计算（数据来自《山东统计年鉴》）。

12. 技术合同成交额（亿元）

该指标反映各市技术市场交易情况，是对创新成果转化为直接经济收益情况的衡量（数据来自《山东科技统计年鉴》）。

13. 私营企业和个体新增就业人口数（万人）

该指标反映各市私营企业和个体双创活动产生就业岗位情况，是对双创拉动就业作用的衡量（数据来自《山东统计年鉴》）。

14. 私营企业和个体就业人口增长率（%）

增长率指标衡量双创活动带动就业较上年的增长情况，是相对指标（数据根据《山东统计年鉴》的数据计算得出）。

15. 融资的事件数

该指标指创业企业的融资情况，反映各市双创的资本支撑条件（数据来自

2014 年 8 月至 2015 年 7 月的全国交易市场统计）。

16. 融资的总规模（万元）

该指标指创业企业融资的总金额，反映各市创业企业融资能力、融资环境（数据来自 2014 年 8 月至 2015 年 7 月的全国交易市场统计）。

17. 省级以上众创空间数量

众创空间是新型双创载体，创业项目门槛低、投入小，适应"大众创业、万众创新"的要求。众创空间的数量可以反映各市提供双创支撑服务的能力（数据来自《山东科技统计年鉴》）。

18. 省级以上科技企业孵化器数量

该指标衡量各市优质双创服务平台的情况，反映各市双创服务能力（数据来自《山东科技统计年鉴》）。

19. 人均 GDP（元）

该指标衡量各市经济发展水平，反映各市双创的经济基础（数据来自《山东统计年鉴》）。

20. R&D 经费内部支出占 GDP 比重（%）

该指标衡量各市政府研发经费投入的强度，反映各市双创的经济基础（数据来自《山东科技统计年鉴》）。

21. 政府双创基金指数

该指标衡量各市政府双创基金的设立、运行、使用情况，反映各市双创政策环境（数据来源于《全国双创发展指数报告》）。

22. 地方财政科技支出占财政总支出的比重（%）

该指标衡量各市财政支出对科技创新的倾斜情况，反映各市双创政策环境（数据来源于《山东科技统计年鉴》）。

23. 知识产权侵权保护程度

　　该指标用各市知识产权侵权案件数来衡量知识产权侵权的司法保护情况，案件数与侵权保护程度呈正相关，反映各市双创政策环境（数据来源于山东省知识产权局）。

附录二　基本指标数据表

一、山东省各市科技创新能力评价指标数据

附表 1　山东省各市科技创新能力评价指标数据（一）

城市	R&D 费用支出占地区生产总值的比重		科技公共财政支出占公共财政支出的比重		高新技术企业数量		规模以上工业企业 R&D 经费支出占主营业务收入的比重	
	2015 年/%	增幅 /%	2015 年 /%	增量 /%	2015 年 /家	增长率 /%	2015 年 /%	增量 /%
济南	2.18	0.09	1.74	0.06	609	18.95	1.89	0.26
青岛	2.84	0.03	2.34	−0.18	964	29.22	1.30	0.07
淄博	2.14	0.22	2.61	0.20	228	−3.80	0.75	0.11
枣庄	1.50	0.10	0.53	−0.35	89	8.54	0.81	0.07
东营	2.62	0.09	1.04	−1.15	112	−0.88	0.63	0
烟台	2.54	−0.28	2.90	0	301	13.58	1.04	−0.08
潍坊	2.59	0.09	2.26	−0.28	446	−3.04	1.05	0.11
济宁	1.78	0.24	1.56	−0.17	277	11.69	1.26	0.30
泰安	2.41	0.18	1.26	−0.12	114	9.62	1.13	0.22
威海	2.27	0.25	3.61	0.16	191	17.18	0.98	0.13
日照	1.23	0.14	1.23	0.03	39	11.43	0.82	0.16
莱芜	2.52	0.04	2.25	−0.54	57	−1.72	1.07	0
临沂	2.03	0.23	0.91	−0.11	192	15.66	0.72	0.10
德州	1.43	0.10	2.22	0.69	113	31.40	0.40	0.02
聊城	2.11	0.11	0.57	−0.71	51	41.67	0.62	0.05
滨州	2.59	0.02	1.70	−0.29	79	12.86	0.74	0
菏泽	1.23	0.08	0.60	−0.57	41	41.38	0.42	0.01

附表2　山东省各市科技创新能力评价指标数据（二）

城市	有研发机构的规模以上工业企业占规模以上工业企业的比重		高新技术产业产值占规模以上工业企业的比重		高新技术产业开发区规模以上工业总产值		每万名就业人员中研发人员数	
	2015年/%	增量/%	2015年/%	增量/%	2015年/亿元	增长率/%	2015年/（人年/万人）	增量/（人年/万人）
济南	10.56	−0.10	42.40	−1.14	2337.78	9.99	110.84	10
青岛	10.23	−0.44	42.35	0.08	2400.93	12.60	82.51	3.54
淄博	10.70	1.51	33.44	2.68	2259.50	2.05	67.9	3.99
枣庄	9.06	−1.60	20.17	1.04	771.81	2.18	19.44	−0.08
东营	6.73	−1.50	35.22	0.45	1662.75	1.14	77.88	−4.25
烟台	6.85	−1.31	42.05	−0.02	776.03	8.32	62.4	−2.85
潍坊	8.74	−1.13	33.43	2.10	1694.47	3.54	42.49	−0.74
济宁	6.65	−1.24	28.56	0.54	1584.67	−38.74	30.74	6
泰安	5.04	−0.16	29.51	2.60	1200.84	−14.18	38.84	−0.97
威海	9.69	2.02	39.73	1.12	1899.78	71.38	66.03	1.19
日照	4.34	−1.22	20.43	−0.39	150.13	−11.85	19.16	0.99
莱芜	5.20	−1.86	19.68	−0.13	380.33	−13.88	39.96	0.19
临沂	4.75	−0.57	23.47	1.78	1330.08	20.10	22.51	4.17
德州	3.61	0.25	27.82	0.84	768.30	−4.37	21.28	−4.64
聊城	2.63	−0.55	26.89	2.13	108.87	−78.28	17.22	−0.95
滨州	5.22	−0.97	26.19	2.23	53.93	−6.13	42.91	1.23
菏泽	5.28	−0.16	31.19	0.74	283.97	2.98	10.38	−1

附表3　山东省各市科技创新能力评价指标数据（三）

城市	国家重大人才工程累计入选人数		省级人才工程累计入选人数		年登记技术合同成交额		每万人发明专利拥有量	
	2015年/人	增长率/%	2015年/人	增长率/%	2015年/亿元	增长率/%	2015年/件	增量/件
济南	83	27.69	372	46.46	31.37	−15.86	16.44	3.93
青岛	87	19.18	234	61.38	89.54	42.23	14.46	4.91
淄博	7	16.67	37	131.25	24.46	41.03	7.81	1.97
枣庄	6	0	9	350	8.25	23.79	1.40	0.25
东营	6	20	20	150	13.81	−13.58	4.82	0.81
烟台	36	38.46	96	60.00	49.21	59.13	5.56	1.18
潍坊	26	30	65	47.73	34.72	66.64	3.60	1.26
济宁	9	28.57	40	100	11.28	34.30	1.70	0.38
泰安	11	57.14	48	37.14	15.22	25.54	1.91	0.34
威海	7	16.67	58	262.50	22.65	3.44	6.37	1.25
日照	2	100	14	55.56	3.42	131.35	1.47	0.16
莱芜	5	66.67	7	250	6.58	17.03	4.85	1.33
临沂	9	28.57	19	280	8.70	19.68	1.98	0.38

续表

城市	国家重大人才工程累计入选人数		省级人才工程累计入选人数		年登记技术合同成交额		每万人发明专利拥有量	
	2015年/人	增长率/%	2015年/人	增长率/%	2015年/亿元	增长率/%	2015年/件	增量/件
德州	4	0	15	114.29	6.49	23.62	1.62	0.51
聊城	3	0	15	66.67	5.23	−17.58	1.57	0.24
滨州	3	50	17	142.86	2.57	−14.69	2.82	0.96
菏泽	3	0	2	0	6.23	10.55	0.77	0.16

附表4　山东省各市科技创新能力评价指标数据（四）

城市	省级以上重点实验室		省级工程中心		省级以上科技企业孵化器		省级以上众创空间	
	2015年/个	增长率/%	2015年/个	增长率/%	2015年/个	增长率/%	2015年/个	增长率/%
济南	102	17.24	284	5.58	10	0	34	—
青岛	46	31.43	54	10.20	14	0	6	—
淄博	10	0	138	1.47	5	0	6	—
枣庄	1	0	17	0	1	0	1	—
东营	5	25.00	47	0	5	0	8	—
烟台	22	15.79	86	3.61	8	0	14	—
潍坊	15	36.36	121	1.68	10	0	9	—
济宁	4	0	69	2.99	3	0	19	—
泰安	13	18.18	57	0	5	0	6	—
威海	11	−8.33	78	4	3	0	12	—
日照	1	0	22	4.76	3	0	4	—
莱芜	1	0	22	4.76	1	0	1	—
临沂	12	20	32	6.67	3	0	4	—
德州	7	16.67	34	3.03	5	0	6	—
聊城	7	0	29	7.41	1	0	2	—
滨州	6	20	25	0	1	0	1	—
菏泽	1	0	14	7.69	1	0	4	—

附表5　山东省各市科技创新能力评价指标数据（五）

城市	国家级技术转移示范机构数量		研发费用加计扣除占企业研发经费的比重		高新技术企业减免税占企业研发经费比重		互联网宽带接入用户	
	2015年/个	增长率/%	2015年/%	增量/%	2015年/%	增量/%	2015年/万户	增长率/%
济南	9	0	2.31	−0.95	8.67	2.12	201.60	7.92
青岛	14	0	1.82	−0.04	7.48	−0.78	214.60	7.68
淄博	0	0	1.28	0.07	4.13	0.48	77.10	−0.36
枣庄	1	0	1	0.33	0.65	−0.49	54	2.08
东营	3	0	0.66	0.04	0.36	−0.15	53.80	7.48
烟台	0	0	1.11	0.34	2.29	−0.53	138.90	3.37

续表

城市	国家级技术转移示范机构数量		研发费用加计扣除占企业研发经费的比重		高新技术企业减免税占企业研发经费比重		互联网宽带接入用户	
	2015 年/个	增长率/%	2015 年/%	增量/%	2015 年/%	增量/%	2015 年/万户	增长率/%
潍坊	1	0	1.44	−0.36	1.95	−2.48	132.40	6.10
济宁	2	0	0.52	−0.77	1.48	−0.17	104.20	8.29
泰安	0	0	1.42	−0.94	1.69	−2.23	77.20	4.61
威海	0	0	3.21	1.26	4.55	−0.19	72.80	5.44
日照	0	0	1.08	−0.30	1.80	−0.59	52.40	12.01
莱芜	2	0	0.52	0.05	0.50	−0.08	22.10	3.93
临沂	0	0	1.46	−0.33	2.86	−1.41	131.70	6.01
德州	0	0	0.35	−0.02	2.34	0.04	70.60	10.31
聊城	0	0	0.56	−0.64	5.32	3.32	73	8.83
滨州	0	0	0.89	0.18	2.14	1.20	61.50	7
菏泽	0	0	1.12	−4.17	4.58	2.70	87.90	12.12

二、山东省各市双创发展指数评价指标数据

附表 6　山东省各市双创活力指标数据表

城市	创业主体					创新活动		人才资源	
	新登记企业数/家	新登记企业增长率/%	新增个体、农合数量/家	新增个体、农合同比增长率/%	拟上市及新三板挂牌量/家	规模以上工业企业R&D经费内部支出占规模以上工业企业主营业务收入的比重/%	每万人国内三种专利申请数合计/件	规模以上工业企业R&D人员折合全时当量/人年	当年高校毕业生人数（大专以上）/人
济南	38 399	29.15	25 366	8.98	81	1.89	46.26	33 349	166 248
青岛	69 022	29.12	−18 532	−2.79	58	1.30	81.33	37 412	86 489
淄博	26 668	48.13	42 216	25.21	28	0.75	22.47	19 207	33 555
枣庄	5 950	15.57	12 129	5.53	5	0.81	9.74	4 764	7 940
东营	8 043	27.34	17 836	24.18	12	0.63	25.33	9 417	7 825
烟台	31 664	31.13	119 322	38.48	49	1.04	14.21	25 945	40 973
潍坊	38 384	38.75	86 228	20.30	29	1.05	20.78	21 722	43 107
济宁	28 591	38.46	35 757	11.02	14	1.26	10.03	13 073	25 082
泰安	8 899	22.05	26 623	13.58	12	1.13	9.93	11 906	38 585
威海	9 825	20.80	19 880	16.61	30	0.98	36.68	12 442	16 853
日照	7 973	24.88	−3 883	−3.02	7	0.82	9.41	3 729	12 577
莱芜	1 732	9.72	10 564	23.56	6	1.07	21.92	4 289	2 690
临沂	23 873	30.70	12 661	3.93	12	0.72	6.81	14 932	17 299

续表

城市	创业主体					创新活动		人才资源	
	新登记企业数/家	新登记企业增长率/%	新增个体、农合数量/家	新增个体、农合同比增长率/%	拟上市及新三板挂牌量/家	规模以上工业企业R&D经费内部支出占规模以上工业企业主营业务收入的比重/%	每万人国内三种专利申请数合计/件	规模以上工业企业R&D人员折合全时当量/人年	当年高校毕业生人数（大专以上）/人
德州	6 057	15.05	41 916	21.07	19	0.40	7.02	6 482	11 191
聊城	10 592	24.64	46 250	23.02	15	0.62	6.54	6 069	12 731
滨州	11 538	32.52	23 639	19.79	13	0.74	12.52	11 661	14 435
菏泽	21 485	52.95	80 357	26.14	5	0.42	4.28	4 996	10 717

附表 7　山东省各市双创成效指标数据表

城市	创新成果			带动就业	
	每万人发明专利拥有量/件	每万人国内三种专利申请授权数合计/件	技术合同成交额/亿元	私营企业和个体新增就业人口数/万人	私营企业和个体就业人口增长率/%
济南	6.25	24.83	31.37	28.80	19.37
青岛	6.60	25.75	89.54	11.60	4.46
淄博	2.71	15.08	24.46	21.80	24.77
枣庄	0.44	6	8.25	6.80	8.64
烟台	1.62	16.73	13.81	6.60	18.03
烟台	1.75	9.28	49.21	31.40	21.94
潍坊	1.51	12.37	34.72	40.20	20.95
济宁	0.61	7.32	11.28	20.60	15.83
泰安	0.58	5.64	15.22	12.50	16.67
威海	2.25	14.90	22.65	9	15.60
日照	0.56	6.01	3.42	3.90	7.68
莱芜	1.74	18.55	6.58	4.10	16.33
临沂	0.54	3.75	8.70	11.30	8.28
德州	0.54	5.07	6.49	15.40	19.32
聊城	0.48	4.15	5.23	15.70	21.13
滨州	1.07	8.40	2.57	15.60	23.60
菏泽	0.19	2.62	6.23	29.80	28.33

附表 8　山东省各市双创支撑指标数据表

城市	融资情况		服务平台	
	融资的事件数/件	融资的总规模/万元	省级以上众创空间数量/家	省级以上科技企业孵化器数量/家
济南	9	21 043.80	34	10
青岛	14	166 289.50	6	14

续表

城市	融资情况		服务平台	
	融资的事件数/件	融资的总规模/万元	省级以上众创空间数量/家	省级以上科技企业孵化器数量/家
淄博	3	6 325.75	6	5
枣庄	2	35 000	1	1
烟台	0	0	8	5
烟台	4	18 024	14	8
潍坊	1	6 171.25	9	10
济宁	0	0	19	3
泰安	1	18 000	6	5
威海	3	19 500	12	3
日照	1	300	4	3
莱芜	0	0	1	1
临沂	0	0	4	3
德州	0	0	6	5
聊城	0	0	2	1
滨州	1	1 650	1	1
菏泽	0	0	4	1

附表9 山东省各市双创环境指标数据表

城市	经济基础		政策环境		
	人均 GDP/元	R&D 经费内部支出占 GDP 比重/%	政府双创基金指数	地方财政科技支出占财政支出比重/%	知识产权侵权保护程度（侵权案件数）/件
济南	85 919	2.18	8	1.80	675
青岛	102 519	2.84	23	2.34	572
淄博	89 235	2.14	4	2.61	252
枣庄	52 692	1.50	2	0.53	6
烟台	163 938	2.62	2	0.95	65
烟台	91 979	2.54	12	3.07	229
潍坊	55 824	2.59	3	2.26	532
济宁	48 529	1.78	4	1.56	130
泰安	56 490	2.41	2	1.05	37
威海	106 922	2.27	4	3.61	2
日照	58 110	1.23	4	1.23	4
莱芜	49 377	2.52	2	2.25	3
临沂	36 656	2.03	7	0.91	51
德州	48 062	1.43	2	2.22	3
聊城	44 743	2.11	3	0.57	3
滨州	61 189	2.59	6	1.70	91
菏泽	28 350	1.23	2	0.76	53